A AMNISTIA NA GUINÉ-BISSAU
UM OLHAR LUSÓFONO

JOÃO PEDRO C. ALVES DE CAMPOS
CONSULTOR DO UNOGBIS – EX-DOCENTE
DA FACULDADE DE DIREITO DE BISSAU

A AMNISTIA NA GUINÉ-BISSAU UM OLHAR LUSÓFONO

UNOGBIS
*Escritório das Nações Unidas
de Apoio à Consolidação da Paz na Guiné-Bissau*

A AMNISTIA NA GUINÉ-BISSAU
UM OLHAR LUSÓFONO

AUTOR
JOÃO PEDRO C. ALVES DE CAMPOS

EDITOR
EDIÇÕES ALMEDINA, SA
Av. Fernão Magalhães, n.º 584, 5.º Andar
3000-174 Coimbra
Tel.: 239 851 904
Fax: 239 851 901
www.almedina.net
editora@almedina.net

PRÉ-IMPRESSÃO | IMPRESSÃO | ACABAMENTO
G.C. – GRÁFICA DE COIMBRA, LDA.
Palheira – Assafarge
3001-453 Coimbra
producao@graficadecoimbra.pt

Abril, 2008

DEPÓSITO LEGAL
274020/08

Os dados e as opiniões inseridos na presente publicação
são da exclusiva responsabilidade do(s) seu(s) autor(es).

Toda a reprodução desta obra, por fotocópia ou outro qualquer
processo, sem prévia autorização escrita do Editor, é ilícita
e passível de procedimento judicial contra o infractor.

Biblioteca Nacional de Portugal - Catalogação na Publicação

CAMPOS, João Pedro C. Alves de

A amnistia na Guiné-Bissau : um olhar lusófono
ISBN 978-972-40-3405-8

CDU   343

I PARTE

ÍNDICE GERAL

I PARTE

Introdução do Representante do Secretário-Geral das Nações Unidas na Guiné-Bissau	13
Introduction of the Representative of the Secretary-General	15
Nota de Abertura	17
Nota Prévia	21
A problemática da amnistia	25
Referência histórica à utilização da amnistia	39
A amnistia como figura jurídico-constitucional	46
Outras figuras jurídicas afins	51
Competência para amnistiar	55
Limites ao poder de amnistiar	56
Conclusão	61
As especificidades do processo de aprovação da lei da amnistia	62
A Amnistia e o Direito Internacional	64
O caso específico dos crimes contra a humanidade	70
Os crimes contra a Humanidade no Chile	71
O Parlamento Europeu e a problemática da impunidade em África	73
Levantamento da legislação guineense relativa ao Direito de Graça	73
1975	74
1976	74
1977	74
1980	74
1981	74
1983	74
1984	75
1986	75
1987	75
1991	75

1994..	75
1996..	75
1997..	75
Análise das anteriores utilizações da figura da amnistia na Guiné-Bissau...............	76
1. Decisão n.º 13/74 de 31 de Dezembro de 1974	76
2. Decisão n.º 5/76 de 2 de Setembro de 1976...	77
3. Decisão n.º 7/76 de 18 de Setembro de 1979...	78
4. Decisão n.º 3/80 de 12 de Dezembro de 1980	78
5. Decisão n.º 1/83 de 20 de Janeiro de 1983	80
6. Decreto-Lei n.º 10/86 de 30 de Dezembro de 1986......................................	81
7. Decreto-Lei n.º 7/91 de 30 de Dezembro de 1991	82
8. Decreto-Lei n.º 1/94 de 23 de Dezembro de 1993.......................................	83
Análise dos Projectos-Lei de Amnistia da Guiné-Bissau (2004, 2006 e 2007)........	84
1. O Projecto-Lei de Novembro de 2004..	84
2. O Projecto-Lei de Novembro de 2006..	86
3. O Projecto-Lei de Novembro de 2007..	89
A amnistia vista por alguns actores sociais guineenses..	91
A amnistia no ordenamento jurídico dos restantes Países Africanos de Língua Oficial Portuguesa (P.A.L.O.P.)..	95
Angola...	95
Cabo-Verde	98
Moçambique..	98
São Tomé e Príncipe	99
A amnistia noutros ordenamentos jurídicos africanos..	102
Argélia...	102
Costa do Marfim	105
Guiné-Conakry	107
Mali...	108
Marrocos	110
Senegal..	112
A experiência da África do Sul – A Comissão para a Verdade e Reconciliação......	117
Objectivos da C.V.R.	121
Comités da C.V.R.	122
Funções da Comissão..	122
POSFÁCIO	127
Bibliografia	129

II PARTE

Acordo e Anexo ao Acordo entre o Governo Português e o Partido Africano da Independência da Guiné e Cabo Verde	133
Acordo entre o Governo Português e o Partido Africano da Independência da Guiné e Cabo Verde	133
Anexo ao Acordo entre o Governo Português e o Partido Africano da Independência da Guiné e Cabo Verde	137
Lei n.º 1/73 de 24 de Setembro de 1973	143
Fundamentação Jurídico-Constitucional das Amnistias	145
Constituição da República da Guiné-Bissau (1973)	145
Lei n.º 1/80 de 15 de Novembro	149
Constituição da República da Guiné-Bissau (1984)	151
Lei Constitucional n.º 1/91	153
Constituição da República da Guiné-Bissau (actualmente em vigor)	157
Direito de Graça – Todos os diplomas – Guiné-Bissau	175
Decisão n.º 13/74 de 27 de Dezembro de 1974	175
Decisão n.º 7/75 de 17 de Outubro de 1975	177
Decisão n.º 5/76 de 2 de Setembro de 1976	179
Decisão n.º 7/76 de 18 de Setembro de 1976	181
Decisão n.º 8/76 de 18 de Setembro de 1976	183
Decisão n.º 2/A/77 de 15 de Março de 1977	185
Decisão n.º 3/80 de 12 de Dezembro de 1980	187
Decreto n.º 23/81 de 30 de Dezembro de 1981	189
Decisão n.º 1/83 de 20 de Janeiro de 1983	191
Decisão n.º 1/84 de 20 de Janeiro de 1984	193
Decreto-Lei n.º 5/84 de 29 de Dezembro de 1984	195
Decreto-Lei n.º 10/86 de 30 de Dezembro de 1986	197
Decreto-Lei n.º 1/87 de 12 de Agosto de 1987	199
Decreto-Lei n.º 7/91 de 30 de Dezembro de 1991	201
Decreto-Lei n.º 1/94 de 23 de Dezembro de 1993	203
Decreto Presidencial n.º 24/96 de 30 de Dezembro de 1996	205
Decreto Presidencial n.º 25/96 de 30 de Dezembro de 1996	207
Decreto Presidencial n.º 26/96 de 30 de Dezembro de 1996	209
Decreto Presidencial n.º 27/96 de 30 de Dezembro de 1996	211
Decreto Presidencial n.º 28/96 de 30 de Dezembro de 1996	213
Decreto Presidencial n.º 29/96 de 30 de Dezembro de 1996	215
Decreto Presidencial n.º 23/97 de 26 de Dezembro de 1997	217
Decreto Presidencial n.º 24/97 de 26 de Dezembro de 1997	219
Conflito Militar (1998)	221
Acordo de Cessar-Fogo na Guiné-Bissau	221

Apêndice I – Apêndice relativo à interpretação do paragrafo 1, c) do Memorando de Entendimento de 26 de Julho de 1998, realizado entre o Governo da Guiné--Bissau e a Autodenominada Junta Militar.. 223
Apêndice II – Declaração 225
Acordo Entre o Governo da Guiné-Bissau e a Autodenominada Junta Militar... 227
Comunicado Final da Reunião de Lomé sobre o Processo de Paz na Guiné-Bissau 229
Protocolo adicional ao Acordo de Abuja de 1 de Novembro de 1998 sobre a Formação do Governo de Unidade Nacional da Guiné-Bissau.......................... 233
Protocolo Adicional ao Acordo de Paz de Abuja... 235

Carta de Transição Política (2003) 237
Adenda à Carta de Transição Política.. 253

Memorando de Entendimento (2004)... 255

Resolução n.º 12/PL/ANP/2004 259

Projectos-Lei de Amnistia (2004, 2006 e 2007).. 263
Projecto-Lei (2004) 263
Projecto-Lei (2005) 265
Projecto-Lei (2007) 269

Código Penal (artigos relevantes para a problemática em análise – Decreto-Lei n.º 4/93 de 13 de Outubro) 273

Lei número 1997-016 de 7 de Março de 1997 – Mali (tradução)........................ 305
Lei número 1997-016 de 07 de Março de 1997 que suporta a amnistia.............. 305

Lei n.º 91-40 de 10 Julho de 1991 – Senegal (tradução)..................................... 307
Lei n.º 91-40 de 10 de Julho de 1991 que suporta a amnistia 307

Projecto de Lei n. 33.2004 – Loi Ezan – Senegal (tradução).............................. 311
Projecto de Lei n.º 33/2004 311

Resoluções do Conselho de Segurança das Nações Unidas................................ 315
Resolução 1216 (1998) – S/RES/1216 (1998), adoptada pelo Conselho de Segurança na sua reunião n.º 3958 a 21 de Dezembro de 1998 315
Resolução 1233 (1999) – S/RES/1233 (1999), adoptada pelo Conselho de Segurança na sua reunião n.º 3991 a 06 de Abril de 1999............................... 319
Resolução 1580 (2004) – S/RES/1580 (2004), adoptada pelo Conselho de Segurança na sua reunião n.º 5107 a 22 de Dezembro de 2004. 323

Declarações do Presidente do Conselho de Segurança das Nações Unidas............... 327
(S/PRST/1998/31)... 327
(S/PRST/1998/35)... 331

(S/PRST/1998/38)	337
(S/PRST/2004/41)	341
Resolução do Parlamento Europeu (P6_TA(2006)0101) sobre a impunidade em África, em particular o caso de Hissène Habré	343
Legislação amnistiante em Portugal (de 1974 a 1994)	349

INTRODUÇÃO DO REPRESENTANTE DO SECRETÁRIO-GERAL DAS NAÇÕES UNIDAS NA GUINÉ-BISSAU

Para contextualizar esta publicação, seria útil recordar brevemente os acontecimentos que conduziram ao projecto de lei de amnistia que será debatido pela Assembleia Nacional da República da Guiné-Bissau em Novembro de 2007.

A 6 de Outubro de 2004, militares armados do exército da Guiné--Bissau desencadearam uma revolta, durante a qual foram assassinados o chefe do Estado-Maior General das Forças Armadas, general Veríssimo Correia Seabra, e o chefe da Divisão de Recursos Humanos e porta-voz do exército, coronel Domingos de Barros. A pedido do Primeiro-ministro da Guiné-Bissau, o Representante do Secretário-geral das Nações Unidas, João Bernardo Honwana, e o Ministro dos Negócios Estrangeiros Soares Sambú mediaram negociações entre representantes dos soldados revoltosos e as chefias militares.

A 10 de Outubro foi assinado um Memorando de Entendimento (ver Anexo) entre os "militares principalmente do contingente de manutenção da paz da Guiné-Bissau na Libéria" e o representante das chefias militares e do Estado-Maior General. O acordo foi garantido pelo Primeiro-ministro Carlos Gomes Júnior e testemunhado por representantes da Comunidade dos Países de Língua Portuguesa (CPLP), da Comunidade Económica dos Estados da África Ocidental (CEDEAO) e da União Africana (UA).

O Memorando estabelecia que a acção militar não era uma tentativa de golpe de estado e que fora motivada por reclamações pelas más condições de vida e de comunicação, o elevado nível de corrupção existente na hierarquia militar e a necessidade de promover a reconciliação entre os militares. As medidas políticas adoptadas incluíam "diligências junto da Assembleia Nacional Popular" para conceder uma amnistia a todos aqueles implicados em "acontecimentos" militares entre 14 de Novembro de 1980 e 6 de Outubro de 2004.

Uma Declaração do Presidente do Conselho de Segurança das Nações Unidas em 2 de Novembro (S/PRST/2004/41) expressou profunda preocupação pelos acontecimentos e condenou firmemente o uso da força para dirimir diferenças ou resolver reivindicações. Também sublinhou que o Governo e as autoridades nacionais deviam continuar empenhadas na promoção do Estado de Direito e do combate contra a impunidade, inclusive na implementação do Memorando de Entendimento.

A posição das Nações Unidas sobre as questões de justiça e impunidade foi reiterada na resolução 1580 (2004) do Conselho de Segurança, na qual este "apela à Assembleia Nacional Popular da Guiné-Bissau, ao tratar a questão da concessão de amnistia a todos aqueles implicados em intervenções militares desde 1980, a ter em conta os princípios de justiça e de combate contra a impunidade".

UNOGBIS tem vindo a levantar, desde 2005, questões de justiça e impunidade no contexto de uma amnistia com as autoridades e o Parlamento. Em 2007, decidiu oferecer aos deputados ferramentas práticas para ajudar o debate sobre a amnistia tendo presente as questões de justiça e impunidade. Após estreitas consultas com os líderes parlamentares, a UNOGBIS, em parceria com a Faculdade de Direito de Bissau, organizou três seminários para deputados entre os meses de Abril e Junho de 2007 sobre "Amnistia na estrutura judicial e constitucional da Guiné-Bissau". Foi igualmente organizado um seminário destinado à sociedade civil.

Apraz-nos patrocinar esta publicação que é baseada nestes seminários. Também aproveitamos a oportunidade para agradecer à Faculdade de Direito de Bissau pela sua valiosa colaboração e apoio.

Shola Omoregie,
Representante do Secretário-Geral

15 Novembro 2007

INTRODUCTION OF THE REPRESENTATIVE OF THE SECRETARY-GENERAL

In order to contextualize this publication, it would be useful to briefly recall the events leading to the amnesty bill which is to be debated by the National Assembly of the Republic of Guinea-Bissau in November 2007.

On 6 October 2004, armed soldiers from the Guinea-Bissau armed forces staged a mutiny, during which the Chief of General Staff, General Veríssimo Correia Seabra, and the Chief of Human Resources Department and armed forces spokesman, Colonel Domingos de Barros, were killed. At the request of the Prime Minister of Guinea-Bissau, the Representative of the Secretary-General, João Bernardo Honwana, and Foreign Minister Soares Sambú brokered negotiations between representatives of the mutinous soldiers and the military high command.

On 10 October, a Memorandum of Understanding (see Annex) was signed by the "military mainly from the Guinea-Bissau peacekeeping contingent in Liberia" and the representative of the Service Chiefs and General Staff. The agreement was guaranteed by Prime Minister Carlos Gomes Júnior and witnessed by representatives of the Community of Portuguese-Speaking Countries (CPLP), the Economic Community of West African States (ECOWAS) and the African Union (AU). The MoU stated that the military action was not an attempted coup d'état, but motivated by grievances over poor living conditions and communication, the high level of corruption within the military hierarchy and the need to promote reconciliation within the military. The political measures adopted, included "demarches to the National Assembly" to grant an amnesty to those involved in military "events" from 14 November 1980 to 6 October 2004.

A Statement by the President of the United Nations Security Council on 2 November (S/PRST/2004/41) expressed deep concern at the developments and condemned in the strongest terms the use of force to settle differences or address grievances. It also underlined that the Government and national authorities had to remain committed to promoting the rule of law and fighting impunity, including in the implementation of the MoU.

The position of the United Nations on the issues of justice and impunity was reiterated in United Nations Security Council resolution 1580 (2004) by which the Council "Calls upon the National Assembly of Guinea-Bissau, while addressing the issue of granting an amnesty for all those involved in military interventions since 1980, to take account of the principles of justice and fight against impunity".

UNOGBIS has raised the issues of justice and impunity in the context of an amnesty with the authorities and Parliament since 2005. In 2007, it decided to offer deputies practical tools to assist in debating an amnesty while bearing in mind the issues of justice and impunity. After close consultation with the parliamentary leaders, UNOGBIS, in partnership with the Faculty of Law of Bissau, organized three seminars for deputies between April and June 2007 on "Amnesty in the judicial and constitutional framework of Guinea-Bissau". A seminar was also organized for civil society.

We are pleased to sponsor this publication which is based on the seminars. We also take the opportunity to thank the Faculty of Law of Bissau for their invaluable cooperation and assistance.

Shola Omoregie,
Representative of the Secretary-General

15 November 2007

NOTA DE ABERTURA

Não é frequente, pelo menos, entre nós, assistir-se a parcerias institucionais entre organizações internacionais e universitárias que ponham ao serviço da resolução dos delicados problemas práticos enfrentados por aquelas os conhecimentos teóricos de que estas últimas são depositárias. O singelo propósito destas linhas não é, portanto, o de apresentar ou comentar a presente obra mas tão-só dar a conhecer, de forma sumária, o seu peculiar enquadramento institucional.

A edição que ora se publica com os trabalhos sobre o processo de amnistia na Guiné-Bissau, desenvolvidos recentemente pelo Centro de Estudos e Apoio às Reformas Legislativas da Faculdade de Direito de Bissau (CEARL) em parceria com o Escritório das Nações Unidas de Apoio à Consolidação da Paz na Guiné-Bissau (UNOGBIS) e a Assembleia Nacional Popular, vem culminar as intensas relações de colaboração entre a Faculdade de Direito e a UNOGBIS, em boa hora iniciadas em 2005, durante o mandato do anterior Representante do Secretário Geral das Nações Unidas, João Bernardo Honwana.

Com efeito, o Representante então em funções, solicitou ao CEARL, no primeiro semestre de 2005, que recomendasse dois licenciados pela Faculdade que pudessem assessorar juridicamente a UNOGBIS no acompanhamento do processo eleitoral para a Presidência da República. A qualidade dos serviços técnicos prestados pelos dois recém-licenciados que foram indicados, Sérvula Silá e João Carlos Nebongó, mereceu uma nota de agradecimento pessoal do próprio Representante, elogiando o desempenho de ambos os jovens juristas.

Ficaram, assim, abertas as portas para o estreitamento da colaboração entre as duas entidades, concretizado na participação da UNOGBIS nas Comemorações do 15.º aniversário da Faculdade de Direito de Bissau realizadas em Março de 2006 com uma intervenção sobre o *Diálogo Cons-*

trutivo na Resolução de Conflitos, assegurada pela Dr.ª Linda de Souza, em virtude de João Bernardo Honwana se encontrar impedido, por ausência em Nova Iorque.

Foi já durante o ano lectivo de 2006-2007 que se intensificou de forma considerável o relacionamento institucional com a UNOGBIS, traduzindo-se, na primeira fase, na produção de importantes actividades de consultoria jurídica.

A fase mais recente, de que se dá testemunho na presente edição, iniciou-se no segundo trimestre de 2007 e prolongou-se até finais de Setembro, sendo a que conheceu maior impacto público, revestindo, também, uma importância especial pelo significado que a problemática da amnistia assume no contexto da Guiné-Bissau.

Foram os acontecimentos ocorridos em 6 de Outubro de 2004 que trouxeram de novo o tema à ribalta política, enquanto instrumento de reconciliação efectiva de uma comunidade abalada por sucessivas confrontações violentas durante os últimos trinta anos, com o inelutável rol de vítimas, mágoas e ressentimentos.

É nesse quadro histórico que surge o convite da UNOGBIS ao Centro de Estudos para organizar um Seminário destinado aos deputados que contribuísse para suscitar um debate tão esclarecedor e sereno quanto possível, precedendo os trabalhos parlamentares que se previa virem a decorrer até ao final da presente legislatura.

Nesse primeiro Seminário, participaram cerca de um terço dos deputados em efectividade de funções, os quais fizeram um balanço de tal forma positivo que entusiasmaram parte dos colegas ausentes a solicitar à UNOGBIS a realização de um segundo Seminário que, ao repetir o êxito do primeiro, conduziu à organização de um outro que reuniu os parlamentares que não puderam participar nos dois primeiros.

Ainda sob os auspícios da UNOGBIS e na sequência da parceria estabelecida no princípio de 2005 entre a Faculdade de Direito e o Conselho Permanente de Coordenação das Organizações da Sociedade Civil, organizou-se um quarto seminário dirigido àquelas organizações e que contou igualmente com larga participação.

Finalmente, culminando todo o trabalho desenvolvido, o Centro de Estudos apresentou um ante-projecto, elaborado pelo Dr. João Pedro Alves Campos que, reunindo os necessários consensos entre os diferentes grupos parlamentares, representa uma proposta equilibrada de solução para tão momentoso e delicado problema.

Neste lugar, são plenamente justificadas as felicitações devidas aos principais responsáveis pela bem sucedida condução de um processo particularmente complexo.

Está de parabéns, antes de mais, o Dr. João Pedro Alves Campos, por duas razões fundamentais. Por um lado, pela competência, seriedade e empenho com que assumiu a responsabilidade para que foi escolhido pelo Centro de Estudos; a mestria e a serenidade que caracterizaram os Seminários dirigidos aos deputados explicam o envolvimento conseguido e os seus posteriores desenvolvimentos, traduzidos a final no ante-projecto de lei acima referido, cuja redacção, por ele proposta, mereceu o acordo parlamentar; por outro, porque formalmente desvinculado da Faculdade de Direito de Bissau desde 1 de Outubro de 2007, não desanimou, contudo, do desafio que lhe foi proposto de organizar esta edição, que reúne, aprofunda e desenvolve o material legislativo e doutrinário com que se apetrechou para levar a cabo tão importante incumbência e de que a presente publicação constitui um precioso testemunho documental, de consulta certamente indispensável a futuras investigações que tenham lugar sobre o tema.

Fortes congratulações merece-as também a Dr.ª Linda de Souza, pela inteligência e capacidade que revelou na forma como orientou e supervisionou quer o relacionamento entre as diferentes instituições envolvidas, quer a evolução dos trabalhos que se prolongaram por vários meses. A sua performance situou-se precisamente no nível que se espera do desempenho de um alto responsável político das Nações Unidas num país como a Guiné-Bissau, que requer um permanente esforço de concertação e apaziguamento de tensões.

Por fim, no que à Faculdade de Direito respeita, regista-se a honra da instituição pelo convite recebido para participar activamente num dos processos jurídico-políticos mais importantes da vida pública do país nos últimos anos, esperando-se que o sólido relacionamento institucional estabelecido com este Gabinete das Nações Unidas se consolide e aprofunde.

Bissau, Setembro de 2007

Rui Paulo Coutinho de Mascarenhas Ataíde
Centro de Estudos
e Apoio às Reformas Legislativas

NOTA PRÉVIA

Pouco depois da nossa chegada a Bissau em Outubro de 2004, coube-nos a honra e a responsabilidade de realizar uma apresentação na Embaixada de Portugal em Bissau, sobre a problemática da amnistia, figura que acontecimentos recentes faziam ressurgir na ordem do dia.

Tinha início uma ligação mais estreita a esta problemática e que jamais nos iria abandonar.

Logo em Março de 2005 fomos convidados pela Plataforma de Concertação das Organização Não Governamental da Guiné-Bissau (P.L.A.C.O.N.-G.B.) para moderar o módulo "A Amnistia no Quadro da Transição Política na Guiné-Bissau", num "Atelier para a Criação de um Entendimento Comum no Seio das Organizações da Sociedade Civil sobre o Conceito da Amnistia e a sua Implicação no Processo de Justiça e Reconciliação Nacional", patrocinado pelo Escritório das Nações Unidas de Apoio à Consolidação da Paz na Guiné-Bissau (UNOGBIS).

Chegado o momento de escolher o tema a apresentar aquando das Jornadas Jurídicas comemorativas do 15.° Aniversário da Faculdade de Direito de Bissau, que tiveram lugar em Março de 2006, no Palácio da Assembleia Nacional Popular, na cidade de Bissau, surge novamente a questão da amnistia, com a conferência: "A amnistia no ordenamento jurídico guineense".

A colaboração com a UNOGBIS tornou-se mais efectiva com a realização de importantes actividades de consultoria jurídica.

Em Abril de 2007 coube-nos mais uma vez a honra e a responsabilidade de organizar um seminário dirigido aos deputados da Assembleia Nacional Popular, tendo como objectivo esclarecer o alcance da figura jurídica amnistia, fornecendo igualmente uma base documental que constituiria uma pequena colectânea individual de legislação sobre o tema.

A troca de ideias e o debate foram sempre reveladores de um grande interesse pela figura em causa, aliado a um conhecimento ímpar sobre toda a problemática factual, sobre a realidade do país e da sub-região. Depois deste seminário tiveram lugar mais três, sendo que o último se dirigiu às Organizações da Sociedade Civil.

Participámos também em vários programas de rádio sobre esta temática e contribuímos com vários artigos de esclarecimento para os principais jornais semanários da Guiné-Bissau.

Durante todo este tempo fomos fazendo um levantamento, tão exaustivo quanto possível, sobre a utilização desta figura, em especial, em cenários pós-conflito político-sociais. O nosso interesse alargou-se também aos países vizinhos da Guiné-Bissau, à designada sub-região, mas também e naturalmente, à nossa Comunidade dos Países de Língua Oficial Portuguesa e aos Países Africanos de Língua Oficial Portuguesa.

Tentando sempre demonstrar que esta matéria não é um problema exclusivo da Guiné-Bissau e simultaneamente retirar ensinamentos de outros casos, analisámos também a realidade da América do Sul, da África do Sul e da Europa Ocidental.

A edição que ora se apresenta é fruto de todo este trabalho, da confirmação Boletim Oficial a Boletim Oficial dos diplomas existentes, da busca por projectos de lei anteriores, dos diálogos sérios mantidos e das preocupações demonstradas, mas também da intenção de devolver algo, que será sempre pouco, a todos aqueles que, muitas vezes sem meios, não deixam de ter um pensamento livre sobre estes e outros assuntos.

Não poderia deixar de agradecer especialmente à Dra. Linda de Souza, Assessora Política da UNOGBIS, pelo profissionalismo e empenho sempre demonstrados, mas também a todos os profissionais que trabalham na UNOGBIS e que, de uma forma ou de outra, ajudaram a tornar este trabalho possível, uma palavra especial ao Dr. Vladimir Monteiro, Assessor de Informação, ao Sr. Augusto Mancabo, Assessor de Informação Adjunto e à Dra. Beya M'Bokolo, Assessora Adjunta dos Direitos Humanos.

Uma palavra é ainda devida ao Dr. Daniel Ruiz, Ex-Assessor Político Sénior do Escritório das Nações Unidas de Apoio à Consolidação da Paz na Guiné-Bissau, pelo apoio e incentivo sempre manifestado.

Um muito especial obrigado é devido a todos os meus ex-colegas na Faculdade de Direito de Bissau, em especial ao Dr. Rui Ataíde, Ex-Assessor Científico e à Dr. Ana Cláudia Carvalho, pela amizade de sempre, pelo ânimo, mas também pelas críticas oportunas.

Um agradecimento também ao Professor Doutor Januário Gosta Gomes pela possibilidade que me deu de poder participar, com o meu trabalho, na Colecção de Estudos de Direito Africano e pela orientação amiga recebida durante o longo processo que precedeu a presente edição.

Para concluir, não poderia deixar de demonstrar o meu reconhecimento a todos os amigos que me incentivaram sempre para a conclusão desta edição e, de forma particular, à minha família, à minha mãe, à minha irmã, aos meus avós e em especial à Catarina, por toda a paciência e compreensão sempre concedida.

Coimbra, Janeiro de 2007

João Pedro C. Alves de Campos

A PROBLEMÁTICA DA AMNISTIA

O instituto jurídico da amnistia não existiu sempre com os limites e as características actuais, inserindo-se numa amálgama de figuras que integravam aquilo que hoje é designado como Direito de Graça, Direito de Clemência ou também como, chamemos-lhe assim, Direito da Impunidade[1].

Com designação, conteúdo e feitios mais ou menos diversos, sempre existiu uma forma de o poder político manifestar a sua autoridade, neste caso não punindo, exercendo o seu poder em sentido negativo, mostrando "a contraface do direito de punir estadual"[2].

Todavia, convém sublinhar que o exercício do poder amnistiante é sempre um exercício integrado numa "estratégia de domínio"[3], ou seja, com uma intencionalidade pré-determinada, que se vai afastar na maior parte dos casos, como veremos adiante, da ideia de justa causa, dos casos em que a aplicação de uma determinada lei redundaria numa injustiça, num resultado não desejado pelo legislador.

O exercício do poder amnistiante é, de facto, uma forma de reforçar o poder estadual, uma forma de demonstrar e afirmar esse mesmo poder.

Esta temática constituiu sempre uma questão muito complexa para qualquer forma de Estado, em qualquer tempo e em qualquer lugar.

Esta questão será aqui analisada, tendo como pano de fundo o ordenamento jurídico da Guiné-Bissau, mas também nos referiremos aos ordenamentos jurídicos de outros países, em especial a outros países da sub-

---

[1] Marxen, Klaus, *Rechtliche Grenzen der Amnestie*, Heidelberg, 1984, pp. 56 e 57.
[2] Figueiredo Dias, Jorge de, *Direito Penal Português, Parte Geral II, As Consequências Jurídicas do Crime*, Lisboa, Editorial Notícias, 1993, p. 685.
[3] Serrão Patrício, Rui Filipe, *Um discurso sobre a amnistia no sistema penal*, *Revista Jurídica, n.º 23, Novembro 1999, Nova série*, Associação Académica da Faculdade de Direito de Lisboa, p. 239.

região e aos outros Países Africanos de Língua Oficial Portuguesa[4]. As questões e problemas aqui desenvolvidos não são exclusivos da Guiné--Bissau.

As considerações que faremos posteriormente são válidas para a generalidade dos cenários onde a utilização da figura da amnistia é, ou pretende ser, levada a cabo.

A sua utilização foi já comparada a uma "válvula de segurança" do sistema[5], sendo utilizada como forma de fazer diminuir a pressão que existiria na sociedade.

Podendo ter variadíssimas fundamentações, a amnistia apresenta, quando surge num contexto de reconciliação nacional, problemas ainda mais complexos e de difícil compatibilização.

Surgindo vulgarmente em períodos pós guerra civil, pós luta de libertação, em períodos onde ocorreu um fractura político-social de alguma espécie, a amnistia assume contornos ainda mais específicos localizando-se, como sempre se localiza, no limbo entre o exclusivamente político e o exclusivamente jurídico, para não ser nem uma coisa, nem outra.

Também no território hoje designado de Guiné-Bissau, ao observarmos o riquíssimo património costumeiro desta sociedade multicultural, encontramos algumas referências explícitas, embora com outras designações e abrangendo conteúdos estranhos ao actual sentido da figura, ao exercício deste poder ou prerrogativa de punir.

Artur Augusto da Silva[6], aludindo aos usos e costumes jurídicos dos Mandingas[7], refere que: "Todas as penas referidas (referia-se à pena de morte não desonrosa, à pena de morte desonrosa, às chicotadas, ao desterro para fora do território, à prisão até um número determinado de luas, à multa de 1 ou 2 cabeças de *gado vacum*) podiam ser objecto de perdão,

---

[4] Conhecida com a sigla P.A.L.O.P.
[5] Cfr. Figueiredo Dias, Jorge de, *op. cit.*, p. 685.
[6] Silva, Artur Augusto da, *Usos e Costumes Jurídicos dos Mandingas*, Boletim Cultural da Guiné Portuguesa, Centro de Estudos da Guiné Portuguesa, n.º 23, Bissau, 1969. pp. 118 e segs.
[7] O reino do Mali, dos Mandingas ou dos Malinqués, era um reino tributário do reino do Gana, que sob a chefia de Sundiata Queita, destruiu Gana em 1240. Atingiu o seu apogeu nos séculos XIII e XIV, ocupando os territórios actualmente correspondentes ao Mali, à Mauritânia, ao Senegal, à Gâmbia, à Guiné-Conakry e à Guiné-Bissau. Os Mandingas ocupavam predominantemente o norte da actual Guiné-Bissau, especialmente a região de Gabú, cuja capital é Gabú e a região de Oio, cuja capital é Farim.

hipótese muito comum quando o criminoso era de família nobre, pois moviam-se grandes pressões nesse sentido. Ao julgador competia conceder o perdão e decidir as circunstâncias em que era dado."

Com a Proclamação Solene do Estado da Guiné-Bissau, realizada pela Assembleia Nacional Popular, reunida na Região Libertada do Boé, a 24 de Setembro de 1973 (embora o reconhecimento da independência da Guiné-Bissau pelo Estado português só venha a realizar-se a 10 de Setembro de 1974), uma das questões mais imediatas que este novo Estado teve que solucionar dizia respeito ao vazio legal que provocaria a revogação total e imediata dos normativos jurídicos deixados pelo "colonizador".

O caminho seguido não foi o da revogação total e imediata. A Lei n.º 1/73 de 24 de Setembro de 1973[8], a primeira lei posterior à Proclamação do Estado e à Constituição da República da Guiné-Bissau[9], evitando o hipotético vazio jurídico-legal, manteve vigente toda a legislação portuguesa em vigor à data da Proclamação do Estado soberano da Guiné-Bissau, em tudo o que não fosse contrário à soberania nacional, à Constituição da República, às leis ordinárias e aos princípios do Partido Africano da Independência da Guiné e Cabo Verde[10].

Manteve-se, desta forma, em vigor o Código Penal de 1852, profundamente alterado pela "Nova Reforma Penal" de 1884, cujo resultado final viria a ser o Código Penal de 1886[11] e, assim, as disposições sobre a amnistia nele constante.

O artigo 125.º referia no parágrafo 3.º que: "todo o procedimento e *tôda* a pena acaba, pela amnistia."

Era este o quadro normativo, no que à amnistia respeita, da "nova" República da Guiné-Bissau. Posteriormente analisaremos as especificidades relativas à competência para amnistiar, que resultavam directamente da "nova" Constituição República da Guiné-Bissau (1973).

Se observarmos o Acordo entre o Governo Português e o Partido Africano da Independência da Guiné e Cabo-Verde, feito e assinado em

---

[8] Lei n.º 1/73 de 24 de Setembro de 1973, publicada no Boletim Oficial n.º 1 de 4 de Janeiro de 1975. Texto disponível em Anexo.

[9] Aprovada por unanimidade pela Assembleia Nacional Popular, reunida na sua primeira sessão no Boé, a 24 de Setembro de 1973, publicada no Boletim Oficial n.º 1 de 4 de Janeiro de 1975.

[10] Conhecido vulgarmente pela sigla P.A.I.G.C.

[11] Decreto de 16 de Setembro de 1886, Publicado no Diário do Governo n.º 213, de 20 de Setembro de 1886.

Argel a 26 de Agosto de 1974[12], bem como o Anexo ao referido Acordo, com a mesma data, verificamos que nenhuma referência é feita a questões amnistiantes. Este tipo de acordos contêm vulgarmente cláusulas respeitantes a amnistias concedidas, por exemplo, aos "colaboradores" do anterior regime, que dentro de um determinado período de tempo aceitem o novo regime instalado, mas não existe nenhuma cláusula deste tipo. De facto, encontramos apenas no número 15.º do Anexo ao Acordo uma referência ao facto de "o julgamento e a punição das infracções cometidas por militares portugueses nas zonas de reagrupamento das forças armadas portuguesas, ou fora dessas zonas, se neste caso não atingirem interesses legítimos da República da Guiné-Bissau, ficam sujeitos à jurisdição da autoridade militar portuguesa."

A 11 de Janeiro de 1975[13] é publicada a Decisão 13/74, promulgada a 27 de Dezembro de 1974, decisão onde, pela primeira vez é utilizada a figura da amnistia na República da Guiné-Bissau, abrangendo "os crimes de insubordinação, de roubo, de furto, de vigarice, de ofensa corporal, de mau trato (sevícias), de violação e de homicídio involuntário cometidos antes do dia 10 de Setembro de 1974 e julgados pelo Tribunal de Guerra do P.A.I.G.C."

Esta figura foi sucessivamente utilizada na Guiné-Bissau, duas vezes em 1976[14], uma vez em 1980[15], 1983[16], 1986[17], 1991[18] e pela última vez em 1994.[19-20]

---

[12] Este Acordo foi tornado público por uma declaração do Comité Executivo da Luta (CEL) de 6 de Maio de 1974, em forma de Aviso tornando público a assinatura de um Acordo e seu anexo com o Governo Português, publicado no Boletim Oficial n.º 3 de 18 de Janeiro de 1975.

[13] Decisão n.º 13/74, promulgada a 27 de Dezembro de 1974, publicada no Boletim Oficial n.º 2 de 11 de Janeiro de 1975.

[14] Decisão n.º 5/76 de 2 de Setembro de 1976, publicada no Boletim Oficial n.º 36 de 4 de Setembro de 1976 e Decisão n.º 7/76 de 18 de Setembro de 1979, publicada no Suplemento ao Boletim Oficial n.º 38 de 18 de Setembro de 1976.

[15] Decisão n.º 3/80, 2.º Suplemento Boletim Oficial n.º 49 de 12 de Dezembro de 1980.

[16] Decisão n.º 1/83 de 20 de Janeiro de 1983, publicada no Boletim Oficial n.º 3 de 21 de Janeiro de 1983.

[17] Decreto-Lei n.º 10/86, publicado no 2.º Suplemento ao Boletim Oficial n.º 52 de 30 de Dezembro de 1986.

[18] Decreto-Lei n.º 7/91, Boletim Oficial n.º 52 de 30 de Dezembro de 1991.

[19] Decreto-Lei n.º 1/94 de 23 de Dezembro de 1993, publicado no Boletim Oficial n.º 1 de 3 de Janeiro de 1994.

[20] Todos os diplomas estão disponíveis em Anexo.

Se observarmos o mesmo período, ou seja, de 1974 a 1994, verificamos que, em Portugal, existiram, pelo menos, 23 diplomas amnistiantes[21].

Atendendo apenas ao número dos diplomas amnistiantes na Guiné-Bissau e comparando-o com número de diplomas amnistiantes em Portugal, durante o mesmo período, chegamos facilmente à conclusão que o número não é muito significativo no caso da Guiné-Bissau.

Analisando também a frequência de utilização da figura, referem Mariana Canotilho e Ana Luísa Pinto, no seu estudo sobre "As medidas de clemência na ordem jurídica portuguesa"[22], que, "após o 25 de Abril de 1974, e durante os dois anos seguintes, as leis de amnistia são muitas e variadas. Para compreender o recurso frequente às medidas de graça nesse período, devemos ter em conta que se tratou de uma época de enormes mudanças, na ordem jurídica e, acima de tudo, na sociedade portuguesa." Apontam portanto várias justificações conjecturais.

Inspirando-se no Código Penal português de 1982,[23] a 13 de Outubro de 1993 foi aprovado pelo Decreto-Lei n.º 4/93[24] o primeiro Código Penal da Guiné-Bissau, pondo fim à vigência de mais de cem anos do Código Penal de 1852. Consequentemente, também na matéria que respeita à amnistia, passou a vigorar o regime estatuído neste novo Código Penal[25].

---

[21] Lista de diplomas portugueses disponível em Anexo.

[22] Canotilho, Mariana e Pinto, Ana Luísa, *As Medidas de Clemência na Ordem Jurídica Portuguesa*, Separata de Estudos em Memória do Conselheiro Luís Nunes de Almeida, Coimbra, Coimbra Editora, 2007, pp. 363 e 364.

[23] Decreto-Lei n.º 400/82, de 23 de Setembro (Revogado pelo: Decreto-Lei n.º 48/95, de 15 de Março, alterado sucessivamente pelos diplomas: Declaração n.º 73-A/95, de 14 de Junho, Lei n.º 90/97, de 30 de Julho, Lei n.º 65/98, de 02 de Setembro, Lei n.º 7/2000, de 27 de Maio, Lei n.º 77/2001, de 13 de Julho, Lei n.º 97/2001, de 25 de Agosto, Lei n.º 98/2001, de 25 de Agosto, Lei n.º 99/2001, de 25 de Agosto, Lei n.º 100/2001, de 25 de Agosto, Lei n.º 108/2001, de 28 de Novembro, DL n.º 323/2001, de 17 de Dezembro, DL n.º 38/2003, de 08 de Março, Lei n.º 52/2003, de 22 de Agosto, Lei n.º 100/2003, de 15 de Novembro, DL n.º 53/2004, de 18 de Março, Lei n.º 11/2004, de 27 de Março, Rectificação n.º 45/2004, de 05 de Junho, Lei n.º 31/2004, de 22 de Julho, Lei n.º 5/2006, de 23 de Fevereiro, Lei n.º 16/2007, de 17 de Abril e Lei n.º 59/2007, de 04 de Setembro) – http://www.portolegal.com/CPENAL.htm

[24] Decreto-lei n.º 4/93, publicado no Suplemento ao Boletim Oficial n.º 41 de 13 de Outubro de 1993.

[25] Texto original do Boletim Oficial disponível em: http://www.legispalop.org/legislacao/guinebissau/download.asp?toDown=Código%20Penal.pdf
As disposições relevantes para a problemática da amnistia encontram-se disponíveis em Anexo.

Apresentando uma arrumação transposta da portuguesa, a amnistia, bem como as restantes figuras que constituem o direito de graça (perdão genérico e indulto), surge no Capítulo IV (artigo 96.º), reservado às outras causas de extinção da responsabilidade criminal. Afirmando que "a amnistia extingue o procedimento criminal e faz cessar a execução da sanção ainda não cumprida na totalidade, bem como os seus efeitos e as penas acessórias na medida em que for possível."

Salvaguarda igualmente a responsabilidade civil, referindo que "a amnistia não prejudica a indemnização de perdas e danos que for devida". Aspecto presente em todos os diplomas amnistiantes guineenses, exceptuando-se o primeiro diploma (Decisão 13/74)[26].

Acolhe também a possibilidade de poderem ser impostas condições à amnistia e apresenta ainda, como princípio geral, o não aproveitamento da amnistia "aos reincidentes ou delinquentes com especial tendência criminosa".

O perdão genérico e o indulto encontram-se regulados, respectivamente, nos artigos 98.º e 99.º do Código Penal.

Na história recente da Guiné-Bissau, o dia 7 de Junho de 1998 tem um lugar de destaque, marcando o início das hostilidades entre as forças leais ao Presidente da República, General João Bernardo Vieira e as forças da Autodenominada Junta Militar para a Consolidação da Democracia, Paz e Justiça[27], lideradas pelo Brigadeiro Ansumane Mané.

A causa imediata[28], muito embora não exclusiva[29], deste conflito deve-se à demissão, a 5 de Junho de 1998, do Brigadeiro Ansumane Mané das funções de chefe de Estado-Maior General das Forças Armadas. Ansumane Mané encontrava-se suspenso das suas funções desde 30 de Janeiro de 1998, acusado de estar envolvido no fornecimento ilegal de armas aos separatistas de Casamansa[30], que combatiam o Governo do Senegal.

---

[26] Decisão n.º 13/74, promulgada a 27 de Dezembro de 1974, publicada no Boletim Oficial n.º 2 de 11 de Janeiro de 1975. Disponível em Anexo.

[27] Utilizando-se posteriormente a designação de Junta Militar.

[28] Cfr. Osita Agbu, *West Africa's trouble Spots and the Imperative for Peace-Building*, Monograph Series, 2006.

O texto em inglês pode ser consultado em: http://www.codesria.org/Links/Publications/monographs/osita-agbu.pdf

[29] Cfr. Rodrigues, Alexandre Reis e Santos, Américo da Silva, *Bissau em Chamas – Junho de 1998*, Casa das Letras, 2007, p. 25.

[30] Movimento das Forças Democráticas de Casamansa.

O Brigadeiro reiterava a sua inocência, mesmo perante uma Comissão Parlamentar de Inquérito[31] sobre o eventual fornecimento de armas aos rebeldes/separatistas. No documento final da Comissão, conhecido a 7 de Junho de 1998, onde se expunham as conclusões da Comissão, era afastada a suspeita de envolvimento do Brigadeiro Ansumane Mané.

Todavia, o Presidente da República General João Bernardo Vieira nomeia o Brigadeiro Humberto Gomes para substituir Ansumane Mané, mantendo desta forma a sua decisão de afastar totalmente o Brigadeiro.

Dá-se então, quase de imediato, o início das hostilidades. Com a intervenção militar do Senegal apoiando o Presidente da República General João Bernardo Vieira e a preocupação demonstrada pelo Presidente da Guiné-Conacri, Lansana Conté, em relação ao fluxo de refugiados que estavam a entrar no seu país, este conflito adquire uma verdadeira dimensão sub-regional/internacional, constituindo um perigoso foco de instabilidade.

Um Acordo de Cessar-Fogo[32] foi assinado na cidade da Praia, em Cabo-Verde, a 26 de Agosto de 1998. Todavia, só com o Acordo de Abuja[33], assinado a 1 de Novembro de 1998 e os seus Protocolos Adicionais[34], se tentava concluir um processo que verdadeiramente só terminará a 7 de Maio de 1999[35], com a retirada total das tropas senegalesas do território da Guiné-Bissau. Mais uma vez não encontramos em nenhum dos instrumentos utilizados, nem no Acordo de Abuja, nem nos seus Protocolos Adicionais, qualquer referência a alguma figura que possamos incluir no âmbito do direito de graça.

Este conflito, potencial rastilho para os países vizinhos, mereceu bastante atenção da comunidade internacional. Encontramos várias reso-

---

[31] Comissão Parlamentar de Inquérito sobre o Tráfico Ilegal de Armas.
[32] Texto disponível em Anexo.
[33] Feito em Abuja a 1 de Novembro de 1998.
[34] Protocolo Adicional ao Acordo de Abuja de 1 de Novembro de 1998 sobre a Formação do Governo de Unidade Nacional da Guiné-Bissau, feito em Lomé a 15 de Dezembro de 1998 e o Protocolo Adicional ao Acordo de Paz de Abuja, sobre o calendário para a realização das eleições presidenciais e legislativas e sobre a prorrogação dos mandatos do Presidente da República e do Governo de Unidade Nacional, assinado em Bissau, em Abril de 1999.
[35] "Altura em que o Presidente Nino se recolheu na Embaixada de Portugal, para, mais tarde, se exilar em Portugal." Cfr. Rodrigues, Alexandre Reis e Santos, Américo da Silva, *op. cit.*, p. 25.

luções[36] do Conselho de Segurança das Nações Unidas, bem como Declarações do seu Presidente[37], sobre esta problemática.

Devido a este conflito, as Nações Unidas passariam a ter no país uma missão política[38]: o Escritório das Nações Unidas de Apoio à Consolidação da Paz na Guiné-Bissau (UNOGBIS) que tinha como objectivos principais auxiliar no esforço de reconciliação nacional, o reforço das instituições democráticas e o acompanhamento dos programas de implementação da paz.

A própria União Africana envolveu-se directamente neste conflito, condenando o golpe militar e requerendo o regresso à legalidade constitucional.[39]

Ao analisarmos o Acto Constitutivo da União Africana[40], hoje em vigor, verificamos que também ele se preocupa em "promover e proteger

---

[36] Resolução do Conselho de Segurança das Nações Unidas: Resolução 1216 (1998) – S/RES/1216 (1998), adoptada pelo Conselho de Segurança na sua reunião n.º 3958 a 21 de Dezembro de 1998 e Resolução 1233 (1999) – S/RES/1233 (1999), adoptada pelo Conselho de Segurança na sua reunião n.º 3991 a 06 de Abril de 1999. Textos traduzidos para português disponíveis em Anexo. Original disponível em: http://www.securitycouncilreport.org.

[37] Declaração do Presidente do Conselho de Segurança das Nações Unidas: (S/PRST/1998/31), (S/PRST/1998/35) e (S/PRST/1998/38). Textos traduzidos para português disponíveis em Anexo.

Original em árabe, chinês, inglês, francês, russo e castelhano disponível em: http://www.securitycouncilreport.org.

[38] Os mandatos das missões especiais políticas são normalmente de 12 meses, sendo renovados pelo Conselho de Segurança, tendo em conta o aval das autoridades e as recomendações do Secretário-Geral.

[39] Vigorava ainda o Acto Constitutivo da Organização de Unidade Africana de 25 de Maio de 1963, assinado em Addis Ababa, na Etiópia.

(http://www.africa-union.org/root/au/Documents/Treaties/text/OAU_Charter_1963.pdf). Muito embora encontremos no número 4 e 5 do artigo II (Princípios), referência à defesa do princípio da solução pacífica dos conflitos, nomeadamente através da negociação, da mediação, da conciliação ou da arbitragem, bem como a condenação do assassinato político e de actividades subversivas entre Estados, verificamos ainda um pendor fundamentalmente anti-colonialista e de afirmação da necessidade de se alcançar a independência sob todos os pontos de vista.

[40] O Acto Constitutivo da União Africana foi adoptado pela 36.ª Sessão Ordinária dos Chefes de Estado e de Governo reunida a 11 de Julho de 2000 em Lomé, no Togo. Entro ou vigor a 26 de Maio de 2001. A República da Guiné-Bissau, procedeu à sua assinatura a 12 de Julho de 2000, tendo sido ratificado a 14 de Janeiro de 2001 e o depósito

os direitos humanos e dos povos, consolidar as instituições democráticas e a cultura, e assegurar a boa governação e o império da lei". Constando do artigo 4.º a proclamação da União Africana pelos princípios democráticos, pelos direitos humanos, pelo império da lei e pela boa governação (alínea (m)), o "respeito pela santidade da vida humana, condenação e rejeição da impunidade e do assassínio político, actos de terrorismo e actividades subversivas" (alínea (o)) e a condenação e rejeição de mudanças inconstitucionais de Governo (alínea (p)).

Findo o conflito militar, em observância dos já referidos Acordos, quase simultaneamente com a retirada de todas as tropas estrangeiras da Guiné-Bissau e a chegada da força de interposição do Grupo de Observação Militar (ECOMOG) da Comunidade dos Países da África Ocidental (ECOWAS-CEDEAO), foi constituído um Governo de Unidade Nacional.

As eleições legislativas, impostas pelos Acordos assinados, viriam a ter lugar em Novembro de 1999, saindo vencedor o P.R.S.[41].

As eleições presidenciais teriam lugar em Janeiro de 2000, sendo o Dr. Kumba Yalá eleito Presidente da República da Guiné-Bissau, com 72 % do número total de votos válidos expressos.

A 14 de Setembro de 2003 um levantamento militar[42] é liderado pelo chefe de Estado-Maior General das Forças Armadas (CEMGFA),

---

do instrumento realizado a 7 de Julho de 2003. O texto em inglês pode ser consultado em: http://www.africa-union.org/root/au/AboutAU/Constitutive_Act_en.htm.

A União Africana dispõe ainda de um conjunto de mecanismos que podem no futuro a dar uma reposta mais efectiva a acontecimentos deste género em África.

Existe mesmo com um Conselho da Paz e da Segurança (http://www.africa-union.org), cujo protocolo foi adoptado em 9 de Julho de 2002, em Durban, na África do Sul e que entrou em vigor a 26 de Dezembro de 2002, sendo que a Guiné-Bissau só o assinou, sem o ratificar, a 9 de Julho de 2002.

Poderemos, espera-se que muito brevemente, contar também com o Tribunal de Justiça da União (http://www.africa-union.org), cujo protocolo foi adoptado a 11 de Julho de 2003, na cidade de Maputo em Moçambique, tendo a Guiné-Bissau procedido à sua assinatura a 8 de Março de 2005.

Por último não podemos deixar de referir o importante papel que poderá ser desempenhado pelo Tribunal Africano dos Direitos Humanos e dos Povos (http://www.africa-union.org), cujo protocolo foi adoptado em Ouagdougou, no Burkina Faso a 10 de Junho de 1998, tendo entrado em vigor a 25 de Janeiro de 2004. A Guiné-Bissau procedeu à sua assinatura a 9 de Junho de 1998.

[41] Partido da Renovação Social.

[42] Designado de Comité Militar para a Restituição da Ordem Constitucional e Democrática.

General Veríssimo Correia Seabra, colocando um ponto final ao regime de Kumba Yalá.

Simultaneamente, é assinada a Carta de Transição Política que "constituirá o quadro jurídico e político para a condução à legalidade e à normalidade constitucionais"[43-44].

Entre variadíssimos aspectos ligados directamente ao estabelecimento do quadro legal da transição política[45], é estatuído no artigo 4.º, alínea p), respeitante às atribuições do Presidente da República de Transição, a possibilidade deste "Indultar e comutar penas".

Mas o aspecto mais interessante para o nosso estudo, podemos encontrá-lo no artigo 21.º da Carta, com a epígrafe: "Compromisso de reformas do Estado e de outras medidas legais", referindo que: "Os signatários da presente Carta de Transição comprometem-se solenemente a adoptar uma lei de amnistia para os membros do Comité Militar que participaram no levantamento militar de 14 de Setembro de 2003."

Em cumprimento do estabelecido na Carta de Transição Política, as eleições legislativas viriam a realizar-se a 28 de Março de 2004, sendo os resultados definitivos divulgados pela Comissão Nacional de Eleições a 20 de Abril de 2004. Saiu vencedor o P.A.I.G.C. com 31,45% do número total de votos válidos expressos, seguindo-se o P.R.S. com 24,75% dos votos, a que corresponderam, respectivamente, 45 deputados e 35 deputados. Os restantes partidos ficariam representados por 17 deputados (Partido Unido Social-Democrata), por 2 deputados (União Eleitoral) e por 1 deputado (Aliança Popular Unida).

Carlos Gomes Júnior, líder do P.A.I.G.C., é empossado Primeiro-Ministro a 10 de Maio de 2004.

Com a assinatura de uma Adenda à Carta de Transição Política[46], as eleições presidenciais, "considerando a impossibilidade técnica de se realizarem na data prevista pela Carta de Transição Política, por ausência de condições objectivas e considerando o consenso obtido pelos partidos

---

[43] Cfr. Carta de Transição Política, feita em Bissau em Setembro de 2003, disponível em Anexo.

[44] A 28 Setembro de 2003, Henrique Rosa, empresário ligado à igreja católica, é empossado interinamente como Presidente da República e Artur Sanhá, até então líder interino do P.R.S., toma posse como Primeiro-Ministro da transição.

[45] Não será aqui analisado o valor jurídico-constitucional da Carta de Transição Política.

[46] Feita em Bissau a 18 de Março de 2005. Texto disponível em Anexo.

quanto à realização de um novo recenseamento eleitoral para que as eleições possam ser pacíficas, credíveis, transparentes, livres e justas, tendo em conta a necessidade de se adequar, doravante, a data da expiração do período de transição com a nova data para a realização das eleições presidenciais e considerando os superiores interesses do país", ficariam marcadas para Junho de 2005.

Na madrugada de 6 de Outubro de 2004, o chefe de Estado-Maior General das Forças Armadas, o General Veríssimo Correia Seabra, sucumbe durante uma sublevação militar, sucedendo-lhe no cargo o General Baptista Tagme Na Waie.

Na sequência deste "levantamento militar[47]", foi assinado no dia 10 de Outubro de 2004 o Memorando de Entendimento.[48]

Deste Memorando, que pôs fim ao referido "levantamento militar " de 6 de Outubro de 2004, consta do ponto I, reservado às "medidas de ordem política", na sua alínea e), a necessidade de "Promover diligências junto do Presidente da República[49] para que, no uso das competências que lhe são reservadas por lei, conceda indulto ou comutação de pena aos militares implicados nos casos de 22 e 23 de Novembro de 2001 e de 2 de Dezembro de 2002".

Terminando o ponto I com a alínea i), apontando a necessidade de "Promover diligências junto da A.N.P., para a concessão de uma amnistia aos implicados nos acontecimentos de 14 de Novembro de 1980, 17 de Outubro de 1985, 17 de Março de 1993, 7 de Junho de 1998, 22 e 23 de Novembro de 2001, 2 de Dezembro de 2002, 14 de Setembro de 2003 e 6 de Outubro de 2004".

Reunida em Bissau, a Plenária da ANP, na sua 1.ª Sessão Ordinária (8 de Novembro a 26 de Novembro de 2004) do Ano Legislativo 2004//2005 da VII Legislatura, adoptou em termos regimentais um debate de urgência sobre a análise da situação político-militar do País, na sequência dos acontecimentos de 6 de Outubro de 2004, do qual resultou a Resolução n.º 12/PL/ANP/2004[50], da VII Legislatura.

---

[47] Esta foi a expressão utilizada.
[48] Feito em Bissau a 10 de Outubro de 2004. Texto disponível em Anexo.
[49] Presidente da República de Transição.
[50] Resolução aprovada em Bissau, aos 26 dias do mês de Novembro do ano de 2004, cujo texto se encontra disponível em Anexo.

Esta Resolução foi tomada depois de realizada "uma radiografia da actual situação política vigente no país, com alto espírito de responsabilidade, tendo nomeadamente abordado a existência ou não do fenómeno do tribalismo, a problemática da governação e de boa gestão da coisa pública, e, sobretudo, as causas que estiveram na origem dos conflitos em que o País tem mergulhado há mais de 30 anos e que provocaram consideráveis perdas humanas, materiais e sacrifícios das nossas populações", teve em conta "que a actual situação política caracterizada pela suspeição de alguns cidadãos guineenses, quer no interior do país, quer no estrangeiro" e que "o estado de espírito criado pela situação assim exposta constitui uma subjectividade cujas consequências se revelam perniciosas, face aos imperativos da estabilidade e unidade nacional, indispensáveis a captação do investimento público e privado", referindo ainda "que o Memorando de Entendimento assinado no dia 10 de Outubro de 2004 entre as partes do conflito de 6 de Outubro de 2004, recomenda diligências junto a esta Instituição da Soberania, no sentido de que se promover acções tendentes a concessão de amnistia nas sucessivas insurreições que têm assolado o país".

Conclui como sendo "imperativo do poder político o lançamento de um véu sobre o passado, proibindo a perseguição das pessoas, apagando[51] o crime político e/ou militar e todas as suas consequências penais, salvo os direitos dos terceiros a título do pedido de indemnização pelos prejuízos que o acto lhes causou", considerando "que em nome de uma total e abrangente Reconciliação Nacional e Estabilidade futura da nossa Pátria, os direitos dos cidadãos não poderão em circunstância alguma, ser diminuídos, retirados, ou de alguma forma subvertidos ou postos em causa por qualquer questão que eventualmente venha a ser suscitada e que se relacione com o período de exercício de Cargos Políticos ou de Funções Militares, período esses compreendido entre 1974 e a presente data." Pois encaram "que a paz e a reconciliação, são valores fundamentais e inerentes ao Estado de Direito Democrático para o pleno exercício dos direitos de cidadania, assentes na dignidade e respeito da pessoa humana" e estão "convencidos que o gozo destes direitos implica, responsabilidades e deveres, tanto para com as outras pessoas individualmente consideradas, como para a comunidade humana e as gerações vindouras" e ainda que "o

---

[51] Faremos referência em momento posterior à utilização, em nosso entender errónea, desta expressão.

actual contexto sociopolítico da Nação, aconselha o uso de um atributo da soberania que fortaleça a irmandade e a confiança entre os guineenses, condições imperativas para efectiva promoção do desenvolvimento e justiça social".

Determinou assim que, visando a "concórdia nacional como forma de consolidação do Estado de Direito Democrático, marcando uma viragem política definitiva, excluindo todas as formas de tolerância de uso da força como meio de acesso ao poder, assim como de solução de diferendos", se retivesse "o princípio da concessão da amnistia" e promovessem "as diligências necessárias nos termos do Artigo 65.°, alínea n) da C.R.G.B.[52], no sentido da sua efectivação, numa próxima sessão extraordinária que deverá ser convocada para o efeito no mês de Janeiro de 2005".

Desta forma foi apresentado, em Novembro de 2004, o primeiro projecto-lei de amnistia, designado de "Lei Geral de Amnistia"[53]. Um projecto elaborado num clima bastante complexo, do qual resultou um projecto de diploma com seis artigos, onde se pretendia amnistiar "todos aqueles que, durante os exercícios das suas funções ou não, atropelaram a CRGB desde 1974", pretendendo abranger todos os casos ocorridos desde "os anos de 1974 à presente data."

Em Dezembro de 2004, o Conselho de Segurança das Nações Unidas na sua reunião n.° 5107 de 22 de Dezembro de 2004, adopta a Resolução 1580 (2004), que no seu ponto n.° 4 "Faz um apelo à Assembleia Nacional da Guiné-Bissau a que, ao abordar a questão de conceder uma amnistia a todos aqueles envolvidos em intervenções militares desde 1980, tenha em conta os princípios de justiça e de combate à impunidade".

Esta Resolução pretendeu, acima de tudo, alertar para a necessidade da eventual lei de amnistia ter de se enquadrar num processo global e verdadeiro de reconciliação nacional, não podendo ser encarada como uma fórmula mágica e única para alcançar a paz e a estabilidade política.

Em Novembro de 2006, é apresentado um segundo Projecto-Lei[54], com dez artigos, onde se pretende amnistiar "os crimes previstos nos arti-

---

[52] Constituição da República da Guiné-Bissau. O texto da CRGB em vigor, bem como, os textos anteriores que fundamentaram a aplicação de amnistias, encontra-se disponível em Anexo.

[53] Projecto-Lei apresentando em Novembro de 2004, cujo texto está disponível em Anexo.

[54] Os textos dos vários Projectos-Lei apresentados estão disponíveis em Anexo.

gos 96.º, 98.º[55], 100.º, 103.º, 107.º, 108.º, 114.º, 115.º, 122.º, 139.º, 170.º e segs., do Código Penal e as infracções previstas no Código da Estrada", bem como "os crimes previstos nos artigos 215.º e segs., 238.º e segs. e 247.º do Código Penal, bem como os que, previstos em legislação especial, aí sejam qualificados como crimes contra a segurança do Estado ou sejam mandados punir com as penas correspondentes a estes crimes". A delimitação temporal de aplicação é realizada com referência aos "crimes e às infracções (...) desde que cometidas até 6 de Outubro de 2004".

Não beneficiando da amnistia "os delinquentes habituais e por tendência" e "os transgressores ao Código da Estrada e seu regulamento quando tenha praticado a infracção em estado de embriaguez."

Ficou também salvaguardada a responsabilidade civil declarando-se que "a presente amnistia não extingue a responsabilidade civil emergente dos factos delituosos praticados, podendo os ofendidos, no prazo de 90 dias, requerer o prosseguimento dos processos em que haja deduzido pedido cível de indemnização e devendo aproveitar-se a prova oferecida na acção penal."

O Projecto-Lei conta ainda com um curioso normativo respeitante ao período de *vacatio legis*, de entrada em vigor, estabelecendo um período de trinta dias, posteriores à publicação, para a mesma se verificar.

Este Projecto-Lei foi objecto do Despacho n.º 11/GP/ANP/2007[56] do Gabinete do Presidente da ANP, que, em parágrafo único, decidiu: "Admitir o presente Projecto-Lei sobre a amnistia, datado de 27/11/2006, sob condição de o autor (proponente): a) Reformular o Projecto-Lei de Amnistia, com base nos factos atrás indicados; b) Definir em que momento "*in concreto*" os factos ocorridos devem ser Amnistiados; c) Eliminar os factos já condenados (Amnistia imprópria do crime) que são da competência do Presidente da República (indulto e comutação) e cingir-se apenas aos factos ainda não condenados (Amnistia própria do crime que são competência da Assembleia Nacional Popular)."

---

[55] Embora o tema seja desenvolvido posteriormente, refira-se que os artigos 96.º e 98.º do Código Penal estabelecem apenas a "definição" de amnistia e de perdão genérico, não consubstanciando qualquer tipo de ilícito criminal. Os artigos pertinentes para a análise desta matéria encontram-se disponíveis em Anexo.

[56] Feito em Bissau, a 16 de Fevereiro de 2007.

Reflexo de um interesse quase cíclico, a questão da amnistia ressurge, assim, na ribalta política e de praticamente todas as organizações da sociedade civil.

Será então a amnistia um "fazer de contas que nada aconteceu", um "virar a página, como se fala na gíria ou melhor, esquecer o passado ruim e sombrio e começar tudo de novo."[57]

Cabe-nos tentar concretizar o real sentido do instituto, nomeadamente distinguindo-o de outras figuras próximas, averiguar a sua natureza, a sua consagração legal e constitucional, fazendo também um périplo pelo mundo constitucional de língua portuguesa e por outros países africanos, em especial, pelos países da sub-região. Finalmente, tentaremos apurar os limites da amnistia e as suas necessárias consequências.

REFERÊNCIA HISTÓRICA À UTILIZAÇÃO DA AMNISTIA

Tradicionalmente, enquadra-se o estudo da amnistia nas causas de exclusão da responsabilidade criminal, no âmbito da Teoria Geral da Infracção Criminal, no capítulo respeitante à punibilidade, quinto e último elemento da definição de crime.

Referindo-se que a amnistia será uma "condição de punibilidade por via negativa", ou seja, será uma causa que isenta ou que exclui a responsabilidade criminal em que uma pessoa terá eventualmente incorrido.

No caso de desistência da tentativa, o indivíduo não chega "a concretizar a sua responsabilidade criminal", "mas pode acontecer que uma pessoa se tenha tornado responsável por um crime que praticou e no entanto, depois disso, porque há uma amnistia (...), a pessoa não é punida". O indivíduo praticou um "acto típico, ilícito e culposo e no entanto funciona, de uma forma totalmente externa ao acto que praticou, uma causa de extinção da responsabilidade e portanto em última análise a ausência dessas causas funcionam também como condição objectiva de punibilidade."[58]

---

[57] Naualma, Daba, *A Amnistia na Constituição da República da Guiné-Bissau*, Relatório do Curso de Doutoramento em Ciências Jurídico-Políticas (Direitos Fundamentais), Setembro de 2005, p. 1.

[58] Beleza, Teresa Pizarro, *Direito Penal*, Reimpressão, Lisboa, AAFDL, 2003, 2.º Volume, pp. 15, 23 e segs. e 333.

Vimos já que o exercício do Direito de Graça não era estranho aos povos que habitavam o território hoje designado de Guiné-Bissau.[59]

E já nessa altura a sua utilização era associada ao que hoje designaríamos por discricionariedade e, principalmente, a um favorecimento de uma determinada classe social. Sendo relativamente normal que um membro de uma família nobre, devido às grandes pressões que o julgador sofria, fosse perdoado pelos crimes que cometera.

Violava-se, assim, aquilo que hoje designamos por princípio da igualdade, matéria que analisaremos seguidamente.

Atente-se que se fizermos uma análise comparativa, se ela for possível, não era este o único princípio que estaria em causa. A própria competência para amnistiar não cabia por exemplo a um conselho de "homens grandes" mas ao próprio julgador, violando-se, assim, o que hoje designaríamos por separação de poderes.

Se recuarmos mais na história, chegados ao período compreendido entre 1312 e 1275 a.C., encontramos num dos primeiros exemplos escritos de um tratado internacional a referência escrita mais antiga ao que podemos designar como amnistia. Falamos do Tratado de Kadesh que foi celebrado entre Ramsés II, Faraó do Egipto e o rei hitita Hattusil III, selando o fim da batalha de Kadesh que opôs o Faraó ao rei Muwatali.[60]

No séc. VI a.C., encontramos referência ao conjunto de leis chamadas *seisachtheia* instituídas pelo legislador ateniense Sólon[61], com a intenção de solucionar a generalizada conjuntura de servidão (*hektemoroi*) e escravatura, resultantes do regime legal preexistente. Desta forma seriam anuladas "todas as dívidas públicas e privadas dos atenienses, com o consequente desaparecimento dos marcos de hipotecas dos campos e a libertação dos escravos por dívidas."[62] Todavia, este

---

[59] Ver, *supra*, na Introdução, a referência feita aos usos e costumes jurídicos dos Mandingas.

[60] Cfr. Aguilar, Francisco, *Amnistia e Constituição*, Livraria Almedina, Coimbra, Março de 2004, pp. 21 e segs.

[61] A maioria dos autores considera que a amnistia encontra a sua origem na Grécia antiga. "Medida de graça tomada, em princípio, pelo poder legislativo como forma de retirar o carácter de infracção a certos factos cometidos no passado, a amnistia constitui a forma mais antiga de exercício do perdão penal."Cfr. Desportes, Frédéric, Le Gunehec, Francis, *Droit Pénal Général*, Douzième édition, Ed. Economica, 2005, pp. 1010 e segs.

[62] Ver sobre todo o tema da amnistia e sobre a origem das leis da amnistia em especial: Acórdão do Plenário do Tribunal Constitucional n.º 510/98 de 14 de Julho de 1998, sendo seu relator o Senhor Doutor Juiz Conselheiro Sousa e Brito.

conjunto de leis não realizou a sua intenção, pois acabou por não pacificar a sociedade.

Muitos mais exemplos podemos encontrar, analisando o período compreendido entre o séc. V a.C. e o séc. I a.C.; referiremos apenas o ano de 403 a.C., ano em que foi restabelecida a democracia ateniense, pondo-se um ponto final ao governo dos Trinta Tiranos, também conhecido como Tirania dos Trinta, tendo-se aprovado o que ficaria conhecido como "mandamento dos esquecidos."[63] Esta "lei da não lembrança"[64] dos trinta impunha o esquecimento dos factos criminosos e dos abusos ocorridos durante a Tirania dos Trinta, mesmo os responsáveis máximos deste governo poderiam beneficiar desta lei "se prestassem contas"[65] dos seus actos.

Este exemplo perduraria, sendo invocado posteriormente por Cícero, na sua proposta de amnistia aos assassinos de César, aprovada pelo Senado em 44 a.C. e ainda por Cláudio, quando pretendeu amnistiar os acontecimentos que se seguiram à morte do Imperador Gaio em 37 a.C.

Aquele exemplo ateniense legou-nos o sentido que hoje atribuímos à figura da amnistia, esse sentido, que passou da expressão latina *amnestia*, para a expressão amnistia que hoje utilizamos, é o de amnistia enquanto esquecimento.

Este é o sentido sobre o qual não existem hoje praticamente divergências no que à amnistia diz respeito. A virtualidade da amnistia "apagar o crime" é hoje afastada pela generalidade dos autores, como iremos verificar um pouco mais à frente no nosso estudo, dado que, como acto de graça, a amnistia apenas se concretiza no afastamento das consequências jurídicas do delito.

Séneca é apontado como o primeiro grande pensador sobre a amnistia. Para ele, a clemência era uma virtude, completada pelo rigor, e ambos se fundamentariam na razão.

No séc. XVIII, a amnistia era duramente criticada, pois violaria a prevenção geral (fins imediatos e mediatos), bem como o princípio da igualdade e da divisão de poderes.

---

[63] Cfr. Aguilar, Francisco, *op. cit.*, p. 22.
[64] Cfr. Acórdão do Plenário do Tribunal Constitucional n.º 510/98 de 14 de Julho de 1998, *op. cit.*, p. 11.
[65] Idem, *Ibidem*.

A clemência não é uma questão apenas do Estado de Direito, mas de qualquer forma de Estado, de qualquer forma de produção de poder, em qualquer tempo e lugar.

É utilizada ainda hoje muito para além das situações de justa causa, ou seja, muito para além das situações onde a aplicação da lei se demonstraria injusta.

Todavia, na maior parte das vezes, não se vê isto, mas antes discricionariedade na sua utilização.

A amnistia é muitas vezes considerada como demonstração de fraqueza, mas não a poderemos nós integrar numa estratégia de domínio, num mecanismo de manutenção e reforço do próprio poder?

As penas e também a amnistia funcionam como meio de afirmação do poder estadual e, assim, a amnistia pode ser um instrumento de disciplina social.

Para além dos fins imediatos das penas e aos quais a amnistia deve obediência, especialmente porque a prevenção geral constitui uma das barreiras intransponíveis da amnistia, temos também os fins mediatos, que se prendem com a manutenção de uma determinada ordem.

Esta ordem, como refere Rui Patrício,[66] mantém-se fundamentalmente através do funcionamento do binómio ameaça[67]/crença.

A amnistia, ao não diminuir o poder do Estado, antes acentua a dependência do indivíduo face a esse mesmo poder. A amnistia não enfraquece, antes reforça o poder.

Referindo Boaventura Sousa Santos, Rui Patrício defende também que os métodos punitivos se dirigem para a manutenção de uma determinada ordem social.

Em todos os "modos de produção do poder social"[68] é possível fazer funcionar a amnistia, e verdadeiras amnistias ai existem de facto.

Na amnistia não há uma verdadeira oposição entre os fins da amnistia e os fins das penas. Não há uma verdadeira concorrência, mas uma alternatividade.

---

[66] Sobre toda a problemática da amnistia e da sua relação com os fins das penas: Serrão Patrício, Rui Filipe Serra, *Um discurso sobre a amnistia no Sistema Penal*, Revista Jurídica n.º 23, Lisboa, AAFDL, 1999.

[67] Ameaça tanto na estatuição, como na aplicação, como na execução da norma.

[68] Espaço doméstico, Espaço de produção, Espaço da cidadania e Espaço mundial.

O poder recorre ora a uma, ora a outra, para prosseguir os seus fins. Ele é que terá de escolher entre a punição e a clemência, qual realizará melhor as suas finalidades.

Com efeito, a amnistia não apaga o crime, tem consequências ao nível da aplicação da pena. A prevenção geral que decorre da existência da norma incriminadora é satisfeita, mesmo com a amnistia, porque a ameaça não é posta em causa.

Para aqueles que defendem que a amnistia põe em causa a prevenção geral negativa e positiva, referimos o carácter incerto, quanto ao modo, tempo, modo e objecto. Assim sendo, mesmo que fossem só estas as razões, já não se conseguiriam criar expectativas de impunidade.

Por tudo isto, a figura da amnistia "sobreveio às vicissitudes de devir histórico."[69] Nunca deixando todavia de ser um "instituto paradoxal"[70], quer a nível do seu enquadramento jurídico, quer da compatibilidade com os fins das penas, quer com os princípios constitucionais, quer relativamente ao seu enquadramento político, quer, finalmente, quanto às suas consequências sociais.

A amnistia encontra uma justificação conjuntural se constitui forma de solucionar uma questão política ou jurídico-política, sendo utilizada menos vezes como forma de autocorrecção da justiça.

Com o Estado Constitucional (séc. XVIII), a teoria da justa causa foi posta em causa, não se compreendendo que um Estado fundado na legalidade, na igualdade e na separação de poderes, pudesse produzir casos necessitados de clemência.

Mas esta questão manteve-se como um problema de qualquer forma de Estado, em qualquer tempo e lugar, consubstanciando um mecanismo de reforço e manutenção do poder, "não existindo oposição entre a amnistia e os fins imediatos das penas, mas antes alternatividade."[71]

Em Portugal, encontramos referência a figuras do âmbito do direito de graça, como é o caso do perdão, enquanto perdão geral ou de classes de crimes e enquanto perdão a pessoas individuais, por exemplo, nas Ordenações Filipinas[72], no livro V, título CXXII, "Dos casos, em que a Justiça tem lugar, e dos em que se apelará por parte da Justiça" e no título CXXX,

---

[69] Cfr. Serrão Patrício, Rui Filipe Serra, *op. cit.*, p. 230.
[70] Cfr. Serrão Patrício, Rui Filipe Serra, *op. cit.*, p. 231.
[71] Serrão Patrício, Rui Filipe Serra, *op. cit.*, p. 253.
[72] http://www1.ci.uc.pt/ihti/proj/filipinas/ordenacoes.htm

"Quando o que foi livre por sentença de algum crime, ou houve perdão, será mais acusado por ele."

Em 1775, encontramos uma "Amnistia a presos"[73], onde o Rei D. José I, *"Rei de Portugal e dos Algarves daquém e dalém-mar em África"*, sendo o Marquês de Pombal, secretário de Estado do Reino[74], fazia valer como lei o seguinte:

> *"Querendo eu dar um sinal favei com que a minha real benignidade faça ver aos meus fieis vassalos o agrado com que recebi as plausíveis demonstrações de amor ao meu real serviço, e de reconhecimento aos benefícios, que tem recebido da minha paternal e vigilante providencia por eles ultimamente manifestadas com tantas e tão públicos afectos no que a justiça pode ser compatível com a clemência. Hei por bem fazer mercê aos presos que estiverem por causa de crimes nas cadeias públicas da cidade de Lisboa e seus distritos de cinco léguas, não tendo parte mais que a justiça, de lhes perdoar livremente por esta vez, todos, e qualquer crimes, pelos quais, exceptuando os seguintes pela gravidade deles e convir ao serviço de Deus e bem da República que fé não isentem das leis: Blasfémias a Deus, e de seus Santos: Inconfidência: Moeda falsa: testemunho falso: matar, ou ferir, sendo de propósito, e sendo com arcabuz, ou espingarda: dar peçonha, ainda que morte não seja: Morte cometida atraiçoadamente: Quebrantar prisões por força: Pôr fogo acientemente: Forçar mulheres: Soltarem presos os carcereiros por vontade, ou feita: Entrar em Mosteiros de Freiras com propósito desonesto: ferimento de qualquer juiz, ou pancadas, posto que Pedaneo, ou Ventenário seja, sendo sobre seu ofício: Ferir alguma pessoa tomada às mãos: furto, que passe de um marco de parta (...)"*

Surge-nos assim o termo amnistia como sinónimo de perdão, mais precisamente de *perdão geral*.

A primeira referência expressa à amnistia surge com a Carta Constitucional de 1826[75], mais precisamente no Título V, Capítulo I, reservado ao Poder Moderador do Rei, artigo 74, § 8.°. Assim, o Rei exerce o Poder Moderador: "Concedendo Amnistia em caso urgente, e quando assim o aconselhem a humanidade, e bem do Estado."

---

[73] Documento com o n.° de Museu (316). Documento feito em Lisboa em 1775. Encontra-se exposto no Museu Marquês de Pombal (http://www.cm-pombal.pt/espacos/museus.php) localizado na Cadeia Velha, na cidade de Pombal.

[74] Cargo equivalente ao de Primeiro-Ministro.

[75] http://www.cm-pombal.pt/espacos/museus.php

Sendo que o perdão é referido no § 7.º: o Rei exerce o Poder Moderador: "Perdoando, e moderando as penas impostas aos Réus condenados por Sentença."

A separação existente entre a amnistia e o perdão foi mantida no Código Penal de 1852, dando-nos o seu artigo 120.º a "primeira definição legal de amnistia da história do direito português"[76]:

"O acto real da amnistia é aquele que, por determinação genérica, manda que fiquem em esquecimento os factos que enuncia antes praticados, e acerca deles proíbe a aplicação das leis penais.

§ 1.º O acto da amnistia extingue todo o procedimento criminal, e faz cessar para o futuro a pena já imposta e os seus efeitos; mas não prejudica a acção civil pelo dano e perda, nem tem efeito retroactivo pelo que pertence aos direitos legitimamente adquiridos por terceiros."

Constando o perdão do artigo 121.º, a característica fundamental que possibilitava a sua destrinça era o efeito retroactivo atribuído à primeira figura. A reforma de 1884 do Código Penal suprimiu a definição legal de amnistia, embora deste facto não possamos extrair uma mudança de compreensão sobre o instituto.

É com o Projecto da Parte Geral do Código Penal de 1963, liderado por Eduardo Correia[77], que, pela primeira vez, se procede à distinção entre amnistia em sentido próprio e amnistia em sentido impróprio. Dizendo a primeira respeito ao próprio crime e a segunda aos efeitos daquele, não sendo necessário autonomizar o "perdão geral", pois este, para além de se tratar de uma figura que transcenderia o direito, poderia integrar-se na segunda parte do artigo 117.º do Projecto, ou seja, também se podia integrar na amnistia em sentido impróprio. Esta posição não saiu vencedora, tendo sido acrescentado um normativo específico para o perdão geral[78].

---

[76] Cfr. Acórdão do Plenário do Tribunal Constitucional n.º 510/98, *op. cit.*, p. 8.

[77] Sobre o tema ver também: Correia, Eduardo e Carvalho, Américo Taipa de, *Direito Criminal – Lições ao Curso Complementar de Ciências Jurídicas da Faculdade de Direito de Coimbra*, Coimbra, 1980.

[78] Artigo 124.º do Projecto da Parte Geral do Código Penal.

A AMNISTIA COMO FIGURA JURÍDICO-CONSTITUCIONAL

O Decreto-Lei 4/93, de 13 de Outubro, aprovou no seu artigo 1.º, o novo Código Penal da Guiné-Bissau. A amnistia foi inserida no Capítulo IV (Outras causas de extinção), do Título IV (Da extinção da responsabilidade criminal). Concretamente o artigo 94.º[79] inclui a amnistia entre outras formas de extinção da responsabilidade criminal. Por sua vez o artigo 96.º tem precisamente como epígrafe o termo amnistia, dizendo o seguinte:

> "*1. A amnistia extingue o procedimento criminal e faz cessar a execução da sanção ainda não cumprida na totalidade, bem como os seus efeitos e as penas acessórias na medida em que for possível.*
> *2. A amnistia não prejudica a indemnização de perdas e danos que for devida.*
> *3. A amnistia pode ser aplicável sob condição.*
> *4. Regra geral, a amnistia não aproveita aos reincidentes ou delinquentes com especial tendência criminosa.*"

Todavia, na Constituição da República da Guiné-Bissau e desde 1973, como veremos, como se verificava, aliás, na Constituição da República Portuguesa de 1976 até à revisão constitucional de 1982, não existe uma referência expressa ao perdão genérico.

Na CRGB de 1973[80], no n.º 13 do artigo 40.º, era concedido ao Conselho de Estado a atribuição de: "Amnistiar, perdoar e comutar as penas". A mesma entidade acumulava, assim, todos os poderes no âmbito do direito de graça.

A Lei n.º 1/80[81] limitou-se a transferir os poderes atribuídos à Assembleia Nacional Popular, ao Conselho de Estado e ao Conselho dos Comissários de Estado para o Conselho da Revolução.

Só a Constituição da República da Guiné-Bissau de 1984[82] veio modificar esta situação, atribuindo à Assembleia Nacional Popular o poder de

---

[79] "Para além dos casos especialmente previstos na lei, a responsabilidade criminal extingue-se ainda pela morte, pela amnistia, pelo perdão genérica e pelo indulto."

[80] Aprovada por unanimidade pela assembleia Nacional Popular, reunida na sua primeira sessão no Boé, a 24 de Setembro de 1973, Publicada no Boletim Oficial n.º 1 de 4 de Janeiro de 1975. Disponível em Anexo.

[81] Publicada no Boletim Oficial n.º 46 de 15 de Novembro de 1980. Disponível em Anexo.

[82] Aprovada e promulgada em 16 de Maio de 1984, publicado no Suplemento ao Boletim Oficial n.º 19 de 16 de Maio de 1984.

amnistiar (art. 56.º n.º 12) e reservando ao Conselho de Estado a atribuição de indultar e comutar as penas (art. 64.º, n.º 1, al. k)).

No texto constitucional hoje em vigor na Guiné-Bissau[83], continuamos a verificar igualmente a omissão do perdão genérico. O artigo 85.º, n.º 1, al. n) apenas nos diz que compete à Assembleia Nacional Popular "Conceder amnistias." Por seu lado, o artigo 68.º, al. t), atribui agora ao Presidente da República a possibilidade de "Indultar e comutar penas".

Incluirá então o termo amnistia, o perdão genérico?

Alguns autores questionando-se sobre esta problemática, advogavam que "a resposta deve ser negativa já que a amnistia se dirige ao crime como tal, tendo por consequência a extinção do procedimento criminal e a extinção das penas eventualmente aplicadas." [84]

Os mesmos autores, depois da revisão da constituição portuguesa de 1982, afirmavam que era à "Assembleia da República que competia conceder amnistias e perdões genéricos, que são actos gerais de graça. Os actos individuais de graça são os indultos e as comutações de pena e são da competência do Presidente da República."

"A figura da amnistia e a do perdão genérico distinguem-se correntemente quanto ao seu objecto, visto que aquela se dirige ao crime enquanto tal (impedindo a perseguição criminal ou extinguindo-a, com a consequente extinção das penas já eventualmente aplicadas), ao passo que o perdão genérico visa apenas a sanção aplicada, extinguindo-a no todo ou em parte. Nada parece excluir que as amnistias e os perdões genéricos tenham por objecto, não apenas os crimes e respectivas penas, mas também as demais categorias punitivas públicas (infracções disciplinares, etc.)."[85]

---

[83] Constituição aprovada a 16 de Maio de 1984 (alterada pela Lei Constitucional n.º 1/91, de 9 de Maio, Suplemento ao Boletim Oficial n.º 18, de 9 de Maio de 1991, pela Lei Constitucional n.º 2/91, de 4 de Dezembro de 1991, Suplemento ao B.O, n.º 48, de 4 de Dezembro de 1991 e 3.º Suplemento ao B.O. n.º 48, de 6 de Dezembro de 1991, pela Lei Constitucional 1/93, de 21 de Fevereiro, 2.º Suplemento ao B.O. n.º 8 de 21 de Fevereiro de 1993, pela Lei Constitucional n.º 1/95, de 1 de Dezembro, Suplemento ao B.O. n.º 49 de 4 de Dezembro de 1995 e pela Lei Constitucional n.º 1/96, B.O. n.º 50 de 16 de Dezembro de 1996). Disponível em Anexo.

[84] Cfr. Canotilho, J. J. Gomes e Moreira, Vital, *Constituição da República Portuguesa Anotada*, Coimbra, Coimbra Editor, 1978, p. 295.

[85] Cfr. Canotilho, J. J. Gomes e Moreira, Vital, *Constituição da República Portuguesa Anotada*, 2.ª Edição, revista e ampliada, Coimbra, Coimbra Editor, 1985, 2.º Volume, p. 182.

Sobre a distinção entre a *amnistia* e o *perdão genérico* defendeu-se já que "existe uma diferença de regimes jurídicos importante: a amnistia tem efeitos retroactivos, afectando não só a pena aplicada mas o próprio acto criminoso passado, que é esquecido, considerando-se como não praticado (abolição retroactiva do crime). O perdão genérico incide, segundo a doutrina maioritária, apenas sobre as penas determinadas pela decisão condenatória e para o futuro.

A amnistia aniquila os factos passados objecto de incriminação, sendo de natureza objectiva. Toda voltada à infracção, esquece os seus agentes, sendo este o traço diferenciador do perdão. É uma abolição da incriminação, enquanto o perdão é uma abolição da execução da pena, no todo ou em parte. O perdão difere da amnistia em que aquele pressupõe a culpabilidade, e refere-se a delinquentes convencidos, e esta aplica-se às infracções, com abstracção dos seus agentes, sendo individual se compreende um só, e colectivo se abrange todos os condenados por uma classe ou diferentes classes de infracções: a segunda é real porque se refere aos actos, cobrindo todos os que têm responsabilidade criminal no facto criminoso, quer sejam autores, quer sejam cúmplices"[86].

Continua hoje a poder questionar-se, na Guiné-Bissau, onde se integrará constitucionalmente o perdão genérico, plasmado no artigo 94.° e 98.° do Código Penal de 1993[87], que pôs fim à vigência de mais de um século do anterior Código Penal.

Teremos nós a consagração ordinária de uma figura não prevista constitucionalmente e que só por ela poderia ser legitimada?

Ou a distinção entre as figuras em causa estará baseada numa concepção tradicional de amnistia e da distinção entre medidas de graça relativas ao facto ou ao agente por um lado, e relativas à consequência jurídica por outro, mas não se aceitando que possam existir efeitos jurídicos diversos decorrentes dessa distinção, tratando-se de "um dispensável e inconveniente luxo de conceitos."[88] Ou "a controvérsia conceptual esconde muitas vezes uma outra sobre o regime dos dois institutos", discutindo-se se a amnistia se reduz a um "pressuposto negativo da punição ou se con-

---

[86] Cfr. AAVV, *Lei da Amnistia Anotada*, Lisboa, Vislis Editores, 1999, p. 10.

[87] Aprovado pelo Decreto-Lei n.° 4/93, publicado no Suplemento ao Boletim Oficial n.° 41 de 13 de Outubro de 1993. Disponível em Anexo.

[88] Figueiredo Dias, Jorge de, *op. cit.*, p. 691.

substancia um pressuposto negativo da punibilidade dos casos por ela abrangidos, que deixaram *ipso facto* de ter dignidade punitiva."[89]

Uma vez que a amnistia tem o mesmo regime jurídico do perdão genérico, deve este ser considerado como "uma verdadeira amnistia"[90] e portanto dispensável como conceito, digamos, autónomo?

Contrariando talvez os que advogam tal posição, verificamos que o regime das duas figuras não é absolutamente coincidente e, pelo menos, sempre subsistirá o facto de só o perdão genérico ter a possibilidade de ser parcial, funcionando aí, não como um pressuposto negativo da punição, mas como uma causa de atenuação ou de redução de pena, e sempre teremos também a diferença estrutural de a demarcação do campo de aplicação se fazer não com referência a grupos de factos ou grupos de agentes, mas com referência a espécies de penas.[91]

A alteração constitucional operada em Portugal em 1982, introduzindo expressamente o perdão genérico, é "fruto ponderado de alguma discussão conceptual anterior sobre a delimitação relativa dos conceitos de amnistia, perdão genérico e indulto."[92]

Na actual constituição portuguesa, no seguimento das constituições republicanas de 1911, 1933 e de 1976, a competência amnistiante não cabe já, obviamente, ao Rei, como acontecia, como vimos, na Carta Constitucional de 1838, mas antes e tão só ao Parlamento.

E não esqueçamos que "o acto de perdoar acarreta para o soberano um mais poder e para o indivíduo que é perdoado um menos poder. Igual à situação que encontramos no acto de punir."[93]

A decisão amnistiante "assenta na pura discricionariedade política"[94], "sendo insindicável, salvo quando vedada a respeito de certa categoria de crimes."

No desenvolvimento desta questão e fazendo referência à descriminalização referem que esta se dirige "para o futuro, a amnistia está

---

[89] Acórdão do Plenário do Tribunal Constitucional n.º 510/98, *op. cit.*, p. 10.
[90] Dias, Jorge de Figueiredo, *op. cit.*, p. 689.
[91] Cfr. Dias, Jorge de Figueiredo, *op. cit.*, pp. 689 e 690.
[92] Cfr. Acórdão do Plenário do Tribunal Constitucional n.º 510/98 de 14 de Julho de 1998.
[93] Cfr. Serrão Patrício, Rui Filipe Serra, *op. cit.*, p. 250.
[94] Miranda, Jorge, e Medeiros, Rui, *Constituição Portuguesa Anotada*, Coimbra, Coimbra Editora, 2006, Tomo II, p. 497.

voltada para o passado e é irrevogável. A descriminalização pode provir do Governo no uso de autorização legislativa, a amnistia é exclusiva da Assembleia da República."

"O perdão genérico (também acto normativo, distinto do indulto, sempre individual) somente determina a extinção da sanção, impedindo-a ou fazendo-a cessar."

Apesar de todas as questões doutrinais, na prática guineense é comum a utilização, a par da amnistia, o perdão geral, como constatamos no artigo 2.º da Decisão n.º 13/74[95], no artigo 1.º da Decisão n.º 5/76[96], no artigo 2.º da Decisão n.º 3/80[97], no artigo 2.º da Decisão n.º 1/83[98], no artigo 1.º da Decisão n.º 1/84[99] e no artigo 2.º do Decreto-lei n.º 10/86[100].

Muito embora todas estas considerações sobre a previsão expressa ou não das figuras do direito de graça, autores existem, como Figueiredo Dias, que defendem que "o direito de graça não se regula", ou seja, "o órgão competente é que afirma o seu regime, sendo absurdo que se afirme num Código que o Presidente da República não pode, por exemplo, indultar um reincidente"[101].

Caso contrário poderemos entrar no âmbito das normas sobre normas, meras medidas platónicas, podendo ser sempre afastadas, pois não beneficiam de nenhum estatuto paraconstitucional. Ou seja, o regime das medidas de graça resulta inevitavelmente dos actos em concreto.

Esta questão não pode ser confundida com a possibilidade de existir uma lei de enquadramento para a concessão de amnistia, consubstanciando uma lei de valor reforçado, ou seja uma lei que tem que ser respeitada por outras. Todavia, esta realidade, embora pudesse ser muito útil, evitando o recurso abusivo à concessão de amnistia, não está prevista constitucionalmente.

Lei de valor reforçado que, a existir e sendo violada, provocaria um ilegalidade, mas não inconstitucionalidade.

---

[95] Publicada no Boletim Oficial n.º 2 de 11 de Janeiro de 1975.
[96] Publicada no Boletim Oficial n.º 36 de 4 de Setembro de 1976.
[97] Publicada no 2.º Suplemento Boletim Oficial n.º 49 de 12 de Dezembro de 1980.
[98] Publicada no Boletim Oficial n.º 3 de 21 de Janeiro de 1983.
[99] Publicada no Boletim Oficial n.º 3 de 21 de Janeiro de 1984.
[100] Publicado no 2.º Suplemento ao Boletim Oficial n.º 52 de 30 de Dezembro de 1986. Todos os diplomas estão disponíveis em Anexo.
[101] Código Penal, *Actas e Projectos da Comissão de Revisão*, 1993, pp. 181 e segs.

Deve-se uma referência à Constituição da República da Guiné-Bissau aprovada a 5 de Abril de 2001, mas nunca promulgada pelo Presidente da República então em funções.[102] Dela constava no Título II, Capítulo II, no âmbito da determinação das competências do Presidente da República, mais precisamente no artigo 154.°, alínea h), a prerrogativa de o Presidente da República "indultar e comutar penas, ouvido o Governo".

Do Título III, Capítulo II, artigo 179.°, alínea, i), constava a competência da Assembleia Nacional Popular para "conceder amnistias e perdões genéricos."

Tentava ultrapassar-se desta forma, também na Guiné-Bissau, as críticas que eram dirigidas aos normativos referidos anteriormente, fazendo menção expressa da necessidade do Presidente da República "ouvir o Governo" na concessão de indultos e na comutação de penas e introduzindo expressamente a previsão constitucional do perdão genérico.

OUTRAS FIGURAS JURÍDICAS AFINS

Utilizámos até aqui, por algumas vezes, as designações de outras figuras integrantes do Direito de Graça; cabe agora tentar realizar a sua distinção.

A amnistia distingue-se em primeiro lugar da *abolitio*, por precisamente esta última ter carácter individual, impedindo que um arguido venha a ser efectivamente julgado, actuando antes do trânsito em julgado da decisão condenatória. Esta figura é recusada nos sistemas jurídicos continentais, por violar o princípio da separação de poderes, da igualdade e do monopólio da função jurisdicional.[103]

Distingue-se também da figura do *indulto*. Tradicionalmente, é apontado como critério de distinção o facto de a amnistia ter um carácter retroactivo, enquanto que as restantes medidas de graça dizem respeito "apenas" à cessação da execução das penas. Figueiredo Dias apela a um outro critério, apontando o carácter geral da amnistia, dirigida a determinada(s) categoria(s) de facto(s) ou agente(s) e o carácter individual do

---

[102] Dr. Kumba Yalá.
[103] Aguilar, Francisco, *op. cit.*, pp. 37 e 38.

indulto, dirigido a um sujeito individualmente determinado e pressupondo o trânsito em julgado da sentença condenatória.

Quanto ao perdão genérico, como vimos já anteriormente, alguns autores consideram-no, pelo facto de ser geral, uma verdadeira amnistia, uma amnistia imprópria.

Na Alemanha não se autonomizou o perdão genérico da figura da amnistia, pois o que releva daquela figura é a sua generalidade. Em Itália, esta distinção era realizada, defendendo-se que ambas tinham efeitos diferentes. A distinção entre amnistia própria e imprópria fazia-se apelando aos "factos relativamente aos quais, a lei amnistiante irá aproveitar"[104]. Desta forma, a amnistia surgia como simultaneamente própria, para os factos onde a decisão condenatória ainda não transitou em julgado, e imprópria para os casos onde já teve lugar o trânsito em julgado, tudo dependendo assim "da data em vigor da lei amnistiante".

Qualquer medida de graça, num Estado de Direito, só pode dizer respeito à consequência jurídica e nunca ao facto praticado,[105] só podendo impedir a verificação das consequências jurídicas do crime. Isto mesmo se pode depreender da formulação do artigo 96.º do Código Penal, onde no n.º 1 se afirma que "a amnistia extingue o procedimento criminal (…)".

Tradicionalmente, a amnistia era defendida por uns como sinónimo de descriminalização, entendendo-se que a amnistia "apagava" o crime; outros, consideravam que a amnistia consistia numa revogação retroactiva da lei penal. Esta última posição tem, em nossa opinião, alguns atractivos, desde logo, porque possibilita a distinção entre a amnistia e o perdão genérico, e, por outro lado, como no caso de descriminalização, também a amnistia determina a extinção da acção penal. Assim, a amnistia não poderia ser afastada pelo beneficiário, quer seja antes, quer seja depois da condenação.

Mas esta posição não tem sido defendida no âmbito do direito europeu continental, e, consequentemente, nos restantes países por ele influenciados.

A possibilidade do beneficiário da amnistia própria renunciar à amnistia tem sido afirmada um pouco por toda a Europa. Esta é uma diferença fundamental para possibilitar a distinção entre as duas figuras. Esta

---

[104] Aguilar, Francisco, *op. cit.*, p. 41.
[105] Ideia defendida por Figueiredo Dias, in Figueiredo Dias, Jorge de, *op. cit.*, § 1122.

possibilidade é fruto, em primeiro lugar da localização sistemática que fazemos da amnistia, colocando-a no âmbito das consequências jurídicas do crime e não no âmbito da teoria geral da infracção criminal. Em segundo lugar e lateralmente como expressão do direito fundamental ao bom-nome, consagrado constitucionalmente também no artigo 44.° da CRGB.

No que respeita à sua natureza, a amnistia consubstancia um direito misto, do ponto de vista jurídico-substantivo, constitui uma causa de cessação do dever de executar a sanção e do ponto de vista jurídico-processual, um pressuposto processual, obstaculizando ao procedimento criminal.

Será válida uma lei amnistiante que, na previsão, determine o "esquecimento" de determinados factos apenas se os mesmos não tiverem sido objecto de uma decisão condenatória transitada em julgado?

Figueiredo Dias responde afirmativamente, enquadrando essa possibilidade no âmbito da discricionariedade administrativa.

Diferente ponto de vista apresenta Francisco Aguilar[106], afirmando que estamos perante uma inconstitucionalidade. Aparentemente, faríamos depender a aplicação da lei amnistiante de um factor estranho aos agentes. Inconstitucionalidade, transportando para a realidade da Guiné-Bissau, por violação do artigo 8.°, n.° 2, que consagra o princípio da conformidade das leis e outros actos do Estado com a Constituição, do artigo 24.°, que consagra o princípio da igualdade e finalmente do artigo 126.°, n.° 1, que afirma a impossibilidade de os tribunais aplicarem normas que infrinjam a Constituição.[107]

Poderá uma amnistia ter efeitos diferentes por força do caso julgado e/ou do direito subsidiário? Ou será legítimo ter efeitos diferentes, consoante exista ou não trânsito em julgado da decisão condenatória?

A resposta não pode deixar de ser negativa. Segundo Almeida Costa tem que existir uma "identificação da sua eficácia para ambos os casos"[107a], pois "a tomada ou não tomada em consideração do crime ficaria a depender do acaso e da maior ou menor celeridade na decisão dos processos pelos tribunais, aqui se abrindo a porta para eventuais arbitrariedades em favor ou em prejuízos dos réus"[107b]. Defendendo de *lege ferenda* uma alte-

---

[106] Aguilar, Francisco, *op. cit.*, p. 54.

[107] Os últimos normativos respeitam à Constituição da República da Guiné-Bissau. Disponível em Anexo.

[107a] Costa, Almeida, *O Registo Criminal – História. Direito Comparado. Análise político-criminal do instituto*, Separata do volume XXVII do Suplemento ao Boletim da Faculdade de Direito da Universidade de Coimbra, Coimbra, 1985, p. 335.

[107b] Costa, Almeida, *op. cit.*, p. 335.

ração no sentido de identificação dos efeitos entre a amnistia própria e imprópria. Para que a diferença de efeitos entre amnistia em sentido próprio e em sentido impróprio não resulte "do mero acaso".

Interessante é verificar que no Código de Processo Penal da Guiné-Bissau[108], no Capítulo IV, respeitante ao Registo Criminal, o artigo 100.º, alínea f), sujeita a registo: a "aplicação de amnistia, perdão, indulto ou comutação de pena", ao contrário do entendimento dominante em França, onde se defende que a amnistia impede o registo do facto amnistiado.[109]

O artigo 96.º do Código Penal da Guiné-Bissau é influenciado pelo artigo 126.º do Código Penal português de 1982, logo, indirectamente, também recebeu influência do artigo 151.º, § 1 do Código Penal Italiano. Por isso, encontramos também aqui a distinção entre amnistia própria e imprópria. Na primeira, não houve decisão condenatória transitada em julgado, extinguindo o procedimento criminal. Na amnistia imprópria, faz-se cessar "na medida do possível" a execução da sanção ainda não cumprida na totalidade, bem como os seus efeitos e as penas acessórias.

A fronteira é, continua a ser, a condenação, *rectius*, o trânsito em julgado da decisão condenatória.

No que diz respeito à reincidência[110], esta limita a possibilidade de se poder recorrer à amnistia, assim como a "especial tendência criminosa"[111], nada sendo dito em relação à relevância ou não da amnistia para a própria consideração da reincidência, pelo que devemos considerar que o crime amnistiado não pode ser tido em conta para a sua determinação.

Segundo Figueiredo Dias, as regras subsidiárias que regem os efeitos da amnistia apresentam-se como violadoras do princípio da igualdade[112], sendo desta forma materialmente inconstitucionais.

Os "efeitos" reservados para a amnistia imprópria devem ser os mesmos da amnistia em sentido próprio.

Não será válida a situação da condenação ser utilizada ainda para efeitos de reincidência.

---

[108] Decreto-Lei n.º 5/93 de 13 de Outubro, Suplemento ao B.O. n.º 41 de 13 de Outubro de 1993.
[109] Desportes, Frédéric, Le Gunehec, Francis, *op. cit.*, p. 1016.
[110] Artigo 67.º do Código Penal da Guiné-Bissau
[111] Artigo 68.º do Código Penal da Guiné-Bissau.
[112] Artigo 24.º da C.R.G.B.

A amnistia deverá ter como efeito imediato o cancelamento definitivo do registo criminal, caso contrário criam-se situações de desigualdade material.

É necessária uma tendencial unidade jurídica do instituto. O caso julgado não pode ser utilizado para "separar as águas" para efeitos da amnistia.

Quando uma lei amnistiante entra em vigor depois do trânsito em julgado de uma decisão condenatória, deverá produzir efeitos idênticos aos da amnistia própria.

COMPETÊNCIA PARA AMNISTIAR

A competência exclusiva[113] para a concessão de amnistias, sem qualquer alusão ao perdão genérico, cabe, nos termos do artigo 85.°, n.° 1, alínea n) da CRGB, à Assembleia Nacional Popular. Tratando-se de uma reserva absoluta de lei formal da ANP, a aprovação de um decreto sobre essa matéria será sempre inconstitucional, orgânica e formalmente.[114] Consequentemente, nenhuma norma da lei da amnistia será aplicada.

Se hoje esta é a posição quase unânime, tempos houve em que se apelou, por exemplo, à tese do paralelismo, para fundamentar a competência amnistiante. Quem tinha a competência para definir as infracções teria competência para as amnistiar.

Se esta tese não faz muito sentido e é hoje afastada pela generalidade da doutrina, lembremo-nos que o artigo 86.°, g) da CRGB, atribui também competência exclusiva à ANP para determinar as penas e as medidas de segurança. E não podemos também esquecer que a atribuição de competência à ANP se encontra negativamente delimitada pela competência presidencial de conceder indultos.

O normativo referido anteriormente também nos ajudaria se o instituto não se encontrasse constitucionalmente consagrado.

A amnistia pode surgir, como vimos já, através de um Tratado, ou seja, ter fonte convencional, constituindo novamente matéria (artigo 85.°, n.° 1, alínea h) CRGB) de competência exclusiva da ANP.[115]

---

[113] Aguilar, Francisco, *op. cit.*, pp. 68 e segs.
[114] Aguilar, Francisco, *op. cit.*, p. 98.
[115] Aguilar, Francisco, *op. cit.*, p. 85.

E poderá a amnistia resultar de um processo referendário na Guiné-Bissau?

Ao contrário do exposto na Constituição da República Italiana[116] que, no 3.º parágrafo do artigo 75.º, exclui expressamente a admissibilidade da realização de referendos sobre leis de amnistia e de indulto, na Constituição da República da Guiné-Bissau a competência para a realização de referendos cabe em exclusivo à Assembleia Nacional Popular (art. 85.º, al. b) C.R.G.B.), não sendo feita qualquer referência a matérias excluídas do âmbito referendário.

A competência para a concessão de amnistias no espaço dos países de língua oficial portuguesa[117] não é matéria sujeita a grandes derivações. Num olhar rápido pelas restantes constituições dos países de língua oficial portuguesa, verificamos que a competência cabe, no caso de Angola, à Assembleia Nacional – art. 88.º, al. h); no caso do Brasil, ao Congresso Nacional – art. 48.º; no caso de Cabo Verde, à Assembleia Nacional – art. 174.º, m); no caso de Moçambique, à Assembleia da República – art. 135.º, n.º 2, al. l); no caso português, à Assembleia da República – art. 161.º, al. f); no caso de São Tomé e Príncipe, à Assembleia Nacional – art. 97.º, al. f); e, finalmente, no caso de Timor-Leste, ao Parlamento Nacional – art. 95.º, n.º 3, al. g).

No Senegal, a competência cabe igualmente à Assembleia Nacional – art. 67, § 4 da Constituição; na Guiné-Conakry, a competência, conferida pela Lei Fundamental da Guiné, cabe também à Assembleia Nacional (art. 59, § 4).[118]

LIMITES AO PODER DE AMNISTIAR

A amnistia é necessariamente retroactiva. Se pudesse ser prospectiva não faria sentido continuar, por exemplo, a proteger um determinado bem

---

[116] http://www.senato.it/istituzione/29375/131336/131337/131354/131360/articolo.htm

[117] Esta matéria encontra-se especificamente desenvolvida no Capítulo: A amnistia no ordenamento jurídico dos Países Africanos de Língua Oficial Portuguesa (P.AL.O.P.).

[118] Esta matéria encontra-se especificamente desenvolvida no Capítulo: A amnistia noutros ordenamentos jurídicos africanos em especial na sub-região.

jurídico. Significaria "retirar potenciais vítimas da protecção da lei",[119] impedindo de igual forma a independência judicial.

Se a amnistia é esquecimento, *ainda* não se pode esquecer para o futuro!

Assim, a amnistia com intenções prospectivas é inconstitucional, não se podendo aplicar a factos ocorridos no futuro.

Esta é uma problemática muito importante no âmbito da amnistia, pois relaciona-se directamente, não só com a discussão, mas também com a aprovação da proposta ou do projecto de lei. A adopção de um critério estanque, como, por exemplo, a data da publicação do diploma, como limite à abrangência temporal da amnistia, deve também ser analisado com extremo cuidado.

Importante é ter sempre bem presente que nenhuma amnistia pode pretender ter efeitos prospectivos; em caso afirmativo, estaremos perante uma inconstitucionalidade material parcial, aplicando a lei amnistiante, apenas aos casos verificados até à véspera da palavra final do parlamento. Ou seja, temos que apurar a inconstitucionalidade, segmento de norma a segmento de norma. Atenção especial deve ser dispensada à denominada amnistia encoberta, ocorrendo esta sempre que o limite temporal da sua aplicação se situe posteriormente à aprovação parlamentar.

Tradicionalmente, defendia-se que, independentemente de tudo o resto, seria inevitável que a existência de uma lei amnistiante constituísse uma limitação ao princípio da igualdade, plasmado na Constituição. Por esta razão, o seu uso deveria ser sempre muito cuidado, de forma a causar o menor dano possível.

Compreendemos hoje o princípio da igualdade com uma dimensão material[120], o que significa que o legislador apenas estará proibido de ditar normas legais desiguais para situações que são materialmente iguais. Perante situações claramente desiguais, poderemos ter igualmente normas desiguais. Não constituindo a amnistia um instituto *ex origine* inconstitucional.

Todavia, em todas as situações em que esta dimensão material do princípio da igualdade seja violada, teremos uma norma amnistiante inconstitucional.

---

[119] Aguilar, Francisco, *op. cit.*, p. 107.
[120] Aguilar, Francisco, *op. cit.*, p. 115.

Constata-se a dificuldade, apontada pela generalidade dos autores, de preencher este conteúdo do princípio da igualdade. Nomeadamente, quando "o legislador dispõe de uma discricionariedade (*legislativa*) que não pode ser controlada judicialmente."[121]

Não nos ajudando muito recorrer a critérios como o da *excepcionalidade* e o da *irrepetibilidade da situação*.

É precisamente a proibição do arbítrio que condena a diferença de regimes entre a amnistia própria e a amnistia imprópria. Num sistema jurídico-penal, como o guineense, onde o caso julgado, não constitui[122], ao contrário do que se verifica em Portugal[123], limite à aplicação da lei penal posterior concretamente mais favorável, a imposição da não distinção é ainda mais clara.

A generalidade que aqui é imposta à amnistia diz apenas respeito à delimitação dos factos agraciados, só podendo abranger "determinada(s) categoria(s) de facto(s) ou de agente(s)"[124].

A "propriedade da descrição dos destinatários ou do objecto deve ser feita através de conceitos gerais"[125].

A proibição da amnistia individual resulta do confronto entre os princípios da separação de poderes e do monopólio da função jurisdicional e da competência presidencial para a concessão de indultos.

A amnistia individual será inconstitucional por violar os princípios enunciados anteriormente. "Antes do trânsito em julgado, a amnistia individual violaria os princípios da separação de poderes e do monopólio da função jurisdicional. Depois do trânsito em julgado, só através do indulto se pode questionar os efeitos do caso julgado penal para uma situação individual, daí resultando a inconstitucionalidade da amnistia individual, por violação, além dos dois princípios enunciados em primeiro lugar, também do princípio da reserva presidencial do poder de conceder indultos"[126].

As amnistias individuais, por serem inconstitucionais, são inaplicáveis.

---

[121] Aguilar, Francisco, *op. cit.*, p. 117.
[122] Artigo 3.º, n.º 2 do Código Penal Guineense.
[123] Artigo 2.º, n.º 4 do Código Penal Português.
[124] Aguilar, Francisco, *op. cit.*, p. 129.
[125] Idem, *Ibidem*.
[126] Aguilar, Francisco, *op. cit.*, p. 133.

O auto-favorecimento, ao contrário do que sucede, por exemplo, na Constituição Espanhola, não está positivamente consagrado, nem em Portugal, nem na Guiné-Bissau. O que não significa que não constitua uma imposição e que a sua violação, consequentemente, uma inconstitucionalidade. Isto decorre dos princípios da imparcialidade e da transparência que, no âmbito da amnistia, impõem um controlo ainda mais apertado. Apelando-se a conceitos como o do carácter altruísta da amnistia, do decoro mínimo, da muito conhecida expressão "ninguém pode ser bom juiz em causa própria". Para Francisco Aguilar, estaremos perante um caso de auto-amnistia, quando os titulares do(s) órgão(s) amnistiante(s) procuram determinar a não punição de crimes que hajam cometido enquanto titulares desse(s) mesmo(s) órgão(s). Por exemplo não pode existir uma lei amnistiante de crimes praticados por deputados no exercício das suas funções, quando os deputados beneficiados ainda sejam deputados.

Esta proibição vai fundamentar-se na necessária imparcialidade e transparência que são características de um Estado de Direito Democrático.

Segundo o artigo 68.º, alínea s), da CRGB, cabe ao Presidente da República "promulgar as leis, os decretos-leis e os decretos".

Poderá então o Presidente da República promulgar uma lei amnistiante que o abranja, que o beneficie?

A resposta, segundo Francisco Aguilar, não pode deixar de ser negativa. O Presidente da República não pode "promulgar uma lei da amnistia que o beneficie relativamente a crimes que o mesmo tenha praticado, no exercício daquelas funções, naquele ou em anterior mandato."[127] O mesmo já não se verifica quando se trata de promulgar uma lei amnistiante que diga respeito a anteriores Presidentes da República.

Claro que se a lei amnistiante disser unicamente respeito à sua pessoa, ela já seria proibida pelas considerações feitas relativamente à proibição da amnistia individual.

A *inconstitucionalidade da auto-amnistia* é, em princípio, uma inconstitucionalidade parcial, pois estão sempre ressalvados os indivíduos não abrangidos pela proibição.

Para quem advoga a existência de imposições jurídico-constitucionais explícitas de criminalização, em todos os casos em que imposições deste tipo fossem objecto de uma amnistia, teríamos uma inconstitucionalidade.

---

[127] Aguilar, Francisco, *op. cit.*, p. 153.

Esta posição é hoje afastada, nomeadamente por Figueiredo Dias, defendendo que o que é verdadeiramente importante é encontrar uma "relação de mútua referência" entre a ordem axiológica constitucional e a ordem legal dos bens jurídicos. Temos que estar perante um bem jurídico dotado de dignidade penal, onde simultaneamente exista "necessidade de tutela penal". Faria Costa defende que "os bens jurídico-penais estão antes da própria ordem axiológica constitucional e vivem na ordem jurídica". Por seu lado, Fernanda Palma afirma que "não haverá incriminações obrigatórias contra a necessidade de punir".

Em respeito pelo próprio princípio da subsidiariedade da intervenção do direito penal, do direito penal constituir a *ultima ratio* do sistema estadual, defende-se quase unanimemente a inexistência de uma obrigação de tutela de certos bens jurídicos constitucionalmente essenciais.

A existência de crimes inamnistiáveis não é sufragada pelo Tribunal Constitucional português, pelo menos no que diz respeito ao direito interno.

Mas em todas as situações onde esteja em causa a dignidade da pessoa humana e para as quais não exista outra forma de os proteger senão através do direito penal, poderemos considerar que actuações que violem tais valores não devem ser amnistiadas.[128]

Quando entra em vigor uma lei de amnistia, o seu efeito é imediato, não sendo necessária qualquer intermediação. Significa isto que o funcionamento de uma eventual Comissão que, cumprindo-se determinados requisitos, ficaria responsável pela concessão ou não da amnistia, afigura-se-nos de legalidade duvidosa, caso a sua existência não resulte directamente da Constituição.

Resulta da própria lei a possibilidade de serem impostas condições à amnistia.[129]

---

[128] Assim tendo em conta os princípios dominantes no nosso sistema jurídico-penal, poderíamos advogar a impossibilidade de crimes de sangue serem abrangidos pela amnistia. Todavia como é referido na anotação ao artigo 96.º do único Código Penal Anotado da Guiné-Bissau: " (…) porém no nosso país, leia-se Guiné-Bissau, é usual amnistiarem-se crimes de homicídio involuntário, ofensas corporais não premeditadas, contravenções e transgressões aos regulamentos, posturas e editais." Cfr. AAVV, *Código Penal Anotado Guineense*, edição do Centro de Estudos e Apoio às Reformas Legislativas da Faculdade de Direito de Bissau, Ordem dos Advogados da Guiné-Bissau e TIPS/USAID – Projecto de Apoio ao Comércio e Investimentos, Bissau, 1997, pp. 113 e segs.

[129] Artigo 96.º, n.º 3 do Código Penal guineense.

Todavia, esta tem que ter uma justificação racional, no âmbito do princípio da igualdade. O estabelecimento de uma condição à *posteriori* não tem qualquer valor, pois nunca poderia ter aplicação retroactiva. A inconstitucionalidade da condição implica, necessariamente, a não consideração desta, mantendo-se impoluta a restante lei amnistiante.

Como referem Eduardo Correia e A. Taipa de Carvalho: "*a legitimidade das medidas de clemência deve afirmar-se sempre e apenas quando situações em que a defesa da comunidade socio-política seja melhor realizada através da clemência que da punição*".

Desta forma, só será legítimo utilizar a amnistia, se tal estiver *político-criminalmente fundamentado*.

Assim, podem ser apresentados alguns casos de duvidosa fundamentação, muito embora sejam mais ou menos habituais:

– Intenção de reduzir a população criminal;
– Transmitir para o estrangeiro uma imagem favorável do Estado;
– Intenções puramente estatísticas;
– Puro e simples resultado de comemorações de dias ou festas nacionais, bem como da visita de alguma personalidade;
– Razões de pura oportunidade política, estranhas a finalidades político-criminais.

Em todos estes casos poderíamos estar perante situações de clara violação do princípio da igualdade. As amnistias usuais pelo Natal, não são por si só inconstitucionais. Temos sempre que verificar, para além da fundamentação político-criminal, se existe ou não uma razão substantiva, de justiça, pela qual possamos concluir que o princípio da igualdade não foi violado.

O limite imposto ao legislador é constituído pelo princípio da igualdade.

CONCLUSÃO

A amnistia "impõe o dever de esquecer, mas não o dever de revisitar o passado"[130], ou seja, não dá lugar à repetição da multa já paga ou dos objectos que foram apreendidos.

---

[130] Desportes, Frédéric, Le Gunehec, Francis, *op. cit.*, p. 1018.

A Amnistia, tem como efeito, *in fine*, impedir a verificação das consequências jurídicas do crime, não pretendendo apagar o crime. É precisamente por isto que é utilizada a expressão "extinção" e não outra. Personificando uma "renúncia do Estado à punição".[131]

As críticas feitas no século das luzes a esta figura estão hoje ultrapassadas, sendo a amnistia uma figura absolutamente integrada no e pelo ordenamento legal e constitucional.

Quando correctamente utilizada, compatibiliza-se com os princípios da igualdade, da separação de poderes e do monopólio jurisdicional.

A amnistia é absolutamente compatível com o Estado de Direito Democrático.

O exercício da amnistia é hoje um acto absolutamente justiciável, quer a nível ordinário, quer a nível constitucional e só assim pode ser compreendido e aplicado.

AS ESPECIFICIDADES DO PROCESSO DE APROVAÇÃO DA LEI DA AMNISTIA

Se observarmos a Constituição guineense, bem como a própria Constituição portuguesa e as restantes constituições dos Países Africanos de Língua Oficial Portuguesa (P.A.L.O.P.), não encontramos qualquer referência à necessidade do diploma amnistiante seguir um determinado procedimento especial de aprovação.

Facto que, quanto ao ordenamento jurídico português, já motivou a sugestão[132] *de lege ferenda*, ou seja, do direito a constituir, de se adoptar o regime existente em Itália, depois da revisão constitucional de 1992. Com efeito, em Itália, quer a amnistia, quer o indulto, só são concedidos por lei aprovada por maioria de dois terços dos membros de cada uma das Câmaras (artigo 79.º, parágrafo 1 da Constituição italiana[133]).

O artigo 79.º, parágrafo 1, *in fine*, da Constituição italiana, refere que a sujeição a este regime "especial" de aprovação, a este procedimento

---

[131] Aguilar, Francisco, *op. cit.*, p. 263.
[132] Aguilar, Francisco, *op. cit.*, p. 99.
[133] http://www.senato.it/istituzione/29375/131336/131337/131354/131364/articolo.htm

agravado de concessão da amnistia e do indulto, se aplica a cada um dos artigos e à votação final.

Em Itália levantou-se o problema de saber quais são os artigos da lei da amnistia que estão sujeitos a este procedimento agravado[134].

A doutrina maioritária defende que o regime de procedimento agravado de concessão da amnistia se aplica a todos os seus artigos, a todas as suas disposições. Também isto resulta da pura interpretação literal do normativo constitucional ora tratado. Mas podemos do exame literal do texto, não retirar a solução de todos os problemas de interpretação.[135]

Na actividade interpretativa não devemos contudo, "com ligeireza afirmar que há uma infelicidade de expressão"[136], por parte do legislador. "Devemos partir do princípio que o texto exprime o que é natural que as palavras exprimam, pelo que se pode afirmar que o entendimento literal será normalmente aquele que virá a ser aceite."[137] Mas como sabemos, devemos ter em consideração não apenas a lei, mas todo o sistema do direito. Para além da letra, temos de averiguar o seu sentido, o espírito da lei; seguindo uma orientação objectivista, o sentido da lei "não está condicionado por aquilo que foi o intento do legislador histórico"[138], a lei só vale "uma vez integrada na ordem social."[139]

Gladio Gemma, entendendo que o critério da interpretação literal não é decisivo e que se pode lançar mão de outros critérios hermenêuticos mais razoáveis, defende uma interpretação restritiva do normativo constitucional em causa, reservando a sua abrangência, não a todos os artigos da lei da amnistia, mas apenas a alguns deles.

Concordamos com este autor quando, citando Pierandrei, refere que "o método literal, no fundo, permite apenas uma espécie de contacto preliminar e mesmo superficial, com a norma em exame."[140] Bem como

---

[134] Gemma, Gladio, *Procedura di approvazione della legge di amnistia ed indulto: proposta di una lettura controcorrente dell'art. 79 della Costituzione*, Diritto e societá, Nuova Serie, n.° 1, 1999, p. 137.

[135] Ascensão, José de Oliveira, *O Direito – Introdução e Teoria Geral*, 13.ª Edição – Refundida, Reimpressão da edição de Março/2005, Coimbra, Almedina, Novembro de 2006, p. 397.

[136] Idem, *Ibidem*, p. 397.

[137] Idem, *Ibidem*.

[138] Idem, *Ibidem*, p. 399.

[139] Idem, *Ibidem*, p. 401.

[140] Gemma, Gladio, *op. cit.*, p. 143.

quando defende que, especialmente no que concerne aos normativos constitucionais, o critério sistemático e o critério teleológico, poderão ser mais relevantes que o critério da interpretação literal.

Todavia, em nossa opinião, uma tal concepção não pode fundamentar a restrição do normativo constitucional apenas a alguns artigos da norma amnistiante, pois poderíamos estar perante uma forma de sub-repticiamente, furtarmos um artigo à regra constitucional, tornando o diploma amnistiante, ou inoperante, ou de alguma forma mais abrangente do que era originariamente desejado. Não sendo, em nossa opinião, critério seguro o da distinção entre integração/precisão e delimitação/compressão, como forma de estabelecer uma fronteira clara entre o que estaria sujeito à votação por maioria de dois terços e o que já não estaria sujeito a tal regra especial, para mais num matéria tão sensível como é a da amnistia.

Sendo assim, defendemos que se deve adoptar, numa futura revisão constitucional na Guiné-Bissau, um regime idêntico ao italiano, ficando embora expresso que o regime "especial" abrange todas as questões, todo o articulado do diploma.

A AMNISTIA E O DIREITO INTERNACIONAL

A segunda metade do séc. XX, em que também se viveu a década dourada das independências africanas, marca igualmente um período de transição[141] para muitos países, anteriormente governados por regimes repressivos.

A segunda metade do séc. XX marca o nascimento de novos estados e uma consequente alteração do equilíbrio mundial. Na sua parte final, abrange igualmente a luta pela segunda libertação. Depois de libertados do jugo colonizador, muitos países tentavam agora libertar-se do jugo opressor dos seus primeiros líderes[142].

---

[141] Cfr. Jennifer Llewellyn, *Just Amnesty and Private International Law*, Torture as Tort: Comparative Perspectives on the Development of Transnational Human Rights Litigation, edited by Craig Scott, Oxford, Hart Publishing, 2001.

[142] Sobre África ver a Obra: Meredith, Martin, *The Fate of Africa: A History of Fifty Years of Independence*, United States of America, PublicAffairs, 2005.

Muitos dos países tinham um passado repressivo, marcado pela violência e pelo abuso, em larga escala, dos Direitos Humanos.

Alguns completaram já ou ainda se encontram em transição para governos democráticos.

Mas como será feita esta transição?

Na maior parte dos casos a transição resulta de delicadas negociações, exigindo normalmente compromissos e até mesmo cooperação com os membros do antigo regime opressor.

A necessidade de se criar um ambiente estável, no qual se construirá a futura democracia, é a razão vulgarmente apresentada para a utilização da amnistia como uma ferramenta fundamental em contextos de transição.

Este instrumento foi utilizado como parte de um processo mais vasto de transição. Jennifer Llewellyn faz um breve levantamento da utilização desta figura no mundo. Segundo esta autora, nos últimos 20 anos, foram consagradas amnistia em vários países:

– África do Sul (1990, 1992, 1993);
– Argentina (1983, 1986, 1987, 1989);
– Brasil (1979);
– Chile (1978);
– Colômbia (1982);
– El Salvador (1987, 1993);
– Espanha (1977);
– Guatemala (1986);
– Honduras (1987);
– Peru (1995);
– Portugal (1975);
– Uruguai (1986).

Podemos, no entanto, afirmar que em praticamente todas as transições políticas do séc. XX, a amnistia, a clemência em geral, foi utilizada como instrumento de limitação da responsabilidade e algumas vezes como forma de limitação da responsabilidade por violações massivas dos direitos humanos.[143]

---

[143] Cfr. Nagy, Rosemary, *Violence, Amnesty and Transitional Law: "Private" Acts and "Public" Truth in South África,* African Journal of Legal Studies, African Law Institue, 2004.

Apesar de todas as críticas, quer a nível nacional, quer a nível internacional, as amnistias continuam a ser familiares em todos os processos de transição.

São apontadas críticas, designadamente as seguintes:

- A amnistia ameaça os interesses da justiça;
- A amnistia torna impossível que a justiça seja feita, chamando-se os responsáveis à responsabilidade;
- As amnistias são inerentemente injustas, consubstanciam um "negócio" ou um compromisso com a justiça.

Mesmo quem a defende, em situações de transição, compreende as críticas que lhe são apontadas e praticamente ninguém se apresenta como defensor da sua justeza.

Em sua defesa, são normalmente utilizados os seguintes argumentos:

- As amnistias são de aplicação tópica, com vista a alcançar a Paz jurídica "depois de um tempo de grave insegurança ou anarquia"[144], a Estabilidade Política e mesmo o Fim da Violência, que são igualmente importantes valores sociais, para além da justiça;
- Refundação política;
- A amnistia só será intrinsecamente injusta se compreendermos a justiça como sendo de natureza essencialmente comutativa e retributiva, sendo que esta questão se relaciona directamente com as finalidades das penas criminais.[145]

A amnistia tem de ser observada de um novo ponto de vista, ela tem de poder ser vista como contendo potencial para servir os interesses da justiça, podendo existir amnistias justas.

Em primeiro lugar, temos de compreender cada vez mais a justiça, não como justiça retributiva e comutativa, mas como justiça restaurativa, como justiça distributiva[146].

---

[144] Valle, Carlos Pérez del, *Amnistía, constitución y justicia material*, Revista Española de Derecho Constitucional, Ano 21, n.º 61, 2001, pp. 187 a 208.

[145] Dias, Jorge de Figueiredo, *Direito Penal – Parte Geral – Questões Fundamentais – A Doutrina geral do Crime*, 2.ª Edição, Coimbra, Coimbra Editores, Tomo I, pp. 43 e segs.

[146] Valle, Carlos Pérez del, *op. cit.*, p. 203.

Esta preocupa-se fundamentalmente, com o restauro da igualdade nas relações que foram abaladas, com o restauro das relações num plano de igualdade social.

Se este restauro não puder ser alcançado através dos métodos tradicionais que recorrem à punição, que tem como efeito um isolamento do indivíduo, impossibilitando, em alguns casos, qualquer tipo de relação, a amnistia e a consequente ausência de punibilidade, não são necessariamente antiéticas na busca de uma justiça compreendida como restaurativa.

Aquilo que será exigido em vez da punição para que a justiça seja feita em respeito por um entendimento restaurativo torna-se uma questão contextual.

Deveremos conseguir responder à questão colocada por Llewellyn: O que restaurará *esta* relação, *nesta* comunidade, entre *estes* indivíduos, grupos ou comunidades?

A amnistia pode ser parte da resposta em alguns contextos, poderemos mesmo considerá-la fundamental em contextos específicos de transição, e seguramente, considerá-la ética.

Se este é o caso, então poderemos ter uma amnistia justa. O que não deixará de ser necessário é averiguar da compatibilidade de uma norma amnistiante com o direito internacional.

Como serão as amnistias encaradas pelo direito internacional?

A realidade internacional mudou radicalmente nos últimos tempos, nomeadamente com o Tribunal Penal Internacional. Com a litigação internacional, é hoje em dia quase impossível que países em processo de transição se mantenham indiferentes às opiniões internacionais sobre as escolhas e sobre a forma de lidar com o seu passado. Num mundo cada vez mais globalizado, a amnistia não tem qualquer significado se só for eficaz dentro dos limites do país que a concedeu, ou seja, dentro das suas próprias fronteiras.

As amnistias não poderão realizar o seu trabalho num contexto de transição se não granjearem o respeito internacional.[147]

---

[147] Podemos indicar como exemplo a detenção do General Augusto Pinochet no Reino Unido. Ele foi detido no Reino Unido em 1998, em cumprimento de um mandado espanhol. Depois o governo espanhol realizou um pedido de extradição. As acusações referiam-se ao período de 1973 a 1990. Em 1978 existiu todavia uma lei amnistiante chilena que abrangia os actos em causa. (Em 1978, o governo de Pinochet auto amnistiou-se) Este caso é paradigmático, em como as "amnistias domésticas" podem estar muitíssimo relacionadas com o direito internacional.

Por exemplo, a lei amnistiante chilena limitava o seu campo de aplicação às questões de responsabilidade penal/criminal.

Já a lei de amnistia da África do Sul abrangia tanto a possibilidade de acção penal, como civil.

Tendo em conta o papel que as amnistias tiveram e continuam a ter ainda, principalmente em contextos de transição, a questão da sua relação com jurisdições estrangeiras merece uma atenção especial.

Será que as amnistias devem ser respeitadas e, em caso afirmativo, quais os critérios para que o sejam?

Parece não existirem muitas dúvidas quanto ao respeito ou não pela amnistia, defendendo esta segunda possibilidade, apenas quando estejam em causa violações massivas dos direitos humanos e de normas de *Ius Cogens*. Nomeadamente, quando estejamos perante crimes que podem ser qualificados como crimes de guerra, genocídio, crimes contra a humanidade e tortura.

Existem três teses que encaram a amnistia segundo o direito internacional de forma diferenciada:

1. Tratar todas as amnistias como violadoras do direito internacional, logo inválidas.

Aqui tratam-se todas as amnistias como sinónimo de impunidade, que impede os esforços da justiça. Não pode a figura da amnistia ser utilizada como fundamento ou pilar para a construção de uma democracia futura.

Sendo sempre preferível que a amnistia seja parte de um mecanismo mais amplo, que deve integrar elementos de outros modelos, como por exemplo uma comissão para a verdade e a reconciliação, que respeite as exigências de se apurar a responsabilidade, que exista investigação e respeito pelas vítimas.

Defender uma posição assim tão radical é, em nossa opinião, não observar as necessidades concretas pelas quais passam os países em processo de transição; se assim fosse o instituto tornar-se-ia ineficaz nos processos de transição.

2. Tratar todas as amnistias como merecedoras de reconhecimento, logo com força legal "absoluta".

Esta tese representa um total respeito pela soberania dos estados e pelas suas escolhas, assumindo que as amnistias são necessariamente um "negócio" necessário para garantir uma transição mais pacífica. Esta opinião ignora que, muitas vezes, as amnistias podem não ser utilizadas com estas intenções, nomeadamente quando estamos perante auto-amnistias ou amnistias que pretendem abranger aqueles que cometeram violações massivas dos direitos humanos.

3. Uma tese intermédia que pretende realizar uma distinção entre tipos de amnistia, respeitando algumas.

Segundo esta tese, o que devemos fazer é verificar quais são as amnistias que são verdadeiramente utilizadas para assegurar uma reconciliação e uma transição pacífica e simultaneamente protegermo-nos das amnistias que mascaram apenas a impunidade.

Não devemos aceitar, por exemplo, uma amnistia de um crime a que foi retirado o prazo de prescrição, tornando-o assim imprescritível, nem tão pouco uma amnistia destinada aos crimes protegidos pelo princípio de justiça universal, como será o caso daqueles integrados no direito humanitário bélico.

Esta via parece-nos, com Llewellyn, a melhor.

Não devemos, todavia, aceitar a amnistia, designada por Llewellyn de "amnistia cobertor", ou seja, aquela que pretende "tapar" determinadas consequências, sem se preocupar muito com os efectivos acontecimentos. Normalmente, esta amnistia abrangerá um conjunto de actos e um período de tempo certo, ou dizer respeito a um determinado grupo de pessoas, não exigindo sequer uma investigação prévia.

Devemos, por outro lado, aceitar uma amnistia condicionada, como por exemplo, sujeita a uma exigência de pedido de desculpas público, como foi o caso da Comissão para a Verdade e Reconciliação da África do Sul.

A questão fundamental é conseguir-se responder à seguinte questão:

– Os interesses da justiça estão a ser prosseguidos?

A resposta a esta, aparentemente simples, questão deve ajudar-nos a saber se estamos perante uma amnistia aceitável, ou não. De facto, a amnistia "não só não constitui uma excepção à Justiça, senão que unicamente nela pode encontrar o seu fundamento."[148]

---

[148] Valle, Carlos Pérez del, *op. cit.*, p. 200.

O CASO ESPECÍFICO DOS CRIMES CONTRA A HUMANIDADE

"Nem o tempo, nem as fronteiras devem teoricamente impedir a repressão aos atentados contra a humanidade"[149]. Esta é a ideia fundamental associada aos crimes contra a humanidade, correspondendo aos valores mais essenciais da nossa civilização. Foram pela primeira vez referidos como tal no Estatuto do Tribunal Militar Internacional de Nuremberga[150], em Anexo ao Acordo de Londres[151], respeitante ao julgamento e punição dos grandes criminosos de guerra (artigo 6.°, alínea c)[152] do Estatuto do Tribunal de Nuremberga). Primeiramente, estes crimes apresentavam-se apenas no âmbito do direito internacional. Todavia, esta situação foi mudando gradualmente.

O Código Penal da Guiné-Bissau de 1993[153] consagra na Parte Especial, no Título I, os Crimes Contra a Paz, a Humanidade e a Liberdade, considerando como tais o incitamento à guerra (artigo 100.°), o genocídio (artigo 101.°), a descriminação racial (artigo 102.°), os actos contra a liberdade humana (artigo 103.°) e a escravatura (artigo 106.°).

A imprescritibilidade é normalmente indicada como característica deste tipo de crime, tendo esta característica sido recebida pelo Estatuto do Tribunal Penal Internacional[154], que no artigo 29.°, afirma: "os crimes da competência do Tribunal não prescrevem."

A Guiné-Bissau[155] procedeu apenas à assinatura do Estatuto de Estatuto de Roma do Tribunal Penal Internacional a 12 de Setembro de 2000. Todavia não procedeu, até agora, à sua ratificação.

Na legislação interna guineense não é consagrado um tratamento especial para os crimes contra a paz, a humanidade e a liberdade, não se prevendo a sua imprescritibilidade.[156]

---

[149] Desportes, Frédéric, Le Gunehec, Francis, *op. cit.*, p. 124.
[150] http://www.icrc.org/ihl.nsf/INTRO/350?OpenDocument
[151] http://www.icrc.org/ihl.nsf/WebART/355-540001?OpenDocument
[152] http://www.cidadevirtual.pt/acnur/acn_lisboa/estat.html#rod1
[153] Aprovado pelo Decreto-lei n.° 4/93, publicado no Suplemento ao Boletim Oficial n.° 41 de 13 de Outubro de 1993.
[154] http://www.icc-cpi.int/library/about/officialjournal/Rome_Statute_English.pd
[155] http://untreaty.un.org/ENGLISH/bible/englishinternetbible/partI/chapterXVIII/treaty11.asp
[156] É precisamente sobre esta matéria, desde um ponto de vista francês, que Brigitte Neel considera que o Estatuto do Tribunal Penal Internacional não se apresenta conforme

A questão que aqui nos merece mais reflexão é a de saber se os crimes considerados como crimes contra a humanidade podem ou não beneficiar de uma lei de amnistia.

Muito autores defendem uma resposta negativa, ou seja, os crimes considerados como crimes contra a humanidade não podem beneficiar de uma lei de amnistia[157]. Não se pondo em causa a autoridade do Estado nacional para amnistiar todos os crimes e delitos, independentemente da sua natureza, parece que este pode sofrer, no tocante aos crimes contra a humanidade, uma necessária compressão.

Não podemos esquecer que esta questão é muito discutida. Encontramos mesmo alguns autores[158] que defendem a possibilidade de existir uma amnistia que abranja "grandes brutalidades", quando só por essa via se consiga superar uma situação anterior de inimizade ou de conflito.

OS CRIMES CONTRA A HUMANIDADE NO CHILE[159-160]

Durante o período compreendido entre 11 de Setembro de 1973 e 10 de Março de 1978, período abrangido pela Lei de Amnistia chilena (Decreto-Lei n.º 2.191 de 1978), terão sido cometidas autenticas violações dos direitos humanos (em sentido técnico-jurídico) no Chile.

---

com a Constituição da República francesa. A competência do Tribunal Penal Internacional afecta, segundo a autora, aspectos essenciais ao exercício da soberania francesa, como poderá ser o caso se estivermos perante um eventual diploma amnistiante francês sobre matéria da competência do Tribunal Penal Internacional. Neel, Brigitte, *Pour une defense de l'amnistie*, Mélanges Patrice Gélard: Droit constitutionnel, Paris, Montchrestien, 2000, p. 85.

[157] Desportes, Frédéric, Le Gunehec, Francis, *op. cit.*, p. 125.

[158] Cfr. Valle, Carlos Pérez del, *op. cit.*, pp. 196 e 197.

[159] Cfr. Figueroa, Jorge Mera, *El Decreto Ley de Amnistia y los Derechos Humanos*, texto correspondente à conferência apresentada na Escola de Direito da Universidade Diego Portales em 18 de Outubro de 1994.

[160] Ver também sobre a amnistia no Chile: Nogueira Alcala, Humberto, *Decreto Ley de Amnistia 2.191 de 1978 e su Armonización com o Direito Internacional e o Direito Internacional dos Direitos Humanos*, Revista Derecho (Valdivia), 2005, Vol. 18, n.º 2, pp.107 a 130.

http://untreaty.un.org/ENGLISH/bible/englishinternetbible/partI/chapterXVIII/treaty11.asp

Terão tido essas violações um carácter sistemático, massivo e permanente?

Terão existido violações graves dos direitos humanos?

Para responder a estas questões temos de atender:

– À situação fáctica das vítimas;
– Às circunstâncias concretas em que elas morreram ou desapareceram.

Só depois podemos saber se existiram ou não verdadeiras violações dos direitos humanos.

No Chile, as vítimas foram na sua maior parte "civis desarmados, que não faziam parte de grupos armados e que foram sequestrados dos seus lares ou nos seus locais de trabalho, na via pública ou em outros locais, inclusive, na própria prisão."

Na opinião de Mera Figueroa estamos aqui perante verdadeiras violações dos direitos humanos.

As violações dos direitos humanos, em especial as violações mais graves, serão inamnistiáveis?

Esta parece ser doutrina consolidada no Direito Internacional dos Direitos Humanos e que tem recebido aplicação reiterada no sistema interamericano de protecção dos direitos humanos, através, por exemplo, de relatórios da Comissão Interamericana e de sentenças do Tribunal Interamericano dos Direitos Humanos.

O Estado está obrigado, tanto do ponto de vista do direito interno, como do ponto de vista do direito internacional, a respeitar e garantir os direitos fundamentais dos cidadãos.

A Convenção Americana dos Direitos Humanos garante no seu artigo 1.º, n.º 1 a obrigação dos Estados parte "respeitarem os direitos e liberdades nela reconhecidos e garantir o seu livre exercício a todas as pessoas que estejam sob sua jurisdição."

Os tribunais podem e devem chegar à conclusão que este tipo de violação não se encontra abrangido por qualquer lei de amnistia.

As amnistias devem ser interpretadas no sentido de se considerarem em princípio válidas, mas tem de se determinar os seus limites, estabelecendo quais as situações que se encontram cobertas por elas e quais as situações que estão excluídas. Devemos interpretar as leis amnistiantes em conformidade com os princípios e normas sobre direitos humanos, principais critérios orientadores da interpretação jurídica num Estado de Direito Democrático.

O PARLAMENTO EUROPEU E A PROBLEMÁTICA DA IMPUNIDADE EM ÁFRICA

Também o Parlamento Europeu já se pronunciou sobre a problemática da amnistia em África. Numa Resolução[161] dirigida em particular ao caso de Hissène Habré[162], mas onde a matéria da amnistia é tratada na generalidade, o Parlamento Europeu, "tendo em conta o Tratado que estabelece o Tribunal Penal Internacional[163]", afirma-se bastante preocupado com "os numerosos casos de violação dos direitos do Homem em partes do continente africano e ao facto de os autores de tais crimes raramente serem levados a tribunal, enquanto se nega às vítimas uma verdadeira reparação", referindo-se às declarações do Ex-Secretário-Geral das Nações Unidas, Kofi Annan, entende igualmente que as amnistias para violações graves dos direitos do Homem continuam a ser inaceitáveis e não podem ser reconhecidas, a menos que excluam o genocídio, os crimes contra a Humanidade e os crimes de guerra.

Salientando ainda, entre variadíssimas questões, que "se tornou direito internacional consuetudinário o facto de os autores, independentemente do seu estatuto, não gozarem de amnistia ou imunidade em caso de violação dos direitos do Homem e defende com veemência que os responsáveis por crimes e atrocidades sejam levados a julgamento."

LEVANTAMENTO DA LEGISLAÇÃO GUINEENSE RELATIVA AO DIREITO DE GRAÇA

O levantamento realizado abrange todas as medidas de graça que foram aprovadas na Guiné-Bissau.

---

[161] Resolução do Parlamento Europeu sobre a impunidade em África, em particular o caso de Hissène Habré, aprovado a 16 de Março de 2006 – Estrasburgo (P6-TA (2006)0101).
http://www.europarl.europa.eu/sides/getDoc.do?pubRef=-//EP//TEXT+TA+P6-TA-2006-0101+0+DOC+XML+V0//PT
Disponível em Anexo.
[162] Hissène Habré foi Presidente do Chade entre 1982 e 1990, ano em que foi derrubado. Durante esse período estima-se que cerca de 40 mil pessoas tenham sido assassinadas por motivações políticas.
[163] http://www.icc-cpi.int/

A lista que se segue encontra-se dividida por anos, para uma mais fácil consulta.[164]

1975

- *Decisão n.° 13/74 de 31 de Dezembro de 1974, publicada no Boletim Oficial n.° 2 de 11 de Janeiro de 1975;*
- Decisão n.° 7/75 de 17 de Outubro de 1975, publicada no Boletim Oficial n.° 43 de 25 de Outubro de 1975.

1976

- *Decisão n.° 5/76 de 2 de Setembro de 1976, publicada no Boletim Oficial n.° 36 de 4 de Setembro de 1976;*
- Decisão n.° *7/76* e 8/76, *ambas de 18 de Setembro de 1979, publicadas no Suplemento ao Boletim Oficial n.° 38 de 18 de Setembro de 1976.*

1977

- Decisão n.° 2/A/77 de 15 de Março de 1977, publicada no Boletim Oficial n.° 11 de 15 de Março de 1977.

1980

- *Decisão n.° 3/80 de 12 de Dezembro de 1980, publicada no 2.° Suplemento ao Boletim Oficial n.° 49 de 12 de Dezembro de 1980.*

1981

- Decreto n.° 23/81 de 30 de Dezembro de 1981, publicado no Suplemento ao Boletim Oficial n.° 52 de 30 de Dezembro de 1981.

1983

- *Decisão n.° 1/83 de 20 de Janeiro de 1983, publicada no Boletim Oficial n.° 3 de 21 de Janeiro de 1983.*

---

[164] Os diplomas que digam directamente respeito à amnistia, encontram-se em *itálico* e *sublinhado*.

1984

- Decisão n.º 1/84 de 20 de Janeiro de 1984, publicada no Boletim Oficial n.º 3 de 21 de Janeiro de 1984;
- Decreto-lei n.º 5/84 de 29 de Dezembro de 1984, publicado no 4.º Suplemento ao Boletim Oficial n.º 52 de 29 de Dezembro de 1984.

1986

- *Decreto-Lei n.º 10/86, publicado no 2.º Suplemento ao Boletim Oficial n.º 52 de 30 de Dezembro de 1986.*

1987

- Decreto-Lei n.º 1/87 de 17 de Agosto de 1987, publicado no Suplemento ao Boletim Oficial n.º 33 de 17 de Agosto de 1987.

1991

- *Decreto-Lei n.º 7/91 de 30 de Dezembro de 1991, publicado no Boletim Oficial n.º 52 de 30 de Dezembro de 1991.*

1994

- Decreto-lei n.º 1/94 de 23 de Dezembro de 1993, publicado no Boletim Oficial n.º 1 de 3 de Janeiro de 1994.

1996

- Decreto Presidencial n.º 24/96, 25/96, 26/96, 27/96, 28/96 e 29/96, todos de 30 de Dezembro de 1996, publicados no Boletim Oficial n.º 52 de 30 de Dezembro de 1996.

1997

- Decreto Presidencial n.º 23/97 e 24/97, ambos de 29 de Dezembro de 1997, publicados no Boletim Oficial n.º 52 de 29 de Dezembro de 1997.

ANÁLISE DAS ANTERIORES UTILIZAÇÕES DA FIGURA DA AMNISTIA NA GUINÉ-BISSAU

1. Decisão n.º 13/74 de 31 de Dezembro de 1974[165]

Alcançada a independência e "a total libertação do jugo estrangeiro", vivia-se na Guiné-Bissau uma "época histórica transcendente".

Com estes pressupostos e considerando que o esforço da reconstrução da Guiné-Bissau exigia a "participação de todos", acreditando-se que "o homem pode sempre recuperar-se para se tornar útil à sua sociedade", esta decisão foi o primeiro diploma a consagrar uma amnistia na Guiné-Bissau.

O Conselho de Estado exerceu o poder que lhe era conferido pela "nova" Constituição (1973)[166], no artigo 40.º, número 13.º. *"São atribuições do Conselho de Estado: 13. Amnistiar, perdoar e comutar as penas."*

Assim, amnistiaram-se os crimes de "insubordinação, de roubo, de furto, de vigarice, de ofensa corporal, de mau trato (sevicias), de violação e de homicídio involuntário".

Vigorava ainda[167] o Código Penal de 1852, profundamente alterado pela "Nova Reforma Penal" de 1884, cujo resultado final viria a ser o Código Penal de 1886[168] e, assim, as disposições sobre a amnistia nele constante. Com este diploma, com esta amnistia, acabaria "todo o procedimento e tôda a pena". Mas apenas para os crimes que tivessem sido

---

[165] Publicada no Boletim Oficial n.º 2 de 11 de Janeiro de 1975.

[166] Aprovada por unanimidade pela assembleia Nacional Popular, reunida na sua primeira sessão no Boé, a 24 de Setembro de 1973, Publicada no Boletim Oficial n.º 1 de 4 de Janeiro de 1975. Texto em Anexo.

[167] A Lei n.º 1/73 de 24 de Setembro de 1973, a primeira lei posterior à Proclamação do Estado e à Constituição da República da Guiné-Bissau, pretendendo evitar o hipotético vazio jurídico-legal, manteve vigente toda a legislação portuguesa em vigor à data da Proclamação do Estado soberano da Guiné-Bissau, em tudo o que não fosse contrário à soberania nacional, à Constituição da República, às leis ordinárias e aos princípios do Partido Africano da Independência da Guiné e Cabo Verde. A Lei 1/73 de 24 de Setembro de 1973, foi publicada no Boletim Oficial n.º 1 de 4 de Janeiro de 1975. O texto encontra-se disponível em Anexo.

[168] Decreto de 16 de Setembro de 1886, Publicado no Diário do Governo n.º 213, de 20 de Setembro de 1886.

"cometidos antes de 10 de Setembro de 1974" e que tivessem sido "julgados pelo Tribunal de Guerra do P.A.I.G.C."

Relembramos aqui o nosso entendimento sobre a questão da amnistia própria e imprópria e sobre a legitimidade de um acontecimento exterior, o julgamento, o trânsito em julgado, fundamentar uma distinção de regimes ou, neste caso, a diferença entre beneficiar ou não da própria amnistia.

A amnistia concedida foi uma amnistia sob a condição de "o beneficiário não reincidir nos três anos subsequentes à data de decisão."

Não se fazia qualquer referência à responsabilidade civil, considerando-se, por isso, que esta ficaria também abrangida pela amnistia.

2. Decisão n.° 5/76 de 2 de Setembro de 1976[169]

Este diploma surge integrado no "quadro das medidas de clemência mais amplas já adoptadas e que serão publicadas por ocasião do vigésimo aniversário do P.A.I.G.C., a 19 de Setembro", tendo em conta que "o passado de luta" dos beneficiados e "o seu actual comportamento favorecem a conclusão de que o arrependimento dos ora beneficiados é sincero e de que os mesmos dão garantias de readaptação, em liberdade, à nova sociedade". E ainda tendo em conta a intenção de os beneficiados poderem participar "ao lado dos combatentes da Liberdade da pátria, nas homenagens a prestar pelos seus companheiros de luta a Amílcar Cabral, no momento da recepção dos seus restos mortais na terra que juntos libertaram."

Desta forma se refere o Conselho de Estado, no uso das atribuições referidas anteriormente, às razões de adopção da presente amnistia.

Este diploma, com cinco artigos, tem como âmbito de aplicação os "crimes de direito comum praticados por Combatentes da Liberdade da Pátria" e aponta como consequência o arquivamento dos respectivos processos, ou seja, em conformidade com o Código Penal de 1852, a amnistia acabará com "todo o procedimento".

Não encontramos qualquer referência ao limite temporal de aplicação desta lei de amnistia, ou seja, este diploma não apresenta um limite temporal expresso. Todavia, dá início à tradição legislativa, no âmbito da

---

[169] Publicada no Boletim Oficial n.° 36 de 4 de Setembro de 1976.

amnistia, da Guiné-Bissau, de existir sempre o cuidado de se excepcionar a matéria respeitante à responsabilidade civil na legislação amnistiante.

3. Decisão n.º 7/76 de 18 de Setembro de 1979[170]

Consagrada a amnistia para os Combatentes da Liberdade da Pátria, beneficiavam-se agora os "detidos por crimes comuns", no âmbito das comemorações do XX Aniversário do P.A.I.G.C.

O Conselho de Estado, no uso da competência já caracterizada anteriormente amnistiava agora:

a) Os crimes culposos de ofensas corporais e de dano e respectivas contravenções causais;
b) Os crimes de homicídio involuntário;
c) Os crimes contra a honestidade, excepto os de violação, rapto e genocídio;
d) Os crimes de ofensas corporais voluntárias cuja pena aplicável não seja superior a seis meses;
e) Os crimes de injúria e difamação;
f) Todas as contravenções e transgressões aos regulamentos, posturas e editais.

O artigo 2.º referia que "esta amnistia não extingue a responsabilidade civil emergente dos factos praticados", atribuindo ao Ministério Público a responsabilidade de "promover o prosseguimento dos respectivos processos e intentar a competente acção nos casos de crime público."

Todavia, também este diploma não apresentava a indicação expressa de qualquer limitação temporal, no que respeita ao seu campo de aplicação temporal.

4. Decisão n.º 3/80 de 12 de Dezembro de 1980[171]

Publicada a 12 de Dezembro de 1980, esta amnistia segue-se à acção do designado Movimento Reajustador de 14 de Novembro de 1980, "marco

---

[170] Publicada no Suplemento ao Boletim Oficial n.º 38 de 18 de Setembro de 1976.

[171] Publicada no 2.º Suplemento ao Boletim Oficial n.º 49 de 12 de Dezembro de 1980.

de reposição da justiça, da paz, do sossego e do progresso para o nosso bom povo."

O Conselho da Revolução, "órgão máximo para orientar os destinos do Estado e da Nação", destituiu "de todas as suas funções o Presidente do Conselho de Estado", dissolveu a Assembleia Nacional Popular, o Conselho de Estado e extinguiu o Conselho dos Comissários de Estado, assumindo todos os poderes por estes detidos. Verificamos, assim, a referência à Lei n.º 1/80[172] neste diploma amnistiante.

Esta decisão apelava a princípios semelhantes aos apresentados nos diplomas amnistiantes anteriores:

a) O objectivo da Reconstrução Nacional;
b) E a ideia de que "o homem pode sempre recuperar-se para se tornar útil à sociedade", "princípio defendido por Amílcar Cabral".

Este diploma amnistiou:

a) Os crimes políticos praticados entre 1 de Janeiro de 1976 a 14 de Novembro de 1980;
b) Os crimes culposos de ofensas corporais e de dano e respectivas contravenções causais;
c) Os crimes de homicídio involuntário;
d) Os crimes de ofensas corporais voluntárias desde que a pena aplicável não seja superior a dois anos de trabalho produtivo obrigatório;
e) Os crimes contra a honestidade, excepto os de violação, rapto e genocídio;
f) Os crimes contra a propriedade meramente culposos;
g) Os crimes de injúria, difamação e calúnia;
h) Os crimes de insubordinação;
i) As contravenções e transgressões aos regulamentos, posturas e editais.

---

[172] Publicada no Boletim Oficial n.º 46 de 15 de Novembro de 1980. Através da Lei n.º 1/80 o Conselho da Revolução, "órgão máximo para orientar os destinos do Estado e da Nação", destituiu "de todas as suas funções o Presidente do Conselho de Estado", dissolveu a Assembleia Nacional Popular, o Conselho de Estado e extinguiu o Conselho dos Comissários de Estado, assumindo todos os poderes por estes detidos.

Fazendo-se no artigo 3.°, na tradição da legislação amnistiante guineense, referência à não extinção da responsabilidade civil emergentes dos factos praticados. Para tal, o ofendido dispunha de "sessenta dias" para "requerer o prosseguimento dos processos tão-somente para efeitos da referida responsabilidade."

Remarcando o já exposto na alínea a) do artigo 1.°, respeitante aos crimes políticos, refere-se agora que a amnistia só abrangerá as "infracções criminais praticadas até ao dia 14 de Novembro de 1980."

5. Decisão n.° 1/83 de 20 de Janeiro de 1983[173]

No âmbito das "Comemorações do X aniversário do vil assassinato do Militante número um do PAIGC e fundador da Nacionalidade guineense, o nosso saudoso Líder, Camarada Amílcar Cabral, data que fica na História do povo da Guiné-Bissau e da sua vanguarda revolucionária o PAIGC como dia de reflexão sobre a nossa vida e a nossa luta" e considerando também que o "20 de Janeiro é também proclamado «Dia dos Heróis Nacionais» em justa homenagem àqueles que consentiram o sacrifício supremo pela nobre causa da Libertação Nacional", surge este diploma amnistiante.

Fazendo referência a princípios muito semelhantes aos convocados em amnistias anteriores:

a) Ideais que nortearam o Movimento Reajustador do 14 de Novembro;
b) "Princípios humanitários em que se baseia a política do PAIGC, legados por Amílcar Cabral, a qual visa recuperar o homem ao serviço dos superiores interesses da Sociedade";
c) A Reconstrução Nacional exige o esforço e a participação de todos os cidadãos.

São amnistiados pelo Conselho da Revolução[174]:

a) Os crimes culposos de ofensas corporais e de dano e respectivas contravenções causais;

---

[173] Publicada no Boletim Oficial n.° 3 de 21 de Janeiro de 1983.
[174] Pela Lei n.° 1/80 o Conselho da Revolução, "órgão máximo para orientar os destinos do Estado e da Nação", destituiu "de todas as suas funções o Presidente do

b) Os crimes de homicídio involuntário;
c) Os crimes de ofensas corporais voluntárias desde que a pena aplicável não seja superior a um ano de trabalho produtivo obrigatório;
d) Os crimes contra a honestidade, excepto os de violação, rapto e genocídio;
e) Os crimes contra a propriedade meramente culposos;
f) Os crimes de injúria, difamação e calúnia;
g) Os crimes de insubordinação;
h) As contravenções e transgressões aos regulamentos, posturas e editais.

Não extinguindo esta amnistia, mais uma vez, "a responsabilidade civil emergente dos factos praticados", no caso de os ofendidos, dentro de sessenta dias, requererem "o prosseguimento dos processos tão-somente para efeitos da referida responsabilidade."

Este diploma só abrange as infracções criminais praticados até ao dia 20 de Janeiro de 1983, tendo este diploma sido publicado em 21 de Janeiro de 1983.

6. Decreto-Lei n.º 10/86 de 30 de Dezembro de 1986[175]

O diploma de 1986, invocando o princípio defendido por Amílcar Cabral de que "o homem pode a todo o momento recuperar-se, para se tornar útil à sociedade", já utilizado em amnistias anteriores, o espírito de Unidade Nacional e a proclamação de 1985 como o "Ano da Paz", amnistiou:

a) Os crimes de pequenos furtos, desde que a pena aplicável não seja superior a dois anos de trabalho produtivo obrigatório;
b) Os crimes de ofensas corporais não premeditados;

Conselho de Estado", dissolveu a Assembleia Nacional Popular, o Conselho de Estado e extinguiu o Conselho dos Comissários de Estado, assumindo todos os poderes por estes detidos.

[175] Publicado no 2.º Suplemento ao Boletim Oficial n.º 52 de 30 de Dezembro de 1986.

c) Os crimes de homicídio involuntário, desde que a pena aplicável não seja superior a dois anos de trabalho produtivo obrigatório;
d) Os crimes referidos nas alíneas anteriores, ainda não julgados, desde que a prisão preventiva sofrida seja superior a metade da pena a aplicar.

O Conselho de Estado assume novamente a competência para amnistiar, todavia agora a competência para amnistiar cabe originariamente à Assembleia Nacional Popular, como consta do Capítulo I, artigo 56.º, n.º 12 da Constituição da República da Guiné-Bissau de 1984.[176] Importa referir que o Conselho de Estado é um órgão da Assembleia Nacional Popular que, "entre as sessões legislativas, assume a sua competência, executa as suas decisões e exerce as funções que lhe são atribuídas". Assim, a referência ao artigo 61.º da Constituição, neste diploma de 1986.

A matéria da amnistia deixa de ser objecto de "decisões" e passa a ser regulada por decreto-lei.

Mais uma vez é referida a não extinção da responsabilidade civil, podendo o Ministério Público, em relação aos bens do Estado e os interessados, relativamente aos bens dos ofendidos, num prazo de 60 dias, requerer "o prosseguimento dos respectivos processos tão somente para efeitos da referida responsabilidade."

A amnistia conferida por este diploma só abrange as infracções criminais cometidas até 30 de Dezembro de 1986.

7. Decreto-Lei n.º 7/91 de 30 de Dezembro de 1991[177]

Invocando a "quadra festiva do Natal e Ano Novo", "os princípios humanitários que caracterizam a política do Governo da República da Guiné-Bissau, no que concerne à recuperação do Homem ao serviço dos superiores interesses da sociedade" e as modernas concepções da política criminal orientadas "no sentido de se reeducar e reinserir socialmente os delinquentes, sem olvidar o efeito preventivo das penas", surge um novo diploma amnistiante.

---

[176] Aprovada e promulgada em 16 de Maio de 1984, publicado no Suplemento ao Boletim Oficial n.º 19 de 16 de Maio de 1984.

[177] Publicado no Boletim Oficial n.º 52 de 30 de Dezembro de 1991.

O Conselho de Estado, fazendo uso das mesmas prerrogativas constitucionais expressas anteriormente, vai amnistiar:

a) Os crimes de homicídio involuntário, desde que a pena aplicável não seja superior a dois anos;
b) Os crimes de ofensas corporais não premeditados;
c) Os crimes contra a propriedade meramente culposos;
d) Os crimes de injúria, difamação e calúnia;
e) As contravenções e transgressões aos regulamentos, posturas e editais.

No artigo 3.º, na esteira da tradição guineense nesta matéria, retira-se a "reparação civil" do âmbito de abrangência deste diploma amnistiante.

Esta amnistia abrange apenas os actos praticados até à data da presente decisão, ou seja, até 30 de Dezembro de 1991.

8. Decreto-Lei n.º 1/94 de 23 de Dezembro de 1993[178]

Invocando novamente as celebrações do "Natal e do Ano Novo", a "política do Governo da República da Guiné-Bissau, no que concerne à recuperação do Homem" e que a "política criminal hodierna é orientada no sentido de reeducação e reintegração social do delinquente", a 23 de Dezembro de 1993 é aprovado um novo diploma.

O Conselho de Estado, invocando o artigo 133.º da Constituição da República com as alterações introduzidas em 1991 e 1993[179], que manteve em funções até à data da posse dos titulares dos órgãos de soberania resultantes das eleições, os "órgãos de Estado instituídos pela Constituição da República da Guiné-Bissau de 16 de Maio de 1984", veio amnistiar:

a) Os crimes de homicídio involuntário, desde que a pena aplicável não seja superior a 3 anos;

---

[178] Publicado no Boletim Oficial n.º 1 de 3 de Janeiro de 1994.
[179] Constituição aprovada a 16 de Maio de 1984 (alterada pela Lei Constitucional n.º 1/91, de 9 de Maio, Suplemento ao Boletim Oficial n.º 18, de 9 de Maio de 1991, pela Lei Constitucional n.º 2/91, de 4 de Dezembro de 1991, Suplemento ao B.O, n.º 48, de 4 de Dezembro de 1991 e 3.º Suplemento ao B.O. n.º 48, de 6 de Dezembro de 1991, pela Lei Constitucional 1/93, de 21 de Fevereiro, 2.º Suplemento ao B.O. n.º 8 de 21 de Fevereiro de 1993.

b) Os crimes de ofensas corporais não premeditados;
c) As contravenções e transgressões aos regulamentos, posturas e editais.

Não prejudicando esta amnistia o "direito do ofendido exigir pela acção competente a reparação civil a que houver lugar."

Aplicando-se apenas aos crimes e contravenções cometidos até 22 de Dezembro de 1993.

Este diploma foi promulgado em 23 de Dezembro de 1993, tendo sido publicado apenas em 3 de Janeiro de 1994.

ANÁLISE DOS PROJECTOS-LEI DE AMNISTIA DA GUINÉ-BISSAU (2004, 2006 E 2007)[180]

1. O Projecto-Lei de Novembro de 2004

Este projecto-lei foi elaborado num momento bastante conturbado da vida político-social da Guiné-Bissau, compreendendo-se assim algumas deficiências óbvias que iremos enunciar.

Este projecto apresenta uma breve exposição de motivos e um corpo composto por seis artigos.

No 1.º parágrafo é apresentada uma "noção geral" de amnistia, considerando-a como o *"acto do poder político que lança um véu sobre o passado, proibindo a perseguição das pessoas, apagando o crime e todas as suas consequências penais, salvo os direitos dos terceiros a título de pedido de indemnização pelos prejuízos que o acto lhes causou."* A referência ao "apagamento" do crime é, em nossa opinião e como já defendemos nas páginas anteriores, desadequada.

No 2.º, 3.º e 4.º parágrafos, são referidas as razões de fundo da concessão da amnistia:

a) A Paz;
b) A Reconciliação Nacional;
c) O Estado de Direito Democrático;

---

[180] Todos os documentos estão disponíveis em Anexo.

d) O Direitos de cidadania;
e) A Dignidade e respeito pela pessoa humana.
f) A Tolerância democrática;
g) A Existência de direitos e deveres;
h) O Actual contexto sociopolítico da Nação;
i) O fortalecimento da irmandade e a confiança entre os guineenses;
j) O Desenvolvimento e justiça social.

É feita uma correcta indicação na norma constitucional atributiva da competência amnistiante: o artigo 85.°, alínea n) da Constituição da República da Guiné-Bissau.

Quanto à delimitação do campo de aplicação material, a referência que é feita ao "atropelamento" da Constituição, bem como outra que se refere ao "atentado contra a Constituição", é, em nosso entender, desadequada.

Com efeito, a amnistia respeita a um conjunto de factos ou conjunto de agentes, estes "atropelos", estes "atentados" consubstanciaram-se eventualmente em actos, em resultados, na violação de uma determinada norma ou normas e estas sim, podem realizar uma função de delimitação.

No que respeita ao campo de aplicação temporal, pretende-se que a futura lei de amnistia abranja todo o período compreendido entre 1974 e a "presente data".

Na impossibilidade de se saber exactamente qual seria esta "presente data", estaremos a fazer referência à data de apresentação do diploma na Assembleia Nacional Popular? À data do início da discussão pública na ANP? À data da promulgação? À data da sua publicação do Boletim Oficial?

Esta é uma questão muito complexa e com implicações directas com a especificidade que o principio da legalidade assume no âmbito do Direito Penal, nomeadamente, no que concerne à defesa de determinados bens jurídicos e à sua total e concreta protecção.

Se defendermos, por exemplo, que a "presente data" corresponde à data da publicação no Boletim Oficial, então, poderiam existir bens jurídicos totalmente desprotegidos, desde a data em que se tornou público o projecto e a data da sua efectiva entrada em vigor.

Não se pense que esta é uma questão com pouco interesse, em Itália, consagrou-se constitucionalmente que "a amnistia e o indulto não se podem aplicar aos factos cometidos depois da apresentação do esboço/desenho da lei"[181], ou seja, da apresentação do projecto ou da proposta de lei, em qualquer uma das Câmaras italianas. Esta solução seria de adoptar, numa próxima revisão constitucional na Guiné-Bissau, evitando-se situações de ambiguidade.

Afastando-se da tradição guineense e muito embora faça referência à questão da responsabilidade civil na exposição de motivos, não vislumbramos qualquer referência a essa questão no corpo do diploma.

Não abordaremos aqui a problemática do valor jurídico de uma exposição de motivos[182], mas sempre diremos que a referência à responsabilidade civil, no caso de se pretender exceptuar esta da lei da amnistia, sempre deverá constar expressamente do corpo do diploma.

2. O Projecto-Lei de Novembro de 2006

Este projecto-lei é composto por um preâmbulo e 10 artigos. Iremos, à semelhança daquilo que fizemos anteriormente, apontar os seus aspectos mais frágeis.

No preâmbulo faz-se uma referência directa à inserção da futura amnistia num "Processo de Reconciliação Nacional", de forma a alcançar um "clima de paz, estabilidade e sossego". A amnistia permitiria, referem os autores deste ante-projecto, "lançar um véu sobre o passado".

Seriam amnistiados todos os "crimes e infracções cometidos por delinquentes civis e por delinquentes pertencentes às forças armadas e às

---

[181] Artigo 79.°, parágrafo 3.° da Constituição da República Italiana.
http://www.senato.it/istituzione/29375/articolato.htm
Artigo modificado pela Lei Constitucional n.° 1 de 6 de Março de 1992, publicada no Jornal Oficial Italiano n.° 57 de 9 de Março de 1991.

[182] Os preâmbulos das leis, as exposições de motivos, integram aquilo que é designado de elementos formalmente incluídos na fonte, ou seja, fazem parte dos elementos lógicos. Para apurarmos o correcto sentido de um texto legal podemos recorrer "às afirmações formalmente incluídas pelo legislador na própria fonte, sem todavia possuírem carácter vinculativo directo." "Estes textos, apesar da sua grande autoridade, não têm o mesmo valor do texto. Em si, não têm o sentido de determinação, que é o próprio de uma fonte de direito, mas o de esclarecimento (preâmbulo) ou de análise de uma caso com vista à sua solução, pela declaração da máxima de decisão que o rege. Por isso, se houver contradição é o que está no articulado ou no próprio texto da decisão judicial, conforme os casos, que prevalece". Cfr. Ascensão, José de Oliveira, *op. cit.*, p. 408.

forças militarizadas", ou seja, este normativo considera, mesmo que indirectamente, que existem "delinquentes" que pertencem às forças armadas e que também estes beneficiariam desta amnistia.

Confrontando o projecto de 2004 e o projecto de 2006, constatamos que o 3.º parágrafo é igual ao 2.º parágrafo do projecto de 2004, que o 4.º parágrafo é igual ao 3.º do projecto de 2004 e que o 5.º parágrafo é igual ao 4.º do projecto de 2004.

Encontramos neste diploma uma referência expressa ao limite temporal abrangido por esta lei; todos os "crimes e infracções" praticados até 6 de Outubro de 2006.

Esta amnistia abrangeria:

a) A primeira referência é feita para os artigos 96.º e 98.º do Código Penal. Todavia, estes dois artigos não regulam qualquer crime ou infracção, mas antes definem o que é a amnistia e o perdão genérico e quais são os seus efeitos. Tratou-se certamente de um lapso, pois amnistiou-se a própria noção de amnistia!

b) O artigo 100.º, 103.º, 107.º, 108.º, 114.º, 115.º, 122.º, 139.º, 170.º e segs., do Código Penal, correspondem aos crimes de:

a. Incitamento a guerra;
b. Actos contra a liberdade humana;
c. Homicídio;
d. Homicídio agravado;
e. Ofensas corporais simples;
f. Ofensas corporais graves;
g. Violação de domicílio;
h. Administração danosa;
i. Administração abusiva;
j. Falência ou insolvência intencional;
k. Falência ou insolvência negligente;
l. Fraude fiscal;
m. Perturbação de acto público;
n. Contrafacção de moeda[183];

---

[183] Esta disposição foi revogada pelo art. 13.º da Lei n.º 7/97 de 2 de Dezembro, Publicada no Suplemento ao Boletim Oficial n.º 48 de 2 de Dezembro de 1997.

o. Passagem de moeda falsa[184];
p. Contrafacção de valores selados;
q. Contrafacção de selos, cunhos, marcas ou chancelas;
r. Pesos e medidas.

c) As infracções previstas no Código da Estrada.
d) Os crimes qualificados como crimes contra a segurança do Estado ou que sejam mandados punir com as penas correspondentes a estes crimes. Abrangendo os crimes de:
   a. Previstos no Título VII, relativo aos crimes contra a segurança do Estado:
      i. Traição à Pátria;
      ii. Serviço ou colaboração com forças armadas inimigas;
      iii. Sabotagem contra a defesa nacional;
      iv. Campanha contra esforço pela paz;
      v. Violação de segredo do Estado;
      vi. Infidelidade diplomática;
      vii. Alteração do Estado de Direito;
      viii. Atentado contra o chefe de Estado;
      ix. Crime contra pessoa que goze de protecção internacional;
      x. Ultraje de símbolos nacionais.
   b. Previstos no Título VIII, relativo aos crimes contra a realização da Justiça:
      i. Falsidade por parte de interveniente em acto processual;
      ii. Suborno;
      iii. Coacção sobre magistrado;
      iv. Obstrução à actividade jurisdicional;
      v. Denúncia caluniosa;
      vi. Não promoção;
      vii. Prevaricação;
      viii. Prevaricação do advogado ou solicitador;
      ix. Simulação do crime;
      x. Favorecimento pessoal;
      xi. Não punibilidade do favorecimento;
      xii. Violação do segredo de justiça.
   c. E ainda os previstos em legislação especial.

---

[184] Esta disposição foi igualmente revogada pelo art. 13.º da Lei n.º 7/97 de 2 de Dezembro, Publicada no Suplemento ao Boletim Oficial n.º 48 de 2 de Dezembro de 1997.

Em nossa opinião, o artigo 3.º, reservado ao perdão genérico, mostra-se irrelevante pelo seu conteúdo já poder fazer parte do art. 1.º e 2.º, caso se defenda a impossibilidade constitucional de se diferenciar os efeitos da amnistia por um critério exterior; o trânsito em julgado de uma sentença condenatória e assim a irrelevância da distinção entre amnistia própria e imprópria.

Este projecto consubstanciava uma amnistia sob condição, sob a condição de "o beneficiário não praticar infracção dolosa nos 15 anos", seguintes "à data da entrada em vigor da presente lei."

O artigo 8.º estabelece uma limitação da amnistia quanto aos "efeitos das penas, se já verificados, relativamente aos indivíduos integrados ou ao serviço das forças armadas." Em nossa opinião, este normativo, a ser aprovado, não realizaria a necessária pacificação, nomeadamente, no seio das forças armadas.

Seguindo a tradição guineense, nesta matéria, a amnistia não afectaria a responsabilização civil, desde que o ofendido manifestasse essa "vontade no prazo de 90 dias."

Concluímos esta análise com uma referência ao período de *vacatio legis*, referindo que não faz sentido um período de *vacatio* tão longo. Não se vislumbrando, de facto, razões para tal hiato temporal.

3. O Projecto-Lei de Novembro de 2007[185]

Este projecto-lei resultou de um ante-projecto de lei, elaborado por uma comissão constituída por juristas das várias bancadas parlamentares representadas na Assembleia Nacional Popular e por um jurista convidado, indicado por consenso entre os líderes das várias bancadas.

Realizaram-se várias reuniões de trabalho, onde se abordaram os mais variados cenários sobre a amnistia que se desejava e as anteriores amnistias na história da Guiné-Bissau, bem como as realidades e as várias formas possíveis de encarar o "lidar com o passado", num processo de construção democrático.

---

[185] O Projecto foi aprovado a 14 de Dezembro de 2007, por unanimidade, pela Assembleia Nacional Popular. Foi posteriormente enviado para a Comissão especializada da A.N.P. para os assuntos jurídicos, constitucionais e de direitos humanos, para efeitos de apreciação e eventual introdução de emendas.

O ante-projecto foi depois entregue aos líderes das bancadas parlamentares, para seguir os seus trâmites normais dentro do Parlamento.

O texto do ante-projecto foi apenas alterado no que concerne à responsabilidade civil, criando-se no projecto um artigo (artigo 5.º) que cria uma comissão multifuncional de apoio ao Ministério das Finanças que gerirá um fundo especial destinado ao pagamento das indemnizações resultantes dos crimes amnistiados.

O Projecto-lei é composto por uma exposição de motivos onde se faz referência, entre outros aspectos, à reconciliação nacional, à criação de "um ambiente de estabilidade, apaziguando a tensão social existente, um verdadeiro clima de paz, o fim da violência e da ameaça, no qual seja possível construir, entre todos, a sociedade que se sonha e se quer mais justa e mais democrática." Faz ainda uma referência explícita ao Memorando de Entendimento, al. i), do n.º I, à Resolução n.º 12/PL/ANP/2004 (VII Legislatura) da Assembleia Nacional Popular de Novembro de 2004 e à Resolução 1580 (2004) adoptada pelo Conselho de Segurança das Nações Unidas na sua reunião n.º 5107 de 22 de Dezembro de 2004, onde por um lado se estabelece a amnistia como prioridade nacional e por outro se cumpre o imposto pelas Nações Unidas para se levarem em conta os princípios da justiça e da luta contra a impunidade.

Por esta amnistia seriam abrangidos "todos os crimes e infracções cometidos, tanto na Guiné-Bissau, como no estrangeiro, resultantes de motivações político-militares, quer os seus autores tenham sido já condenados por decisão transitada em julgado ou não" (artigo 1.º). Abrangendo apenas "os crimes e as infracções resultantes de motivações político-militares cometidas até 6 de Outubro de 2004."

Interessa fazer uma referência específica ao artigo 4.º, pois ele tem como objectivo específico a pacificação no seio das forças armadas, opondo-se nitidamente ao artigo 8.º do projecto-lei de Novembro de 2006.

A amnistia não se aplicará aos "delinquentes habituais ou por tendência." (artigo 6.º), nem às eventuais "despesas de processo" (artigo 7.º).

O diploma entraria em vigor no dia seguinte ao da sua publicação do Boletim Oficial.

A AMNISTIA VISTA POR ALGUNS ACTORES SOCIAIS GUINEENSES

Cabe-nos agora observar a opinião de alguns actores sociais sobre a problemática da amnistia.

Estes actores sociais, como lhes chamamos, correspondem de uma forma ou de outra a personalidades da vida político-social da Guiné-Bissau.

A principal fonte utilizada foi a análise de artigos jornalísticos, por isso, indicaremos, sempre que seja possível, a principal fonte da notícia.

Começaremos pelo Chefe do Estado, o Presidente da República da Guiné-Bissau, João Bernardo Vieira.

São várias as recentes intervenções do Presidente da República onde exprime a necessidade de se recorrer ao instituto da amnistia como forma para solucionar graves clivagens ainda existentes na Guiné-Bissau.

Na abertura do ano legislativo 2006/07[186], João Bernardo Vieira afirmou que a questão da aprovação de uma lei de amnistia para os militares deve merecer "prioridade".

O chefe de Estado guineense considerou que a questão da amnistia deve ser tratada como prioridade.

Para "Nino" Vieira, a premência da aprovação da lei da amnistia tem como fundamento o Memorando de Entendimento de 10 de Outubro de 2004, documento assinado entre os militares e o governo do Partido Africano da Independência da Guiné e Cabo Verde (PAIGC).

O Presidente da República considera que o cumprimento do memorando de 10 de Outubro de 2004 é uma questão de "continuidade do Estado" e "respeito pelos acordos" estabelecidos.

Trata-se de uma iniciativa no âmbito do espírito de perdão mútuo e de efectiva reconciliação, o chefe de Estado guineense exortou os parlamentares a tratarem esta questão da amnistia com serenidade.

Segundo João Bernardo Vieira, a materialização de uma lei da amnistia vai ao encontro dos "anseios do povo" no quadro do processo de reconciliação dos guineenses.

O presidente guineense exortou ainda o parlamento a aprovar, no âmbito da reconciliação nacional, uma lei de amnistia para todos os mili-

---

[186] Fonte: LUSA – Agência Portuguesa de Notícias (Notícia SIR-8548977 de 27-11-2006).

tares que alguma vez tenham participado nas várias sublevações ou golpes de Estado ocorridos no país.

Recentemente, a 16 de Julho de 2007, numa presidência aberta pela região de Quinará[187], durante um comício na pequena localidade de Madina de Baixo,[188] o Presidente da Guiné-Bissau, João Bernardo Vieira, defendeu a necessidade de uma amnistia geral para o país como forma de reconciliar os guineenses, afirmando que só uma amnistia geral poderá trazer a "verdadeira reconciliação".

Referindo-se a Angola e à Costa do Marfim, João Bernardo Nino Vieira observou que também eles "tiveram problemas, mas acabaram por promover uma verdadeira reconciliação nacional através de processos de perdão mútuo".

Em sua opinião, a Guiné-Bissau "perde muito tempo com querelas" pelo que, "é chegada a altura da reconciliação".

Para João Bernardo Vieira a reconciliação só poderá ser atingida se houver uma amnistia geral assumida por todos os guineenses.

Em conclusão declarou: "Temos que avançar para uma ampla amnistia se não o país não se reencontrará".

Também o Presidente da Assembleia Nacional Popular, Dr. Francisco Benante, se tem manifestado publicamente[189] sobre esta questão, referindo não ver qualquer problema em aprovar uma lei de amnistia, desde que seja "bem feita, bem pensada e articulada", de forma a solucionar os "conflitos contínuos" no país.

Na sessão de abertura de nova sessão da Assembleia Nacional Popular (A.N.P.), respondia, assim, ao desafio lançado pelo chefe de Estado guineense, João Bernardo Vieira.

---

[187] A Lei n.º 4/97 de 2 de Dezembro regula a organização político-administrativa do território da Guiné-Bissau. Dividindo-o em 8 Regiões e 1 Sector Autónomo (o Sector Autónomo de Bissau), que se subdividem em Sectores e estes em Secções. A região de Quinará tem a sua sede em Fulacunda e compreende os Sectores de Buba, Empada, Fulacunda e Tite. Em cada Região há um Governador, nomeado e exonerado pelo Governo, sob proposta do Ministro da tutela, que é o representante máximo do Governo na região.

A região de Quinará tem cerca de 44.793 habitantes, sendo a segunda região com menor número de habitantes.

[188] A localidade de Madina de Baixo fica situada numa pequena península entre o Canal de Bolola (Rio Grande de Buba) e o Rio Tombali.

[189] Fonte: LUSA – Agência Portuguesa de Notícias (Notícia SIR-8548943 de 27-11-2006).

"Devemos resolver este problema com a serenidade e objectividade que o problema em si requer, para que a adopção da Lei da Amnistia não venha a criar mais problemas no futuro." "Não se deve discutir e muito menos aprovar em função de pressões ou de imposições", mesmo que ela venha "dos mais fortes" e "muito menos para proteger uma categoria ou um grupo".

"A resolução desta questão, por ser um assunto muito sensível, não deve ter um carácter subjectivo ou particular ou ainda ser imposto contra o interesse geral do nosso povo."

"Se a lei for bem feita, bem pensada e articulada, pode ser a solução dos conflitos contínuos que o nosso povo tem vivido. Porquê não aprovar essa lei?"

Passemos agora para a opinião publicamente manifestada[190] pelo chefe de Estado-Maior General das Forças Armadas da Guiné-Bissau, General Baptista Tagme Na Waie, este mostra-se favorável a uma amnistia geral que tenha como objectivo a reconciliação nacional.

A amnistia abrangeria "todos os que perturbaram a ordem pública e a constituição ou que tenham cometido atrocidades no país desde 14 de Novembro de 1980."

Afirmando que não se trata de pedir perdão após se terem cometido deliberadamente atrocidades. O que é necessário, em sua opinião, é um perdão mútuo, caso contrário levaremos "as novas gerações numa engrenagem de violência".

Consequentemente, parece-nos que seja pouco favorável a uma amnistia condicional, ou seja, a uma amnistia sujeita, por exemplo, a um eventual pedido de desculpas ou uma demonstração de arrependimento.

Por seu lado, o P.A.I.C.G., através do Secretariado Permanente do Comité Central, num documento intitulado: "Memorando sobre a Situação Política e Social na Guiné-Bissau"[191], num campo que tem como título; "Ocorrências e Constrangimentos ao Governo do P.A.I.G.C.", refere que:

"A partir da sua indigitação para constituição do elenco governativo até o seu empossamento, o Governo legítimo do P.A.I.G.C. emanado das eleições legislativas de 28 de Março de 2004, devido ao facto de não reunir uma maioria parlamentar que pudesse sustentar e fazer aprovar o seu Pro-

---

[190] Fonte: Panapress (30 de Novembro de 2006).
http://www.panapress.com/index.asp?code=eng&dte=17/11/2007
[191] Tornado público em Bissau em 4 de Novembro de 2005.

grama de Governação e respectivo Orçamento, começou por enfrentar várias dificuldades e constrangimentos."

As dificuldades e os constrangimentos encontram-se divididos por temas, encontrando-se a questão da amnistia referida no âmbito das "dificuldades e constrangimentos de ordem política", dizendo:

"Criação de um movimento parlamentar encabeçada pela ala dissidente do P.A.I.G.C. em vista a adopção pela A.N.P. de uma resolução de amnistia que abrangesse todos os crimes políticos e militares desde a independência à data da iniciativa. Com esta maliciosa iniciativa pretendia-se sustentar uma suposta amnistia da A.N.P. e assim criar as bases para o regresso do General João Bernardo Vieira."

O tema da amnistia é ainda referido no campo respeitante às "dificuldades e constrangimentos de incidência militar", referindo que:

"Depois de 6 de Outubro de 2004, num clima de insubordinação militar e de uma declarada hostilidade ao Governo democraticamente eleito os militares "obrigaram" o Governo a subscrever um "Memorando de Entendimento", onde entre outras questões, os militares reclamam do Executivo o cumprimento de compromissos políticos, com particular destaque para a concessão de uma amnistia global para todos os crimes e casos ocorridos desde a independência até àquela data."

Também o Presidente da Comissão de Reconciliação das Forças Armadas da Guiné-Bissau, Coronel Joãozinho Ialá, num encontro com o Primeiro-Ministro Martinho N'Dafa Cabi, declarou[192] que os militares do país já deixaram de lado o "espírito da confrontação" e querem a estabilidade do país.

Sublinhando que "As reuniões que temos feito já estão a dar frutos nas unidades, porque os nossos camaradas já estão a perceber que a reconciliação é um imperativo".

---

[192] Fonte: LUSA – Agência Portuguesa de Notícias (Notícia SIR-9004744 de 15-05-2007).

A AMNISTIA NO ORDENAMENTO JURÍDICO DOS RESTANTES PAÍSES AFRICANOS DE LÍNGUA OFICIAL PORTUGUESA (P.A.L.O.P.)

Angola

A Constituição da República de Angola[193-194], atribui ao Presidente da República o poder de indultar e comutar penas (artigo 66.º, alínea q)), ficando o exercício do poder amnistiante, concedendo amnistias e/ou perdões genéricos, reservado à Assembleia Nacional (artigo 88,º, alínea h)).

No que concerne à legislação penal, o Código Penal em vigor na República Angolana é o Código Penal de 1852, profundamente alterado pela "Nova Reforma Penal" de 1884, cujo resultado final viria a ser o Código Penal de 1886[195] e assim, as disposições sobre a amnistia nele constante.

O artigo 125.º referia no parágrafo 3 que: *"todo o procedimento e tôda a pena acaba, pela amnistia."*

A guerra civil em Angola terminou formalmente[196] no dia 4 de Abril de 2002 quando as duas partes beligerantes, o governo de Angola e a U.N.I.T.A. (União Nacional para a Independência Total de Angola), assinaram um acordo de cessar fogo com o título "Memorando de Entendimento, Apêndice ao Protocolo de Lusaka para a Cessação das Hostilidades e Resolução dos Assuntos Militares Pendentes Conforme o Protocolo de Lusaka".

Projectado para substituir os apêndices 3 e 4 do Protocolo de Lusaka de 1994, que se mantém para ambas as partes como o enquadramento aceite e legítimo para a paz em Angola, este acordo de cessar-fogo define a necessidade de "uma lei de amnistia para todos os crimes cometidos no âmbito do conflito armado".

---

[193] Com as alterações introduzidas pela Lei n.º 23/92 de 16 de Setembro de 1992, publicada no Diário da República, 1.ª série, n.º 38, de 16 de Setembro de 1992 e pela Lei n.º 18/96 de 14 de Novembro de 1996.

[194] http://www.stj.pt/cptlp/?idm=98

[195] Decreto de 16 de Setembro de 1886, Publicado no Diário do Governo n.º 213, de 20 de Setembro de 1886.

[196] Cfr. Porto, João Gomes, *Desafios da Paz em Angola*, Revista Focus, Sobre Armas de Pequeno Porte em África, n.º 2, Junho de 2002.

Um projecto de lei de amnistia foi apresentado[197] pelo M.P.L.A. (Movimento Popular de Libertação de Angola) que considera "o projecto justo e oportuno", estando prevista para breve a sua discussão no parlamento.

Esta iniciativa vai preencher todos os hiatos deixados em aberto pelas anteriores amnistias.

"Há-de reparar que todas elas, a começar pela amnistia concebida no âmbito da política de clemência e de reconciliação nacional, resultaram de processos políticos ou negociais, logo tinham quase todas elas incidência quase exclusiva no objecto da negociação. Diziam respeito quase exclusivamente a crimes contra a segurança do estado ou a crimes de natureza militar. Os crimes com pena correccional beneficiaram em 1996 de uma correcção feita à lei da amnistia aprovada em 1996, correcção esta resultante de uma reclamação da UNITA."

O Governo de Angola assinou, igualmente em 14 de Junho de 1995, um Memorando de Entendimento com o Alto Comissariado das Nações Unidas para os Refugiados, para o Repatriamento Voluntário e Reintegração de Refugiados Angolanos.[198]

A inclusão de normas relativas a amnistias em memorandos, em procedimentos, deste género não é nova[199], todavia, constitui uma matéria de extremo interesse, que não tem no entanto aqui lugar para ser desenvolvida. Faremos antes uma mera indicação dos normativos mais relevantes.

Entre outras considerações, refere-se que a Lei de Amnistia n.° 24/91 de 12 de Julho de 1991 faculta uma garantia formal segundo a qual os refugiados angolanos podem regressar a Angola em condições de segurança e protecção, e que não estarão sujeitos a quaisquer medidas judiciais, legislativas ou administrativas por actos ou delitos alegadamente cometidos antes ou durante o seu exílio, em conformidade com o especificado nessa legislação. Refere-se ainda que a Lei de Amnistia n.° 18/94 de 10

---

[197] Fonte: Voanews (http://www.voanews.com)

[198] http://www.cidadevirtual.pt/acnur/welcome.htm

[199] Veja-se o Relatório da Agencia das Nações Unidas para os Refugiados, feito em Sarajevo em 19 de Março de 1998, intitulado "*Leis de Amnistia na Bósnia e Herzegovina*" onde na introdução se refere: "A garantia de uma amnistia é um importante componente de um digno e seguro repatriamento e do regresso dos refugiados e deslocados para os seus lugares de residência antes do conflito."

Novembro de 1994 se aplica a todos os crimes contra a segurança nacional e a todos outros crimes afins cometidos por cidadãos angolanos no contexto do conflito militar após as eleições gerais, desde 1 de Outubro de 1992 até à assinatura do protocolo de Lusaka.

Reconhecendo que são necessárias medidas e arranjos especiais dentro de Angola para "o repatriamento seguro e ordenado, assim como a reintegração de refugiados angolanos", o Governo de Angola assegura, no artigo 4.°, com o título: Tratamento dos Refugiados, que: *"1. Os regressados terão o direito de regressar aos seus antigos locais de residência ou a qualquer outro lugar de sua escolha dentro de Angola. Não estarão sujeitos a qualquer forma de processo jurídico, perseguição, descriminação ou castigo por causa da religião, origem étnica ou filiação política ou por terem saído do país como refugiados. 2. Os regressados, sempre que seja aplicável, beneficiar-se-ão das disposições de Amnistia ou clemência em vigor em Angola."*

O Governo de Angola assegurará ainda que: *"em cumprimento do seu mandato, o ACNUR terá livre e desimpedido acesso aos regressados em Angola por forma a acompanhar o seu Bem-Estar e as consequências do seu regresso, levando-se em consideração as leis de Amnistia adaptadas pelo Governo e outras garantias ou segurança* para que os refugiados possam regressar em condições de segurança e protecção." (Artigo 5.° – Acesso aos Refugiados)

Em Fevereiro de 1996 referia-se que o ritmo de aquartelamento de soldados da UNITA era reduzido, devido à lentidão na concessão de uma amnistia por parte do governo.

Só a 8 de Maio de 1996 é aprovada uma nova Lei de Amnistia, no seguimento das leis de amnistia de Julho de 1991 e Dezembro de 1994.

Depois da morte de Jonas Savimbi[200] a 22 de Fevereiro de 2002, mais precisamente a 13 de Março de 2003, o governo faz uma declaração unilateral de tréguas e revelou um plano de paz, prometendo permitir que a UNITA se reorganize e se integre na vida política nacional, propondo uma amnistia e oferecendo-se para trabalhar em conjunto com as igrejas e a sociedade civil.

---

[200] Político angolano, foi durante mais de 30 anos líder da UNITA.

Cabo-Verde

A Constituição da República de Cabo-Verde[201-202] atribui ao Presidente da República o poder de, ouvindo o Governo, indultar e comutar penas, conforme o artigo 134.º, n.º 1, alínea n). A amnistia e os perdões genéricos ficam reservados ao Parlamento, como podemos observar no artigo 174.º, alínea m).

O Código Penal de Cabo-Verde[203] é bastante recente, tendo sido aprovado[204] em Novembro de 2003. No Título IV, respeitante à extinção da responsabilidade criminal e dos seus efeitos, encontramos no capítulo I, que regula as causas de extinção da responsabilidade criminal, o artigo 102.º, alínea c), referindo que "para além dos casos especialmente previstos na lei, a responsabilidade extingue-se", entre outras causas, "com a amnistia, o perdão genérico e o indulto."

Referindo o art. 104.º, no seu n.º 1 que: *"A amnistia extingue o procedimento criminal e, no caso de ter havido condenação, faz cessar a execução tanto da pena e dos seus efeitos como da medida de segurança"* sendo que como refere o n.º 4: *"o disposto nos artigos anteriores não prejudica os efeitos civis da condenação"*, ou seja não afecta o apuramento da responsabilidade civil.

Moçambique

A Constituição da República de Moçambique[205-206] reserva ao chefe do Estado a competência para indultar e comutar penas, como consta do artigo 159.º, alínea i) da Constituição moçambicana. O poder amnistiante constitui competência exclusiva da Assembleia da República, como podemos observar da leitura da alínea v), do n.º 2, do artigo 179.º da Constituição.

---

[201] Aprovada pela Lei Constitucional n.º 1/V/99 de 23 de Novembro de 1999, publicada no Boletim Oficial da República de Cabo Verde, 1.ª série, suplemento ao n.º 43 de 23 de Novembro de 1999.

[202] http://www.legis-palop.org

[203] http://www.legis-palop.org

[204] Aprovado pelo Decreto Legislativo n.º 4/2003 de 18 de Novembro de 2003.

[205] Texto integral publicado no Boletim da República, 1.ª série, n.º 51, de 22 de Dezembro de 2004.

[206] http://www.legis-palop.org

No que concerne à legislação penal, o Código Penal em vigor em Moçambique é ainda o Código Penal de 1852, profundamente alterado pela "Nova Reforma Penal" de 1884, cujo resultado final viria a ser o Código Penal de 1886[207] e assim, as disposições sobre a amnistia nele constante, nomeadamente o artigo 125.º referindo no parágrafo 3 que: *"todo o procedimento e tôda a pena acaba, pela amnistia."*

São Tomé e Príncipe

A Constituição da República de São Tomé e Príncipe[208-209] confere igualmente ao Presidente da República a competência de indultar e comutar penas, exigindo-se a audiência prévia do Governo, assim resulta do artigo 80.º, alínea f).

O artigo 97.º, alínea f), atribui à Assembleia Nacional de São Tomé e Príncipe a competência para conceder amnistias. Todavia, esta competência não se enquadra no âmbito da competência exclusiva da Assembleia, que consta do artigo seguinte (artigo 98.º).

Muito embora a reserva absoluta de competência legislativa abranja a "definição dos crimes, penas e medidas de segurança e processo criminal", como refere a alínea k) do referido artigo 98.º.

Em matéria penal a situação é precisamente a mesma que verificámos em Angola e em Moçambique, ou seja, mantém-se em vigor o Código Penal de 1852, profundamente alterado pela "Nova Reforma Penal" de 1884, cujo resultado final viria a ser o Código Penal de 1886[210] e, assim, as disposições sobre a amnistia nele constante, nomeadamente o artigo 125.º que refere no parágrafo 3 que: *"todo o procedimento e tôda a pena acaba, pela amnistia."*

A problemática da amnistia é também um tema muito actual[211] em São Tomé e Príncipe, muito recentemente foi assinado um Memo-

---

[207] Decreto de 16 de Setembro de 1886, Publicado no Diário do Governo n.º 213, de 20 de Setembro de 1886.
[208] Lei n.º 1/2003, publicada no Diário da República, n.º 2, de 29 de Janeiro de 2003.
[209] http://www.legis-palop.org
[210] Decreto de 16 de Setembro de 1886, Publicado no Diário do Governo n.º 213, de 20 de Setembro de 1886.
[211] Fonte: António Ramos – http://www.cstome.net

rando que pretende definir as condições para o fim da crise em São Tomé e Príncipe.

A Junta Militar de Salvação Nacional e a equipa dos Mediadores Internacionais concluíram as negociações relativas à crise político-militar em São Tomé e Príncipe.

O Memorando final define as condições para o fim da crise que o país viveu desde o dia 16 de Julho de 2003. Quatro pontos fundamentais figuram neste Memorando, nomeadamente o regresso do Presidente da República, a reposição da ordem constitucional, mecanismos de garantia e de acompanhamento e a problemática nacional.

No que concerne ao regresso do Presidente da República, o documento exige como condições essenciais, a promulgação da Lei de Amnistia relativa a acção desencadeada em 16 de Julho de 2003, que abrange todos os militares e civis implicados no golpe.

O respeito pela Constituição em vigor, o respeito escrupuloso do princípio da separação de poderes, a realização de um Fórum Nacional para auscultação dos partidos políticos e a sociedade civil, constituem também condições impostas.

O Memorando interdita por outro lado, a presença de tropas estrangeiras, fora do quadro constitucional e abre caminho para a análise da possibilidade de nomear um novo governo de forma a garantir a salvaguarda da transparência, credibilidade e moralidade no processo de normalização.

Quanto à reposição da ordem constitucional, o documento reitera que a Assembleia deve aprovar imediatamente uma Lei que amnistie todos os elementos envolvidos na acção militar desencadeada em 16 de Julho de 2003, que se respeite a Constituição em vigor, que se promova a aprovação de uma Lei de aplicação dos recursos petrolíferos e seja revista a forma de condução do dossier sobre o petróleo.

O Governo e o Poder Judicial, segundo o documento, têm por missão aceitar as decisões que vierem a ser tomadas pelos poderes constitucionais restabelecidos.

Ainda no quadro da reposição da ordem constitucional, o Memorando refere que a instituição militar deve respeitar a autoridade do estado, os órgãos de soberania, conforme a legalidade constitucional e não recorrer no futuro, ao uso da força ou a outras acções ilegais que subvertam a normalidade constitucional.

A sua violação resultará na aplicação completa das leis existentes contra os violadores.

Para garantir e acompanhar o acordo de 23 de Julho de 2003, foi criada uma Comissão presidida pelo representante especial do Presidente da CEEAC. Fazem parte desta comissão, 3 membros das forças armadas de São Tomé e Príncipe, 3 membros do parlamento são-tomense, 1 representante especial do Presidente da República, 1 representante especial do Presidente da CPLP, 1 da União Africana, 1 do Presidente da República Federativa da Nigéria, bem como os representantes dos países facilitadores; os EUA e a África do Sul.

Este mecanismo de garantia e de acompanhamento será assegurado pelo Secretário-Geral da CEEAC e o período de duração será determinado de comum acordo pelas partes envolvidas.

A comissão tem duas atribuições: garantir a aplicação e o respeito escrupuloso dos compromissos assumidos pelas partes signatárias dos acordos assinados e facilitar a mobilização de recursos junto da Comunidade Internacional para assegurar a estabilidade económica e social do país.

O acordo também obriga, quanto à problemática nacional, uma assunção plena pelo governo das suas responsabilidades no campo da constituição, e no cumprimento escrupuloso do Memorando de entendimento de 23 de Julho de 2003.

Exige também uma gestão criteriosa e transparente da coisa pública e respeito pelas regras financeiras em vigor e a aceitação de adopção de mecanismos que permitam o funcionamento correcto dos poderes instituídos.

Estabelece, por outro lado, que é preciso criar soluções para os problemas das instituições militares e das reivindicações das forças armadas e forças paramilitares e proceder à reforma geral nas forças armadas de São Tomé e Príncipe.

Este acordo refere também que é preciso solucionar os problemas dos elementos do ex-"batalhão búfalo" através da aplicação de medidas que permitam a integração plena desses elementos na vida nacional.

Exige uma atenção particular para a polícia de investigação criminal e encoraja a criação de mecanismo com vista a tratar, entre outras, as questões relativas à reconciliação.

Foram signatários do Memorando: Fradique Bandeira Melo de Menezes, Presidente da República Democrática de São Tomé e Príncipe, o Major Fernando Pereira, da Comissão Militar, e Rodolphe Adada, Presidente do Grupo de Mediação.

A AMNISTIA NOUTROS ORDENAMENTOS JURÍDICOS AFRICANOS

Argélia

A Constituição da República Democrática e Popular da Argélia[212-213] atribui ao Presidente da República, no artigo 77.º, n.º 7, a prerrogativa de exercer o direito de graça[214] e a comutação das penas. Por seu lado, o Parlamento exerce a competência amnistiante. Com efeito, o artigo 122.º, n.º 7 refere que: "as regras gerais de direito penal e de processo penal e nomeadamente a determinação de crimes e delitos e as suas penas correspondentes, qualquer que seja a sua natureza, a amnistia, a extradição e o regime penitenciário", são domínios abrangidos pela competência do Parlamento.

Temos ainda de referir o artigo 156.º, que consagrando o exercício do direito de graça ao Presidente da República, sujeita-o a um "parecer consultivo prévio" do Conselho Superior da Magistratura.

A graça presidencial foi já utilizada[215] algumas vezes desde a data da independência[216]: uma vez em 1965, duas vezes em 1968, uma vez em 1979, 1993, 1995, 1997, três vezes 1999, duas vezes em 2000, quatro vezes em 2002, uma vez em 2003 e em 2004 e cinco vezes em 2005. As justificações são variadas: por ocasião de uma reforma penitenciária, por ocasião das comemorações dos aniversários do início da Revolução de

---

[212] Adoptada em 19 de Novembro de 1976, alterado em 28 de Novembro de 1996 e 8 de Dezembro de 1996, modificada pela Lei 02-03 de 10 Abril de 2002.

[213] http://www.joradp.dz/HFR/Index.htm

[214] Estas referências correspondem ao indulto.

[215] http://www.joradp.dz/HFR/Index.htm (Servidor Web disponibilizado pelo Secretariado Geral do Governo, onde podemos aceder directamente aos números do Jornal Oficial publicados da República Democrática e Popular Argelina, efectuar uma investigação temática em todos os textos publicados no Jornal Oficial e consultar outras publicações elaboradas pelos serviços do Secretariado Geral do Governo).

[216] A Argélia tornou-se independente a 5 de Julho de 1962.

1 de Novembro de 1954[217], por ocasião do Mawlid Ennabaoui[218], do Aïd El Fitr[219] e do Aïd El-Adha[220], por ocasião da eleição do Presidente da República, por ocasião dos aniversários da festa da independência ou por ocasião do Dia da Mulher.

As amnistias, existindo em menor número, ligam-se a acontecimentos muitos importantes da história recente da Argélia. Desde a independência existiram cinco leis de amnistia, em 1962, 1965, 1990, 1993 e 2000.

A Lei n.º 99-08 de 13 de Julho de 1999 pretendeu "Restabelecer a Concórdia Civil", referindo no artigo 1.º:

> "A presente lei inscreve-se num quadro geral de desejo de restabelecimento da concórdia civil e tem por objecto instituir medidas particulares tendo como objectivo libertar as pessoas implicadas em acções de terrorismo ou subversão que exprimam a sua vontade de cessar, conscientemente, todas as suas actividades criminosas, dando-lhes a oportunidade de concretizar essa aspiração pela via de uma reintegração civil no seio da sociedade.
> Para beneficiarem das disposições da presente lei, as pessoas visadas na alínea precedente devem avisar as autoridades competentes de que eles cessaram todas as actividades terroristas e devem igualmente apresentar-se às autoridades."

Todavia, em 29 de Setembro de 2005 teve lugar um referendo que, com 97,36% dos votos válidos expressos, aprovou o Projecto da Carta para a Paz e para a Reconciliação Nacional[221].

Abrindo-se, desta forma, a derradeira oportunidade para "a concretização da determinação do povo argelino de continuar a política de paz e de reconciliação nacional, indispensável à estabilidade e o desenvolvimento da Nação".

O diploma n.º 06-01 de 27 de Fevereiro de 2006[222], em cumprimento do estatuído na Carta, teve como objectivo "pôr em prática as disposições

---

[217] Data em que a Frente de Libertação Nacional (F.L.N.) deu início à luta armada pela independência.
[218] Festa nacional comemorativa do aniversário do nascimento do profeta Maomé.
[219] Festa muçulmana que marca o fim do jejum do mês do Ramadão.
[220] Grande festa muçulmana marca anualmente o fim da peregrinação a Meca.
[221] http://193.194.78.233/ma_fr/stories.php?story=05/09/06/3612066
[222] http://193.194.78.233/pdf/charte_fr.pdf

da Carta para a Paz e para a Reconciliação Nacional, expressão da vontade soberana do povo argelino." Assim, este longo e complexo diploma procedeu à extinção do procedimento criminal, bem como ao indulto, a todos aqueles que se tenham entregue às autoridades competentes durante o período compreendido entre o 13 de Janeiro de 2000 e a data de publicação do diploma. Mas também a todas as pessoas que, "num prazo máximo de seis meses a contar da publicação da presente prescrição no Jornal Oficial, (...) se apresentem voluntariamente às autoridades competentes e entreguem as armas, munições, explosivos e outros materiais em sua posse."

A Comissão Nacional de Protecção dos Direitos Humanos (CNPDH) afirma[223] que setenta por cento dos terroristas no activo na Argélia já depuseram as armas para usufruir da "lei do perdão" instituída pelas autoridades.

Faruk Ksentini, presidente da Comissão Nacional de Protecção dos Direitos Humanos (CNPDH), considera que esta percentagem de rendições é positiva.

Os activistas armados beneficiam das disposições da "Carta da Paz e da Reconciliação", também conhecida como "lei do perdão", que contém medidas de perdão e amnistia para os que se rendam e entreguem as suas armas.

O prazo de vigência desta "lei" terminou em final de Agosto de 2006.

O diploma contém igualmente disposições de ajuda financeira para as famílias das vítimas do terrorismo, assim como, para as dos terroristas, o que suscitou protestos entre a população.

De acordo com o Governo, cerca de 51 mil famílias vítimas das actividades terroristas já solicitaram indemnizações, recorrendo às disposições da "Carta" e um total de 6.952 delas já foram atendidas.

Faruk Ksentini também revelou que prosseguem contactos com os terroristas que não se renderam, para tentar convencê-los a que o façam no prazo mais curto possível.

O referendo sobre o Projecto da Carta para Paz e para Reconciliação Nacional foi proposto pelo Presidente, Sr. Abdelaziz Bouteflika, para abranger os envolvidos na violência política dos últimos anos.

Apresentada como dando continuidade à Lei da Concórdia Civil, aprovada por referendo em 1999, a nova proposta levou os principais par-

---

[223] Fonte: Diário de Notícias (http://dn.sapo.pt).

tidos da oposição a apelarem ao boicote na votação. Tanto a Frente das Forças Socialistas (FFS), como a União para a Cultura e Democracia (RCD) sustentam que a Carta "consagra a impunidade e a amnésia" porque visam branquear as responsabilidades das forças de segurança no desaparecimento de milhares de argelinos na guerra contra os islâmicos radicais (essencialmente entre 1992 e 1998).

A violência fez mais de 150 mil mortos na Argélia na última década e meia e levou ao desaparecimento de milhares de pessoas (que uma comissão oficial contabilizou em 6146 e a Liga Argelina de Defesa dos Direitos Humanos estimou em cerca de 18 000) suspeitas de apoiar os grupos islamitas.

A Carta dá aos desaparecidos o estatuto de "vítimas da tragédia nacional", garantindo às famílias o direito a serem indemnizadas.

Costa do Marfim

Na Costa do Marfim a competência amnistiante cabe em exclusivo à Assembleia Nacional. Com efeito, o parágrafo 4 do artigo 71.° da Constituição da República da Costa do Marfim[224-225], concede-lhe essa prerrogativa. Assim, "a determinação dos crimes e dos delitos, bom como as penas que lhes são aplicáveis, o processo penal e a amnistia", são matéria da sua competência exclusiva.

Quanto à legislação penal, o artigo 108.°, da Secção 3, respeitante à amnistia, do Capítulo 3, relativo às causas que suprimem a responsabilidade penal, do Código Penal da Costa do Marfim[226-227], regula especificamente a questão da amnistia. Referindo que:

"Artigo 108.°
A amnistia extingue a acção pública.
A amnistia extingue todas as condenações anteriores e põe fim a qualquer pena ou medida de segurança, com excepção do internamento em casa de saúde e da apreensão, medida de polícia.

---

[224] Lei n.° 60-356 de 3 de Novembro de 1960, modificado pela lei n.° 2000-513 de Agosto de 2000, adoptada por via referendária a 24 de Julho de 2000.
[225] http://droit.francophonie.org/df-web/publication.do?publicationId=235
[226] Código Penal de 31 de Agosto de 1981.
[227] http://droit.francophonie.org/df-web/publication.do?publicationId=198&sidebar=true

A amnistia não é aplicável às custas do processo se a sentença transitou já em julgado.

A amnistia não provoca:
– *A restituição das multas e despesas já pagas, nem as execuções já realizadas;*
– *A reintegração nas funções ou em empregos públicos, graus, serviços públicos ou ministeriais, não dando direito à reconstituição da carreira;*
– *A restituição das condecorações, nem a reintegração nas ordens nacionais.*

A amnistia não obstaculiza os pedidos de revisão tendentes a estabelecer a inocência do amnistiado.

A amnistia não tem efeito sobre a acção civil, nem sobre a acção e as penalidades disciplinares."

O chefe de Estado da Costa do Marfim, Laurent Gbagbo, promulgou[228] a 13 de Abril de 2007, uma lei da amnistia, abrangendo os crimes e delitos ligados aos distúrbios que sacudiram o país, incluindo a rebelião que controlou o norte do país.

Esta lei de 12 de Abril de 2007, refere:

"São amnistiadas de pleno direito as infracções contra a segurança de Estado e a Defesa Nacional cometidas pelos nacionais ivoirienses que se encontram em território nacional ou no exílio, entre 17 de Setembro de 2000 e a data da assinatura do presente decreto."

O documento acrescenta que a medida não se aplica às infracções económicas e aos crimes e outros delitos que atentem à segurança do Estado.

Esta amnistia estava prevista no Acordo Interivoiriense de Paz, assinado a 4 de Março de 2007 em Ouagadougou, no Burquina-Faso, pelo Presidente Gbagbo e pelo secretário-geral das Forças Novas (FN, ex-rebelião), Guillaume Soro. Antigos inimigos, que controlavam cada um uma parte do país, desde a tentativa de golpe de Estado rebelde contra Laurent Gbagbo, em Setembro de 2002.

As duas partes haviam concluído a adopção de uma amnistia, *"com vista a facilitar o perdão e a reconciliação nacional, e restaurar a coesão social e a solidariedade entre os ivoirienses"*.

---

[228] Fonte: AngolaPress (http://www.angolapress-angop.ao) e Panapress (http://www.panapress.com/index.asp?code=eng&dte=17/11/2007)

Entre os seus beneficiários figuravam cerca de 150 militares que desertaram do Exército Nacional, dos quais o ex-chefe de Estado-Maior General, o brigadeiro Doué Mathias, e o seu porta-voz, o coronel Yao Yao Jules.

Esta lei da amnistia surge antes da supressão da Zona De Confiança (ZDC) sob o controlo internacional e que separa o norte do sul do país desde finais de 2002.

Esta medida não beneficia aos autores de crimes económicos, de crimes de guerra e de crimes contra a humanidade.

Guiné-Conakry

Se analisarmos a Constituição da República da Guiné-Conakry[229], de 23 de Dezembro de 1990, adoptada por referendo, verificamos que a figura correspondente ao indulto é mencionada no Título III, relativo ao Presidente da República, no artigo 43.º. Por seu lado, a referência à amnistia surge no parágrafo 4, do artigo 59.º, do Título V, mencionando que as leis que fixam as regras relativas à determinação das infracções, às penas que lhes são aplicáveis, ao processo penal, à amnistia, à criação e à composição de ordens de jurisdição e ao estatuto dos magistrados, são matéria reservada a lei votada pela Assembleia Nacional.

No Código Penal da Guiné-Conakry de 1988[230-231] encontramos apenas duas referências à figura da amnistia, a primeira no Capítulo I, Secção 4, artigo 23.º, respeitante à "degradação civil"; a segunda no Capítulo 4, artigo 43.º, respeitante à reincidência. Afastou-se, assim, do Código Penal francês[232], não contendo quaisquer disposições semelhantes às que encontramos no Capítulo III, relativo à extinção das penas e das condenações, onde existem normativos específicos para o direito de graça, sendo a 2.ª secção reservada à figura correspondente ao indulto e a 3.ª secção à figura correspondente à amnistia.

---

[229] http://droit.francophonie.org/df-web/publication.do?publicationId=4279
[230] Aprovado pela Lei n.º 98/036 de 31 de Dezembro de 1988.
[231] http://www.unhcr.org
[232] http://www.rabenou.org/divers/penal-art.htm

Também na Guiné-Conakry a questão da amnistia é uma questão problemática[233], tendo sido já exigida pelo principal grupo de oposição, composto por seis partidos, devendo uma futura lei abranger todos os prisioneiros políticos.

Exigem igualmente o acesso de todas as forças políticas aos órgãos de Comunicação Social.

O Comité Interministerial presidido pelo Ministro da Administração do Território, ao tempo, Moussa Solano, não conseguiu durante os encontros de trabalho convencer a classe política da Guiné-Conakry a abandonar as suas exigências de amnistiar os prisioneiros políticos e ter acesso aos órgãos da comunicação social do sector público.

As organizações da sociedade civil são globalmente contrarias à amnistia, defendendo que seria fruto de improvisação e de "fuga para diante".

A proposição de uma lei da amnistia, defendem, terá consequências devastadoras, abrindo uma brecha na Guiné-Conakry.

Mali

A Constituição da República do Mali[234-235] considera o Presidente da República, simultaneamente Presidente do Conselho Superior da Magistratura, atribuindo-lhe o poder de exercer o direito de graça e de propor leis de amnistia, conforme resulta do título III, artigo 45.° da Constituição.

Todavia, o artigo 70.°, do título VI da Constituição, sobre as relações entre o Governo e a Assembleia Nacional, refere:

> "A lei é votada pela Assembleia Nacional por maioria simples. Contudo, as leis às quais a presente Constituição confere o carácter de lei orgânico são votadas nas condições seguintes:
>
> – A proposta ou o projecto é sujeito a deliberação e ao voto da Assembleia Nacional apenas transcorrido um prazo de quinze dias após o seu depósito no escritório da Assembleia Nacional;

---

[233] Fonte: Agência Bissau Media e Publicações.
http://www.agenciabissau.com/portal.aspx?link=public/newscover.ascx&lmenuid=11&menuindex=0
[234] Promulgada pelo Decreto n.° 92-0731 P-CTSP.
[235] http://www.legismali.com

– *O texto só pode ser adoptado por maioria absoluta dos membros que compõem a Assembleia Nacional. As leis orgânicas apenas podem ser promulgadas depois da declaração pelo Tribunal Constitucional da sua conformidade com Constituição. A lei fixa as regras relativas;*
– *Os crimes e delitos bem como as penalidades que lhes são aplicáveis, o procedimento penal, a polícia judiciária, a extradição, a amnistia, a criação de órgãos jurisdicionais, o estatuto dos Oficiais Ministeriais, o estatuto das Profissões Jurídicas e Judiciais".*

Esta arrumação não permite uma interpretação clara da intenção do legislador constituinte. Admitimos, no entanto, que uma lei de amnistia no Mali, dada a importância que reveste, esteja sujeita ao depósito (da proposta ou do projecto), ao prazo referido de 15 dias e à necessidade de maioria absoluta dos votos dos membros do Parlamento.

No Código Penal do Mali[236-237] não encontramos qualquer referência explícita à amnistia, afastando-se igualmente do Código Penal francês[238], não contendo quaisquer disposições semelhantes às que encontramos no Capítulo III relativo à extinção das penas e das condenações, onde existem normativos específicos para o direito de graça, sendo a 2.ª secção reservada à figura corresponde ao indulto e a 3.ª secção à figura correspondente à amnistia.

O Mali utilizou já a figura da amnistia, sendo a lei número 1997-016, de 7 de Março de 1997[239], um bom exemplo dessa utilização.

Nesta lei de Março de 1997, são amnistiadas as infracções cometidas em território do Mali no período de 29 de Junho de 1990 a 27 de Março de 1996, em conexão com a rebelião, sendo "excluídos do campo de aplicação da presente lei, os crimes e delitos cometidos contra pessoas presentes no território nacional a título de cooperação ao desenvolvimento e cobertas pela imunidade diplomática."

---

[236] Aprovado pela Lei n.º 01-079 de 20 de Agosto de 2001.
[237] http://www.justicemali.org/code%20penal.pdf
[238] http://www.rabenou.org/divers/penal-art.htm
[239] Texto disponível em Anexo.

Marrocos

A Constituição do Reino de Marrocos[240], adoptada por referendo a 13 de Setembro de 1996, atribui ao Rei a prerrogativa exclusiva de exercer o direito de graça, não se fazendo qualquer referência específica à amnistia.

Em Marrocos é bastante usual[241] o rei amnistiar prisioneiros por ocasião de festas nacionais e religiosas, como o demonstra a amnistia de 710 prisioneiros em Abril de 2007.

Eles foram amnistiados pelo rei Mohammed VI de Marrocos por ocasião da festa Mawlid Annabaoui, que marca o aniversário do nascimento do profeta Maomé.

Vários outros reclusos beneficiaram da redução das suas penas, incluindo 10 condenados a prisão perpétua cujas penas foram convertidas em "castigos de duração determinada".

A questão da amnistia é também um tema muito complexo no Reino de Marrocos. Em Marrocos[242] "existe uma comissão designada de Instância para a Equidade e a Reconciliação (IER), estrutura ímpar no mundo árabe. Esta comissão está a proceder à recolha de testemunhos das vítimas da tortura no tempo do rei Hassan II, com a condição, todavia, de não serem mencionados os carrascos.

Em causa estão os chamados "anos de chumbo", período tumultuoso que durou mais de trinta anos e durante o qual as forças repressivas marroquinas, no propício contexto da Guerra-Fria, erradicaram todas as formas de oposição.

Os testemunhos são realizados em audiência pública, transmitida em directo pela televisão e pelas rádios estatais. As autoridades decidiram correr o risco de pôr em prática uma catarse necessária, já vivida por outras sociedades em transição – na qual, porém, os nomes dos algozes não podem ser citados, principal crítica formulada pelas associações de defesa dos direitos humanos, que consideram isso um incitamento à impunidade.

---

[240] http://www.maroc.ma/NR/exeres/AD1E31E2-BC09-4FDE-89E7-037543B747ED.htm

[241] Fonte: Panapress. (http://www.panapress.com/index.asp?code=eng&dte=17/11/2007)

[242] Cfr. Younès Alami e Ali Amar, Le Monde diplomatique, *Uma reconciliação muito frágil em Marrocos*, Abril 2005. (http://www.monde-diplomatique.fr/2005/04/ALAMI/12093)

Segundo fontes próximas dos círculos humanitários, Fouad Ali El Himma, ministro delegado do Interior e novo homem forte do regime, não se terá oposto à divulgação da identidade dos torturadores nas audiências das vítimas ou, pelo menos, assim o terá afirmado a Driss Benzekri, antigo opositor que também foi sujeito a torturas e que o rei Mohammed VI nomeou para dirigir a Instância para a Equidade e a Reconciliação (IER).

A maioria dos nomes desses algozes já foi, no entanto, divulgado pela imprensa independente.

A Associação Marroquina dos Direitos Humanos (AMDH) desencadeou o movimento ao publicar, em 2001, uma lista de 44 nomes, entre os quais um certo número de oficiais das Forças Armadas Reais (FAR) ainda em funções no topo da hierarquia securitária. Paralelamente, a publicação de depoimentos ou de obras históricas sobre os "anos de chumbo", que se tornaram êxitos de vendas, confirmou essas acusações. Não é pois de admirar que certas personagens como Youssfi Kadour, principal carrasco das masmorras de Derb Moulay Cherif, onde os presos acabavam por morrer, tenha pensado organizar um comité de defesa para garantir os seus interesses e promover a ideia duma responsabilidade diluída nas hierarquias de comando.

A característica da justiça de transição, referem, se tivermos em conta as experiências de outros países, consiste geralmente em atribuir pouca importância aos processos judiciais, limitando-se a formular leis de amnistia, a conceder reparações às vítimas ou a nomear comissões encarregadas de estabelecer um relato histórico consensual. O único mecanismo diferente é o sul-africano, que se baseou nas confissões dos responsáveis de violências em troca duma amnistia. Segundo o sociólogo Ali Abadou, «não podemos comparar o caso sul-africano, assente num sistema discriminatório e racista como o apartheid, e o caso marroquino, mais próximo das experiências sul-americanas, ou seja, de ditaduras compulsivas com um fundo ideológico frágil».

Apesar dos seus limites, o que está a acontecer em Marrocos é importante. «Os limites de que falamos são clássicos», sublinha o politólogo Mohamed Tozy. Clássicos, são-no sem dúvida, mas isso obscurece consideravelmente o trabalho da memória. Na maior parte das sociedades que encetaram a transição democrática (Argentina, Chile, Uruguai, África do Sul), estas medidas resultam de relações de forças entre os novos responsáveis e os dirigentes cessantes. A situação marroquina, porém, constitui um caso à parte, por haver uma continuidade pelo menos formal entre o antigo e o novo regime.

O investigador Mohamed Berdouzi, também membro da IER, considera que a experiência marroquina se distingue não só pelo facto de ter sido desencadeada "a frio", não imposta por uma crise aberta, mas também por corresponder à «vontade colectiva de todas as forças em presença resolverem esta questão através duma abordagem distinta e original»."

Senegal

Também no Senegal a questão da amnistia tem estado na ordem do dia, sendo também um tema bastante polémico, em especial antes das recentes eleições presidenciais[243].

Ao analisarmos a Constituição da República do Senegal[244], de 22 de Janeiro de 2001, verificamos que a figura correspondente ao indulto é mencionada no artigo 47.º, disposição relativa aos poderes do Presidente da República. A amnistia surge no parágrafo 4, do artigo 67.º, do Título VII, referindo que as leis que fixam as regras relativas "à determinação dos crimes e delitos assim como as penas que lhes são aplicáveis, o processo penal, a amnistia, a criação de novas ordens de jurisdição e o estatuto dos magistrados", são reservadas a lei votada pelo parlamento. Com efeito, a amnistia é uma medida de competência do Parlamento, competência exclusiva e intransmissível.

O Código Penal senegalês[245] afastou-se também do Código Penal francês[246], não contendo quaisquer disposições semelhantes às que encontramos no Capítulo III relativo à extinção das penas e das condenações, onde existem normativos específicos para o direito de graça, sendo a 2.ª secção reservada à figura corresponde ao indulto e a 3.ª secção à figura correspondente à amnistia.

Na verdade, depois de uma grande polémica, foi aprovada pela Assembleia Nacional do Senegal, em 7 de Janeiro de 2005 e confirmada pelo

---

[243] As eleições presidenciais no Senegal realizaram-se no dia 25 de Fevereiro de 2007. O presidente actualmente em funções (e desde 2000) Abdoulaye Wade venceu as eleições na primeira volta com aproximadamente 56 % dos votos, não havendo necessidade de se recorrer a uma segunda volta.

[244] http://www.gouv.sn/textes/Constitution_sn.pdf

[245] http://www.justice.gouv.sn/droitp/CODE%20PENAL.PDF

[246] http://www.rabenou.org/divers/penal-art.htm

I Parte

Conselho Constitucional em 14 de Fevereiro, uma lei de amnistia, conhecida como lei «Ezzan», em virtude de ter sido apresentada ao parlamento pelo deputado Isidore Ezan[247].

Esta lei composta por uma exposição de motivos e por um conjunto de 10 artigos, refere no artigo 1.º o seguinte:

> *"São amnistiadas de pleno direito todas as infracções criminais ou correccionais cometidas, tanto no Senegal, como no estrangeiro, relacionadas com as eleições gerais ou locais ou resultantes de motivações políticas, quer os seus autores tenham já sido julgados definitivamente ou não."*

E no artigo 2.º:

> *"São amnistiadas de pleno direito todas as infracções criminais ou correccionais cometidas, tanto no Senegal, como no estrangeiro, relacionadas com a morte do Sr. Babacar Seye, Magistrado do Conselho Constitucional, quer os seus autores tenham já sido julgados definitivamente ou não."*

As principais organizações da sociedade civil do Senegal manifestaram-se claramente contra esta lei de amnistia. A saber, e a título meramente exemplificativo:

- AMNESTY INTERNATIONAL SENEGAL;
- CELLULE ZAWIYA TIDIANIA;
- COMITÉ DE LUTTE CONTRE LES VIOLENCES FAITES AUX FEMMES;
- CONGAD;
- CSA;
- FORUM CIVIL;
- PRESENCE CHRETIENNE;
- RADDHO;
- RADI;
- RESEAU SIGGIL JIGGEN;
- SOS CONSOMMATEURS.

Estas organizações estavam preocupadas essencialmente com a possibilidade de ficar impune o assassinato do Vice-Presidente do Conselho

---

[247] Em Anexo está disponível o Projecto de Lei n.º 33/2004, correspondente à lei EZZAN.

Constitucional, Babacar Séye, em 1993, bem como a agressão ao líder da oposição, Talla Sylla, em 2003.

Segundo estas organizações, esta lei de amnistia torna impossível responsabilizar os eventuais implicados perante uma jurisdição imparcial, direito esse consagrado na Carta Africana dos Direitos do Homem e dos Povos, ratificada pelo Senegal.

Três destas organizações retiraram-se mesmo, em sinal de protesto, da Comissão Africana dos Direitos do Homem e dos Povos.

Apelaram mesmo à Direcção do Partido Democrático senegalês e ao Presidente Abdoulaye Wade, responsável máximo do partido, para porem um termo a esta medida que seria sinónimo de impunidade, contrária aos ideais democráticos, de justiça e de paz.

A União Europeia, por seu lado, em 11 de Março de 2005, tornou pública uma Declaração da Presidência[248], em nome da União Europeia, sobre a lei de amnistia "Ezzan" do Senegal.

Referindo que, "No quadro do diálogo político regular da União com o Senegal e ao abrigo do art. 8.º da Convenção de Cotonu", a União Europeia referiu-se à decisão do Conselho Constitucional sobre a inconstitucionalidade do art. 2.º da Lei de amnistia e a incompetência declarada para apreciar a conformidade da lei com o estipulado num tratado ou num acordo internacional.

A União Europeia reafirmou o seu total empenho na observância incondicional dos princípios do Estado de Direito e dos direitos humanos, igualmente importantes para o Senegal, que o comprovou mediante a ratificação de diversos tratados internacionais e, finalmente, a reiterou a posição da União Europeia de que nenhum acto criminoso deve ficar impune, seja qual for a sua motivação.

A Bulgária e a Roménia – países aderentes –, a Turquia e a Croácia[249] – países candidatos –, a Albânia, a Antiga República Jugoslava da Macedónia, a Bósnia e Herzegovina e a Sérvia e o Montenegro – países do Processo de Estabilização e de Associação e potenciais candidatos – e o Liechtenstein e a Noruega – países da EFTA membros do Espaço Económico Europeu – subscrevem igualmente a presente declaração.

---

[248] http://www.europarl.europa.eu/bulletins/pdf/01c_bu-a(2005)04_pt.pdf

[249] A Croácia continua a fazer parte do Processo de Estabilização e de Associação.

Não foi a primeira vez que se utilizou a figura da amnistia no Senegal, já em 1991, com a Lei n.º 91-40 de 10 de Julho de 1991[250], se amnistiaram "todas as infracções criminais ou correccionais cometidas entre o dia 1 de Agosto de 1987 e o 1 de Julho de 1991, tanto no Senegal, como no estrangeiro, relacionadas com os acontecimentos, ditos, de Casamansa", bem como "os crimes de atentado e complô contra a segurança do Estado senegalês e a integridade do território nacional (...), cometidos anteriormente a 31 de Julho de 1987 em relação com os acontecimentos, ditos, de Casamansa, e naqueles em que os autores tenham sido objecto de uma condenação a uma pena igual ou superior a 15 anos de detenção criminal", e ainda "todas as infracções criminais ou correccionais cometidas entre 19 de Maio de 1988 e 8 de Abril de 1991", nomeadamente as relacionadas com a "importação, a fabricação, a detenção e o transporte de explosivos, bem como todos os engenhos mortais ou incendiários, quer os seus autores tenham já sido julgados definitivamente ou não."

No Senegal, seguindo-se a doutrina maioritária francesa[251], considera-se a amnistia como factor de neutralização da lei penal, como obstáculo a aplicação da lei penal.

---

[250] Lei disponível em Anexo e em:
http://www.unhcr.org/cgi-bin/texis/vtx/refworld/rwmain?page=type&docid=3ae6b50338&skip=&type=LEGISLATION&coi=SEN

[251] Em França (http://www.legifrance.gouv.fr) são muitos os exemplos de amnistias que podemos indicar:

– 16 de Agosto de 1947, 15 de Setembro de 1948, 5 de Janeiro de 1951, 6 de Agosto de 1953 e 9 de Junho de 1958 – Em que se amnistiaram-se as infracções cometidas durante a ocupação;
– 8 de Agosto de 1958 – Amnistia das infracções cometidas na Tunísia;
– 22 de Março de 1962, 23 de Dezembro de 1964, 17 de Junho de 1966 e 23 de Maio de 1968 – Amnistia das infracções relativas às manifestações de estudantes;
– 31 de Julho de 1968 – Amnistia das infracções relativas aos acontecimentos na Argélia;
– 2 de Março de 1982 – Amnistia relativa aos acontecimentos na Região da Córsega;
– 3 de Dezembro de 1982 – Amnistia relativa aos factos cometidos na África do Norte e na Indochina;
– 31 de Dezembro de 1985, 9 de Novembro de 1988 e 10 de Janeiro de 1990 – Amnistia relativa aos factos cometidos na Nova Caledónia;
– 10 de Julho de 1989 – Amnistia relativa aos factos cometidos em Guadalupe, na Martinica e na Córsega; – Lei de 15 de Janeiro de 1990 – Financiamento de partidos políticos;

A amnistia seria uma "medida de graça tomada por via legislativa, que retira a característica delituosa a certos factos cometidos no passado."252-253

A amnistia produziria os seus efeitos mais visíveis quando respeita a infracções que já foram objecto de condenação.

Quando é atribuía em função da natureza da infracção ou da qualidade objectiva do delinquente (como por exemplo: antigos combatentes) a lei de amnistia pode ter por efeito, mera e simplesmente, impedir a aplicação da lei penal.

Se estivermos perante um caso de amnistia em sentido próprio, o crime será considerado como se nunca tivera sido cometido.

Tradicionalmente, a amnistia traduz uma vontade de apaziguamento que algumas vezes depois de um dado lapso temporal se segue a graves acontecimentos que perturbaram a paz política e/ou social.

Para a doutrina francófona existem três tipos de amnistia:

1. A amnistia concedida em função da natureza ou gravidade das infracções, que designam de amnistia real.

É a amnistia que abrange: as contravenções de polícia, os delitos de imprensa, ou os delitos/crimes de insubordinação ou deserção. Fazendo a lei por vezes referência ao factos de os delitos terem sido praticados em

---

– 19 de Dezembro de 1991 – Amnistia relativa ao tráfico de droga e à actuação de agentes infiltrados (As amnistias de 1990 e 1991 dizem respeito a uma clarificação do direito penal num domínio particular);

Todavia, a forma de "amnistia" mais conhecida e eventualmente aquela com efeitos mais perversos, seguindo uma tradição inaugurada pelo General De Gaulle em 1959 e sempre seguida pelos presidentes da república francesa, é aquela que se segue à eleição de um Presidente da República de França. Temos então leis de "amnistia" deste tipo a 31 de Julho de 1959, 18 de Junho de 1966, 30 de Junho de 1969, 16 de Julho de 1974, 4 de Agosto de 1981, 20 de Julho de 1988, 3 de Agosto de 1995 e a mais recente a 6 de Agosto de 2002.

Levantaram-se grandes críticas em relação especialmente a esta última, dado o aumento significativo dos acidentes de viação nos meses precedentes à sua adopção. Considerando esta "graça presidencial" mais como um exercício de poder monárquico, do que o resultado de uma concepção republicana do Estado.

252 Desportes, Frédéric, Le Gunehec, Francis, op. cit., p. 272.
253 Sobre a amnistia em França ver também: Conan, Matthieu, Amnistie présidentielle et tradition, Revue du Droit Public – n.° 5, 2001, pp. 1305 a 1356.

determinadas circunstâncias, como será o caso de surgirem no âmbito de conflitos de trabalho, ou conflitos sociais.

2. A amnistia que é concedida em função de uma qualidade ou de uma atitude particular do delinquente, a que dão o nome de amnistia pessoal.
Como será o caso das amnistias dirigidas aos antigos combatentes.

3. A amnistia que é concedida tendo em conta considerações relacionadas com a pessoa do delinquente e a circunstâncias que lhe são exteriores, designada de amnistia mista.

A EXPERIÊNCIA DA ÁFRICA DO SUL – A COMISSÃO PARA A VERDADE E RECONCILIAÇÃO

> *"umuntu ngumuntu ngabantu"*
> [tradução: *uma pessoa é uma pessoa através de outras pessoas*]
> máxima Zulu

> "Uma pessoa com *ubuntu* está aberta e disponível aos outros, não preocupada em julgar os outros como bons ou maus, e tem consciência de que faz parte de algo maior e que é tão diminuída quanto seus semelhantes que são diminuídos ou humilhados, torturados ou oprimidos."
> DESMOND TUTU

A questão da amnistia[254-255] ficou plasmada na Constituição da República da África do Sul.[256-257] No capítulo XV, com o título: "Disposições Gerais e Transitórias", encontramos na secção n.º 250, com o título:

---

[254] Ver entre outros: Puurunen, Tapio, *The Committee on Amnesty of the Truth and Reconciliation Commission of South Africa*, Helsinki, Forum Iuris, 2000.
[255] Ver ainda, sobre toda esta matéria, o sítio da Embaixada da República da África do Sul. (http://www.embaixada-africadosul.pt/noticias.html)
[256] Lei n.º 200 de 1993.
[257] http://www.info.gov.za/documents/constitution/93cons.htm

"Unidade Nacional e Reconciliação", uma provisão que consagra, o princípio da concessão da amnistia como forma de "alcançar a reconciliação e reconstrução" da África do Sul.

O processo vivido na África do Sul e cujo modelo é utilizado um pouco por todo o mundo[258], em alguns casos sem grandes resultados, fundamentou-se directamente na Constituição.

É a "nova" Constituição da República da África do Sul que veio fornecer *"uma ponte histórica entre o passado de uma sociedade profundamente dividida caracterizada pela discórdia, pelo conflito, pelo insondável sofrimento e injustiça, e um futuro fundado no reconhecimento dos direitos humanos, na democracia e coexistência pacífica e oportunidades de desenvolvimento para todos os sul-africanos, independentemente da cor, da raça, da classe, da crença religiosa e do sexo. A procura pela unidade nacional, pelo bem-estar de todos os cidadãos sul-africanos e a paz, requer reconciliação entre a população da África do Sul e a reconstrução da sociedade.*

A adopção desta Constituição estabelece as bases para o povo da África do Sul ultrapassar as divisões e os desentendimentos do passado, que geraram violações massivas dos direitos humanos, transgressões de princípios humanitários em conflitos violentos e deixaram um legado de ódio, medo, culpa e vingança.

Estes podem agora ser utilizados como base para fundamentar a necessidade de entendimento, mas não de vingança, a necessidade de reparação, mas não a retaliação, a necessidade de ubuntu, mas não de vitimização.

A fim de avançar para a reconciliação e reconstrução, deve ser garantida uma amnistia a respeito de actos, omissões e ofensas associadas a objectivos políticos e cometidas no decurso dos conflitos do passado. Para este objectivo, o Parlamento sob esta Constituição deverá adoptar uma lei determinando um data limite precisa, que será uma data localizada depois de 8 de Outubro de 1990 e antes de 6 de Dezembro de 1993, e que forneça os mecanismos, critérios e procedimentos, incluindo os tribunais, se existirem, através da qual será regulada, depois de aprovada, esta amnistia.

---

[258] Veja-se de forma ilustrativa a actividade do International Center for Transitional Justice (ICTJ).
http://www.ictj.org/en/index.html

Com esta Constituição e estes compromissos nós, o povo da África do Sul, abrimos um capítulo novo na história do nosso país."[259]

Em seguimento do estabelecido na Constituição foi criada, em Julho de 1995 pela Lei da Promoção da Unidade Nacional e da Reconciliação[260] (Lei n.º 95-34 de 26 de Julho de 1995)[261-262] a Comissão para a Verdade e Reconciliação (C.V.R.). Tinha como propósito promover a unidade e a reconciliação nacionais, num espírito de entendimento e de *ubuntu*.

É difícil traduzir exactamente a expressão *ubuntu*, traduzir toda a carga simbólica que este antigo conceito africano, originária da língua *zulu* e *xhosa*, encerra.

Como tradução aproximada aponta-se normalmente o significado de união, de interligação, da inevitabilidade do reflexo, de humanidade para com os outros.

Como resultado de décadas de conflito na África do Sul, as partes envolvidas no processo de pré negociação de 1994, concordaram que para poderem lidar com os desafios de uma nova democracia e enfrentar o futuro com confiança, a violência do passado teria de ser levada em conta e dada a conhecer.

A Lei 95-34 de 26 de Julho de 1995, consubstanciando o acto constitutivo da C.V.R. referia:

"Com o objectivo de fornecer os meios necessários para a investigação e o estabelecimento do quadro, tão completo como possível, sobre a natureza, as causas e a extensão das violações em massa dos direitos humanos cometidas durante o período compreendido entre 1 Março 1960 à data prevista na Constituição[263]*, dentro ou fora da república, emanados dos conflitos do passado, e o destino ou paradeiro das vítimas de tais violações;*

– de garantir a concessão de uma amnistia às pessoas que façam uma descrição completa de todos os fatos relevantes relacionados

---

[259] Cfr. Capítulo XV: Disposições Gerais e Transitórias, Secção n.º 250: Unidade Nacional e Reconciliação, da Constituição da República da África do Sul.

[260] Promotion of National Unity and Reconciliation Act, 1995.

[261] Alterada sucessivamente por duas leis de 1997 e por uma lei de 1998.

[262] http://www.fas.org/irp/world/rsa/act95_034.htm

[263] Cometidas entre 1 de Março de 1960 e 5 de Dezembro de 1993. Todavia a 13 de Dezembro de 1996, o Presidente Nelson Mandela anunciou o alargamento desse período até 10 de Maio de 1994, o que ficou fixado como lei, em 29 de Agosto de 1997, data da sua promulgação no Diário do Governo.

a actos associados com um objectivo político cometido no decurso dos conflitos do passado, durante o já referido período;
– de atribuir às vítimas uma oportunidade de relatarem as violações que sofreram;
– de tomar medidas destinadas a garantir a reparação, a reabilitação e restauração da dignidade humana e civil das vítimas de violações dos direitos humanos;
– de realizar um relatório a apresentar à Nação sobre tais violações e vítimas;
– de realizar recomendações direccionadas a prevenir o cometimento dessas violações massivas dos direitos humanos;
– e para cumprir os supra referidos propósitos criar uma Comissão para a Verdade e para a Reconciliação, um Comité sobre a Violação dos Direitos Humanos, um Comité da Amnistia e um Comité da Reparação e da Reabilitação;
– e como forma de lhes conferir certos poderes, atribuir-lhes determinadas funções e impor-lhes certos deveres,
– e fornecer-lhes os meios necessários para desenvolverem a sua actividade.

Uma vez que a Constituição da República da África do Sul de 1993 (lei n.º 200 de 1993), fornece uma ponte histórica entre o passado de uma sociedade profundamente dividida caracterizada pela discórdia, pelo conflito, pelo insondável sofrimento e injustiça, e um futuro fundado no reconhecimento dos direitos humanos, na democracia e coexistência pacífica e oportunidades de desenvolvimento para todos os sul-africanos, independentemente da cor, da raça, da classe, da crença religiosa e do sexo.

E uma vez que é julgado necessário estabelecer a verdade em relação aos eventos passados assim como os motivos e as circunstâncias em que as violações brutais dos direitos humanos ocorreram, e utilizar esses conhecimentos para prevenir a repetição de actos como esses no futuro;

E também porque a Constituição declara que o objectivo da unidade nacional, o bem-estar de todos os cidadãos sul-africanos e a paz, exige a reconciliação entre a população da África do Sul e a reconstrução da sociedade;

E uma vez que a Constituição declara que existe uma necessidade de compreender as razões, mas não de vingança, uma necessidade de reparação, mas não de retaliação, uma necessidade de ubuntu, mas não de vitimização;

E também porque a Constituição declara que a fim de se alcançar a reconciliação e reconstrução, deve ser garantida uma amnistia a respeito de actos, omissões e ofensas associadas a objectivos políticos e cometidas no decurso dos conflitos do passado;

E finalmente porque a Constituição prevê que o Parlamento deve, em respeito pela Constituição, adoptar uma lei determinando um data limite precisa, que será uma data localizada depois de 8 de Outubro de 1990 e antes da data limite prevista na Constituição, e que forneça os mecanismos, critérios e procedimentos, incluindo os tribunais, se existirem, através da qual será regulada, depois de aprovada, esta amnistia."

A Lei de Promoção da Unidade Nacional e da Reconciliação é uma lei muito extensa, com mais de 7 capítulos, pelo que iremos focar apenas os aspectos mais relevantes.

OBJECTIVOS DA C.V.R.

A CVR tem como objectivo "a promoção da unidade nacional e da reconciliação num espírito de entendimento que transcende os conflitos e as divisões do passado."

Para alcançar esse objectivo a CRV irá:

a) "Estabelecer um quadro tão completo quanto possível sobre as causas, a natureza e a extensão das violações massivas dos direitos humanos que foram cometidas durante o período compreendido entre 1 de Março de 1960 até à data prevista na Constituição, incluindo os antecedentes, circunstancias, factores e contextos dessas violações, assim como das perspectivas das vítimas e dos motivos e perspectivas das pessoas responsável pelo cometimento dessas violações, através da condução de investigações e audiências."

b) "Favorecendo a concessão de amnistia às pessoas que desvendem todos os factos relevantes relacionados a actos associados a um objectivo político e preencham os requisitos desta lei."

c) "Estabelecer e tornar público o destino ou a localização das vítimas e restaurar a dignidade civil e humana dessas vítimas através de lhes garantir uma oportunidade de contarem a sua visão das violações a que foram sujeitos, e pela recomendação de medidas de reparação" (pagamento de indemnizações);

d) "Organizar um relatório de onde constem as actividades e conclusões da Comissão relativas aos parágrafos a), b) e c), e que contenha recomendações sobre formas de evitar a violação futura de direitos humanos."

COMITÉS DA C.V.R.

Para alcançar estes objectivos a C.V.R. dispunha, como já foi referido, de três comités:

a) O Comité sobre a Violação dos Direitos Humanos[264], responsável, entre outras coisas, pelos assuntos relacionados com a investigação das violações massivas dos direitos humanos. Ou seja, era responsável pela investigação dos abusos ocorridos durante os anos de conflito. Estabelecia a identidade, o destino e o percurso de vida das vítimas, incluindo a natureza e a extensão do mal que sofreram e se esse mal foi consequência de um plano deliberado do Estado ou outra organização;

b) O Comité da Amnistia[265], que lidava com todos os assuntos relacionados com a amnistia. Enquanto o comité anterior lidava basicamente com as vítimas, este debruçava-se sobre os perpetradores. A sua função primária era assegurar que a aplicação da amnistia respeitava o acto constitutivo da C.V.R.;

c) O Comité para a Reparação e para a Reabilitação[266] lidaria com todos os assuntos relacionados com as reparações. Ou seja, uma vez identificadas, as vítimas eram referidas para este comité, sendo-lhes fornecido apoio psicológico, emocional, financeiro e materiais de apoio, assegurando que o processo na C.V.R. restaurasse a dignidade civil das vítimas. Este comité podia formular propostas de políticas e recomendações para a reabilitação e cura dos sobreviventes, suas famílias e para a própria comunidade;

d) Existia ainda uma unidade responsável pela investigação, bem como a possibilidade de serem constituídos subcomités.

FUNÇÕES DA COMISSÃO

A C.V.R., de forma a alcançar os seus objectivos tinha um vasto leque de funções, entre os quais destacamos:

---

[264] Regulado no Capítulo 3.
[265] Regulado no Capítulo 4.
[266] Regulado no Capítulo 5.

a) Facilitar e sempre que necessário iniciar ou coordenar inquéritos sobre:
   i. Violações massivas dos direitos humanos, incluindo violações que faziam parte de padrão sistemático de abusos;
   ii. A natureza, causas e extensão das violações massivas dos direitos humanos, incluindo os antecedentes, circunstâncias, factores, contexto, motivos e perspectivas que conduziram a essas violações;
   iii. A identificação de todas as pessoas, autoridades, instituições e organizações envolvidas nessas violações;
   iv. A questão sobre se essas violações eram resultado de um planeamento deliberado por parte do Estado ou de um para Estado ou algum dos seus órgãos, ou por alguma organização política, movimento de libertação ou outro grupo ou indivíduo;
   v. Responsabilização política ou outra por alguma violação desse tipo.
b) Facilitar, iniciar ou coordenar a recolha de informação e de provas de qualquer pessoa, incluindo pessoas que clamem ser vítimas de violações ou representantes dessas vítimas, estabelecendo a identidade das vítimas dessas violações, o seu destino ou presente localização e a natureza ou extensão do mal sofrido por essas vítimas;
c) Facilitar e promover a concessão de amnistia aos actos associados a objectivos políticos, através da recepção de pedidos das pessoas que queiram fazer uma declaração completa de todos os factos relevantes relacionados com esses actos, os pedidos de concessão de amnistia para aqueles actos, e transmissão desses pedidos ao Comité da Amnistia para a sua decisão e publicação concedendo a amnistia no jornal oficial;
d) Determinar que artigos foram destruídos por alguma pessoa com o objectivo de disfarçar a violação de direitos humanos ou actos associados a um objectivo político;
e) Preparar um relatório final que exponha a sua actividade e conclusões, baseado em informação factual e objectiva e nas provas recolhidas ou recebidas por ela ou postas à sua disposição;
f) Fazer recomendações ao Presidente relacionadas com:

i. A política que deve ser seguida ou medidas que devem ser tomadas de forma a garantir a reparação das vítimas ou a tomada de outras medidas direccionadas para a reabilitação e restauração da dignidade civil e humana das vítimas;
ii. Medidas que devem ser tomadas para garantir a urgente reparação às vítimas;

g) Fazer recomendações ao Ministro sobre o desenvolvimento de um programa de protecção de testemunhas para os objectivos desta lei;
h) Fazer recomendações ao Presidente em relação à criação de instituições que conduzam a uma sociedade estável e justa, bem como a tomada de medidas institucionais, administrativas e legislativas com o objectivo de prevenir o cometimento de violação dos direitos humanos.

Segundo o acto constitutivo da C.V.R. (Capítulo 4, em especial ponto 18 e seguintes) qualquer pessoa podia apelar à amnistia de qualquer acto, omissão ou ofensa associada a um objectivo político cometido entre 1 de Março de 1960 e 10 de Maio de 1994.

Aqueles a quem seria aplicada a amnistia não seriam mais perseguidos judicialmente. Para poder ser tomado em conta para a amnistia teriam que respeitar-se os seguintes critérios:

a) O acto ou omissão teria de estar associado com um objectivo político cometido do decurso do conflito passado;
b) O perpetrador teria de fazer uma retratação completa de todos os factos relevantes relacionados com o seu envolvimento no conflito;
c) O perpetrador deveria ter sido membro de uma organização política ou movimento de libertação ou empregado de uma reconhecida organização política do estado, que actuava com o objectivo dos seus deveres expressos ou implícitos;
d) Os actos ou omissões devem ter sido cometidos com referência a esses objectivos.

A ideia principal por detrás da implementação da C.V.R. foi a ideia da justiça restaurativa[267], levada a cabo sempre que justificada.

---

[267] Cfr. Maepa, Traggy, *The Truth and Reconciliation Commission as a model of restorative justice*, Beyond Retribution: Prospects for Restorative Justice in South Africa. Monograph no. 111, Pretoria, February 2005.

Como uma nação com um passado de conflito violento, foi necessário um olhar dedicado sobre o passado, como forma de construir um futuro positivo. Conceptualmente a C.V.R. estava em linha com todos os princípios e requisitos da justiça restaurativa, era uma tentativa para lidar com vítimas e ofensores do conflito, focando a atenção não só no conflito, mas também numa forma de trilhar caminhos que garantam a não repetição do conflito.

O processo de amnistia foi desenhado como forma de garantir que os agressores contassem a verdade e aceitassem a responsabilidade pelos seus actos.

A atenção da C.V.R. estava focada nas vítimas. No entanto, a implementação do processo pela C.V.R., principalmente depois do seu encerramento pelo governo, revelou um notável hiato entre as suas boas intenções e os seus resultados práticos.

A Comissão foi presidida pelo Arcebispo Desmond Tutu, tinha a sua sede na Cidade do Cabo e três dependências, uma em Joanesburgo, outra em Durban e outra em East London.

A sua primeira reunião realizou-se na Cidade do Cabo, em 16 de Dezembro de 1995, dia em que no país se comemora o Dia da Reconciliação. Todas as audiências efectuadas pela Comissão foram públicas (cerca de 2400), excepto nos casos considerados de interesse da justiça ou necessitando protecção pessoal, nos quais as audiências se realizaram a porta fechada.

A C.V.R. obteve informações detalhadas sobre mais de 20.000 alegadas violações dos direitos humanos, tendo ainda recebido cerca de 7046 pedidos de amnistia.

Deste número, foram concedidas 60 amnistias após a realização de audiências públicas e 79 após terem sido ouvidos em câmara fechada, enquanto que, por outro lado, tinham sido recusados 45 pedidos após a realização de audiências e outros 2574 ouvidos em câmara fechada.

O Presidente da República nomeou o Juiz H.E. Mall para presidir ao Comité para a Amnistia e o Juiz A.B.M Wilson para vice-presidente. Os outros membros do Comité eram o Juiz B.M. Ngoepe e S. Khampepe.

Existia também um fundo, o Fundo do Presidente, criado pela Lei da Promoção da Unidade Nacional e da Reconciliação, responsável pelo pagamento das indemnizações às vítimas.

POSFÁCIO

O livro que tenho o gosto de posfaciar resultou de um longo e aturado trabalho. Não se trata de um típico trabalho académico, elaborado na sequência de uma investigação específica sobre o tema, à guisa de uma tese de mestrado, mas de um trabalho que, sem descurar a investigação, foi desenvolvido praticamente durante o apoio jurídico prestado pelo autor aos deputados da Assembleia Nacional Popular da Guiné-Bissau. É certo que o autor procurou numa fase derradeira aprofundar alguns aspectos históricos e dogmáticos do tema e enriquecê-lo com apontamentos de Direito Comparado. Mas este labor não destruiu aquela matriz do trabalho, patenteada não só no estilo da narrativa da «I Parte», mas também nos diversos diplomas legais e outra documentação que figuram em anexo.

O tema não surgiu do acaso. Como se sabe, a amnistia é um instituto antiquíssimo, que conservou, no decurso da História, quatro características essenciais: releva de um acto de graça, de alcance geral, praticado por quem detém o poder de punir (um dos poderes próprios da soberania), tendo em vista o esquecimento, a «amnésia», de um mal cometido. Por outras palavras, o exercício soberano da graça tem um sentido indulgente e revela a intencionalidade própria de quem pretende apagar simbolicamente um acontecimento indesejável, cuja recordação perturba a convivência, como se nada se tivesse passado. A doutrina penal tem debatido – e debate ainda hoje – se há crimes não amnistiáveis; se o que se «esquece» na amnistia é o crime ou a consequência jurídica; se esse «esquecimento» é absoluto ou há aspectos do acontecimento passado que podem vir a ser considerados no futuro, nomeadamente para efeitos de reincidência; se a amnistia tem efeitos retroactivos ou apenas projecta efeitos para diante; se é geral ou individual quanto ao universo dos beneficiários, etc.

Este debate é sem dúvida importante para traçar os contornos do instituto, mas não deve fazer olvidar que o fundamento e alcance deste é essencialmente político e – o aditamento não é despiciendo – político-criminal. Na verdade, através da amnistia sempre se pretendeu, e pretende hoje ainda, atingir certas finalidades, quais sejam as de pacificação e reconciliação social. Por isso se ergue à adequação e efectividade da amnistia um limite insuperável: ela não deve ter por objecto crimes cujo esquecimento institucional possa provocar, com um grau de probabilidade razoável, sentimentos gerais de insegurança, de descrença ou de perda de confiança na vigência incólume dos bens e das normas jurídicas que os tutelam, sob pena de se auto-negar por via da negação das finalidades referidas. O exercício da graça deve ser tudo menos uma actividade gratuita, arbitrária e caprichosa. Como afirma RICOEUR, tal exercício procura restabelecer a vida da «polis» através do esquecimento da sedição, demonstrando que há situações em que é recomendável, se não mesmo necessário, «não esquecer de esquecer» (*La mémoire, l'histoire, l'oubli*, ed. Seuil, 2000, p.586 e s.)

Estes significados político (reinstituir a ordem e coesão sociais) e político-criminal (preservar os bens e as normas em torno dos quais se forja a identidade normativa da sociedade) torna a amnistia um instrumento útil para sanar ressentimentos causados por conflitos generalizados, designadamente de cariz político-militar. Correctamente utilizado na situação ele pode auxiliar à criação de um clima de reconciliação entre os contendores. Daí a relevância e a actualidade do tema em algumas zonas de África (e não só), que foram ou são atravessadas por essa espécie de conflitos, e daí também a importância do trabalho que agora conhece a luz dos escaparates. Uma palavra final para o autor, para o felicitar pelo modo como soube aproveitar o tempo de estadia na Guiné-Bissau, conciliando a docência universitária com uma actividade extra-curricular extremamente útil e meritória, e para o incentivar a desenvolver as qualidades que o presente trabalho revela.

Augusto Silva Dias

BIBLIOGRAFIA

- AAVV, *Código Penal Anotado Guineense*, edição do Centro de Estudos e Apoio às Reformas Legislativas da Faculdade de Direito de Bissau, Ordem dos Advogados da Guiné-Bissau e TIPS/USAID – Projecto de Apoio ao Comércio e Investimentos, Bissau, 1997.
- AAVV, *Lei da Amnistia Anotada*, Lisboa, Vislis Editores, 1999.
- Acórdão do Plenário do Tribunal Constitucional n.° 510/98 de 14 de Julho de 1998, sendo seu relator o Senhor Doutor Juiz Conselheiro Sousa e Brito.
- AGUILAR, Francisco, *Amnistia e Constituição*, Livraria Almedina, Coimbra, Março de 2004.
- ASCENSÃO, José de Oliveira, *O Direito – Introdução e Teoria Geral*, 13.ª Edição – Refundida, Reimpressão da edição de Março/2005, Coimbra, Almedina, Novembro de 2006.
- BELEZA, Teresa Pizarro, *Direito Penal*, Reimpressão, Lisboa, AAFDL, 2003, 2.° Volume.
- CANOTILHO, J. J. Gomes e MOREIRA, Vital, *Constituição da República Portuguesa Anotada*, Coimbra, Coimbra Editor, 1978.
- CANOTILHO, J. J. Gomes e MOREIRA, Vital, *Constituição da República Portuguesa Anotada*, 2.ª Edição, revista e ampliada, Coimbra, Coimbra Editor, 1985, 2.° Volume.
- CANOTILHO, Mariana e PINTO, Ana Luísa, *As Medidas de Clemência na Ordem Jurídica Portuguesa*, Separata de Estudos em Memória do Conselheiro Luís Nunes de Almeida, Coimbra, Coimbra Editora, 2007.
- Código Penal, *Actas e Projectos da Comissão de Revisão*, 1993.
- CONAN, Matthieu, *Amnistie présidentielle et tradition*, Revue du Droit Public – n.° 5, 2001.
- CORREIA, Eduardo e CARVALHO, Américo Taipa de, *Direito Criminal – Lições ao Curso Complementar de Ciências Jurídicas da Faculdade de Direito de Coimbra*, Coimbra, 1980.
- COSTA, Almeida, *O Registo Criminal – História. Direito Comparado. Análise político--criminal do instituto*, Separata do volume XXVII do Suplemento ao Boletim da Faculdade de Direito da Universidade de Coimbra, Coimbra, 1985.
- DESPORTES, Frédéric, LE GUNEHEC, Francis, *Droit Pénal Général*, Douzième édition, Ed. Economica, 2005.
- FIGUEIREDO DIAS, Jorge de, *Direito Penal – Parte Geral – Questões Fundamentais – A Doutrina Geral do Crime,* 2.ª Edição, Coimbra, Coimbra Editores, Tomo I.
- FIGUEIREDO DIAS, Jorge de, *Direito Penal Português, Parte Geral II, As Consequências Jurídicas do Crime*, Lisboa, Editorial Notícias, 1993.
- FIGUEROA, Jorge Mera, *El Decreto Ley de Amnistia y los Derechos Humanos*, texto correspondente à conferência apresentada na Escola de Direito da Universidade Diego Portales em 18 de Outubro de 1994.

- GEMMA, Gladio, *Procedura di approvazione della legge di amnistia ed indulto: proposta di una lettura controcorrente dell'art. 79 della Costituzione*, Diritto e societá, Nuova Serie, n.° 1, 1999.
- JENNIFER LLEWELLYN, *Just Amnesty and Private International Law*, Torture as Tort: Comparative Perspectives on the Development of Transnational Human Rights Litigation, edited by Craig Scott, Oxford, Hart Publishing, 2001.
- MAEPA, Traggy, *The Truth and Reconciliation Commission as a model of restorative justice*, Beyond Retribution: Prospects for Restorative Justice in South Africa, Monograph no. 111, Pretoria, February 2005.
- MARXEN, Klaus, *Rechtliche Grenzen der Amnestie*, Heidelberg, 1984.
- MEREDITH, Martin, *The Fate of Africa: A History of Fifty Years of Independence*, United States of America, PublicAffairs, 2005.
- MIRANDA, Jorge, e MEDEIROS, Rui, *Constituição Portuguesa Anotada*, Coimbra, Coimbra Editora, 2006, Tomo II.
- NAGY, Rosemary, *Violence, Amnesty and Transitional Law: "Private" Acts and "Public" Truth in South África,* African Journal of Legal Studies, African Law Institue, 2004.
- NAUALMA, Daba, *A Amnistia na Constituição da República da Guiné-Bissau*, Relatório do Curso de Doutoramento em Ciências Jurídico-Políticas (Direitos Fundamentais), Setembro de 2005.
- NEEL, Brigitte, *Pour une defense de l'amnistie*, Mélanges Patrice Gélard: Droit constitutionnel, Paris, Montchrestien, 2000.
- NOGUEIRA ALCALA, Humberto, *Decreto Ley de Amnistia 2.191 de 1978 e su Armonización com o Direito Internacional e o Direito Internacional dos Direitos Humanos*, Revista Derecho (Valdivia), 2005, Vol.18, n.° 2.
- OSITA AGBU, *West Africa's trouble Spots and the Imperative for Peace-Building*, Monograph Series, 2006.
- PALMA CARLOS, Manuel João da, *Código Penal Português – Actualizado e Anotado*, "Procural" Enciclopédia Jurídica, Lisboa, 1939.
- PORTO, João Gomes, *Desafios da Paz em Angola*, Revista Focus, Sobre Armas de Pequeno Porte em África, n.° 2, Junho de 2002.
- PUURUNEN, Tapio, *The Committee on Amnesty of the Truth and Reconciliation Commission of South Africa*, Helsinki, Forum Iuris, 2000.
- Relatório da Agencia das Nações Unidas para os Refugiados, feito em Sarajevo em 19 de Março de 1998, intitulado "*Leis de Amnistia na Bósnia e Herzegovina*".
- RODRIGUES, Alexandre Reis e SANTOS, Américo da Silva, *Bissau em Chamas – Junho de 1998*, Casa das Letras, 2007.
- SERRÃO PATRÍCIO, Rui Filipe Serra, *Um discurso sobre a amnistia no Sistema Penal*, Revista Jurídica n.° 23, Lisboa, AAFDL, 1999.
- SILVA, Artur Augusto da, *Usos e Costumes Jurídicos dos Mandingas, Centro de Estudos da Guiné Portuguesa, n.° 23*, Bissau, 1969.
- VALLE, Carlos Pérez del, *Amnistía, constitución y justicia material*, Revista Española de Derecho Constitucional, Ano 21, n.° 61, 2001.
- YOUNÈS ALAMI e ALI AMAR, Le Monde diplomatique, *Uma reconciliação muito frágil em Marrocos*, Abril 2005.

II PARTE

ACORDO E ANEXO AO ACORDO ENTRE O GOVERNO PORTUGUÊS E O PARTIDO AFRICANO DA INDEPENDÊNCIA DA GUINÉ E CABO VERDE

Acordo entre o Governo Português e o Partido Africano da Independência da Guiné e Cabo Verde[268]

Reunidos em Argel aos vinte e seis dias do mês de Agosto de mil novecentos e setenta e quatro, as Delegações do Governo Português e do Comité Executivo da Luta do Partido Africano da Independência da Guiné e Cabo Verde (PAIGC), na sequência de negociações bilaterais anteriormente realizadas, em ambiente de grande cordialidade, em Londres e Argel, acordam o seguinte:

ARTIGO 1.º

O reconhecimento *de jure* da República da Guiné-Bissau, como estado Soberano, pelo Estado Português, terá lugar no dia dez de Setembro de mil novecentos e setenta e quatro.

ARTIGO 2.º

Com a assinatura deste Protocolo de acordo o cessar-fogo mutuamente observado de facto em todo o território da República da Guiné-Bissau pelas forças de terra, mar e ar das duas partes converte-se automaticamente em cessar-fogo *de jure*.

ARTIGO 3.º

A retracção do dispositivo militar português e a saída progressiva para Portugal das forças armadas portuguesas continuarão a processar-se de acordo com o

---

[268] Feito e assinado em Argel, em 26 de Agosto de 1974. Publicado no Boletim Oficial n.º 3 de 18 de Janeiro de 1975.

estabelecido no Anexo a este Protocolo, devendo essa saída estar concluída até ao dia trinta e um de Outubro de mil novecentos e setenta e quatro.

ARTIGO 4.º

O Estado Português e a República da Guiné-Bissau comprometem-se a estabelecer e a desenvolver relações de cooperação activa, nomeadamente nos domínios económico, financeiro, cultural e técnico, numa base de independência, respeito mútuo, igualdade e reciprocidade de interesses e de relações harmoniosas entre os cidadãos das duas Repúblicas.

ARTIGO 5.º

Com este fim, e depois do acto de reconhecimento *de jure* da República da Guiné-Bissau pelo Estado Português, os dois estados estabelecerão entre si relações diplomáticas ao nível de embaixador, comprometendo-se a celebrar, no mais curto prazo, acordos bilaterais de amizade e de cooperação nos diferentes domínios.

ARTIGO 6.º

O Governo Português reafirma o direito do povo de Cabo-Verde à autodeterminação e independência e garante a efectivação desses direito de acordo com as resoluções pertinentes nas Nações Unidas, tendo também em conta a vontade expressa da Organização da Unidade Africana.

ARTIGO 7.º

O Governo Português e o PAIGC consideram que o acesso de Cabo-Verde à independência, no quadro geral da descolonização dos territórios africanos sob dominação portuguesa, constitui factor necessário para uma paz duradoura e uma cooperação sincera entre a República Portuguesa e a República da Guiné-Bissau.

ARTIGO 8.º

Lembrando a resolução do Conselho de Segurança que recomenda a admissão da República da Guiné-Bissau na ONU, a Delegação do PAIGC regista com satisfação os esforços diplomáticos significativos feitos nessa ocasião pelo Governo Português, os quais estão em perfeita harmonia com o espírito de boa vontade que anima ambas as partes.

ARTIGO 9.º

As duas delegações exprimem a sua satisfação por terem podido levar a bom termo as negociações que tornaram possível o fim da guerra, de foi responsável o deposto regime português, e abriram perspectivas para uma frutuosa e fraterna cooperação activa entre os respectivos Países e Povos.

Feito e assinado em Argel, em dois exemplares em língua portuguesa, aos vinte e seis dias do mês de Agosto do ano de mil novecentos e setenta e quatro.

A Delegação do Comité Executivo da Luta (CEL) do PAIGC:

Pedro Pires, membro do CEL, comandante.
Umarú Djalo, membro do CEL, comandante.
José Araújo, membro do CEL.
Otto Schacht, membro do CEL.
Lúcio Soares, membro do CEL, comandante.
Luís Oliveira Sanca, embaixador.

A Delegação do Governo Português;

Mário Soares, Ministro dos Negócios Estrangeiros.
António de Almeida Santos, Ministro da Coordenação Interterritorial.
Vicente Almeida d'Eça, capitão-de-mar-e-guerra.
Hugo Manuel Rodrigues Santos, major de infantaria.

Anexo ao Acordo entre o Governo Português e o Partido Africano da Independência da Guiné e Cabo Verde[269]

O presente Anexo destina-se a regular, por livre e mútuo acordo entre o Governo Português e o PAIGC, a forma de coexistência transitória das forças armadas de Portugal e da República da Guiné-Bissau, no território da Guiné--Bissau, no período que mediar entre o início do cessar-fogo *de jure* a que se refere o Protocolo de Acordo assinado em vinte e seis de Agosto de mil novecentos e setenta e quatro e a saída das forças armadas portuguesas do referido território, que se completará até trinta e um de Outubro de mil novecentos e setenta e quatro.

1.º

A presença das forças armadas portuguesas apenas se justifica a título transitório, em ordem a permitir a Portugal uma retracção e saída ordenadas dos seus dispositivos e a facilitar a transmissão gradativa dos serviços de administração nas zonas ocupadas por aquelas forças, sem quebra da continuidade do seu funcionamento.

2.º

A retracção do dispositivo das forças armadas portuguesas continuará a processar-se progressiva e gradualmente do interior para o mar, segundo um escalonamento a estabelecer por acordo mútuo, que tome em conta o interesse de ambas as partes e os meios materiais disponíveis, por forma que as ultimas zonas de reagrupamento das forças armadas portuguesas sejam a povoação do Cumeré e as ilhas de Bolama, Caravela e Bissau. Salvo motivo de força maior reconhecido como tal por ambas as partes, esta retracção será efectuada até dez de Setembro de mil novecentos e setenta e quatro.

---

[269] Feito e assinado em Argel, em 26 de Agosto de 1974. Publicado no Boletim Oficial n.º 3 de 18 de Janeiro de 1975.

3.º

As zonas de reagrupamento transitório das forças armadas portuguesas, nos termos de número anterior, continuarão sob o controle militar das autoridades portuguesas. Nessas zonas continuará a ser hasteada a bandeira portuguesa até ao termo da presença dessas forças.

4.º

A residência do comandante-chefe das Forças Armadas Portuguesas e representante do Governo Português será o palácio residencial de Bissau até ao termo da permanência das forças armadas portuguesas na área da ilha do mesmo nome.

5.º

Até ao termo da permanência das forças armadas portuguesas em Bissau, a República da Guiné-Bissau manterá nessa zona de reagrupamento um efectivo, em princípio, de cerca de trezentos homens das forças armadas da República da Guiné-Bissau que, isolada ou conjuntamente com as forças armadas portuguesas, neste caso em patrulhamentos mistos, participará na manutenção da ordem pública, segundo normas a estabelecer por acordo.

6.º

Mantém-se a livre circulação de pessoas e viaturas militares, nas e entre as zonas de reagrupamento mencionadas neste Anexo, desde que não armadas e acompanhadas dos respectivos documentos de identificação, que lhes poderão ser exigidos pelas autoridades em serviço.

7.º

Sempre que a natureza de materiais ou reabastecimentos a transportar exija especiais medidas de segurança, serão os mesmos acompanhados por elementos armados, segundo normas de procedimento a estabelecer por acordo das duas partes.

8.º

Nas vias fluviais e marítimas manter-se-á igualmente a livre navegação de unidades militares, na extensão necessária ao apoio logístico, retracção do dispositivo e saída das forças armadas portuguesas.

9.º

Sempre que no transporte fluvial ou marítimo, para fins idênticos aos referidos no número anterior, sejam utilizadas embarcações civis, aplicar-se-á o disposto no n.º 7.º.

10.º

Por razões de segurança contra infiltrações vindas do mar, as unidades navais portuguesas poderão patrulhar livremente os acessos às ilhas de Bissau, Bolama e caravela, o arquipélago dos Bijagós e as aproximações oceânicas.

11.º

A circulação de aeronaves não armadas, em missão de reabastecimento e transporte, processar-se-á livremente nas e entre as zonas de reagrupamento das forças armadas portuguesas.

12.º

Ficam igualmente autorizados os voos de reconhecimento no espaço aéreo das ilhas de Bissau e Bolama, do arquipélago dos Bijagós e da fronteira marítima.

13.º

Ficam interditos voos em grupos de mais de três aeronaves.

14.º

A República da Guiné-Bissau obriga-se a neutralizar os seus meios antiaéreos susceptíveis de afectar a circulação aérea prevista nos n.ºs 11.º e 12.º.

15.º

O julgamento e a punição das infracções cometidas por militares portugueses nas zonas de reagrupamento das forças armadas portuguesas, ou fora dessas zonas, se neste caso não atingirem interesses legítimos da República da Guiné-Bissau, ficam sujeitos à jurisdição da autoridade militar portuguesa.

16.º

Os aquartelamentos das forças armadas portuguesas situadas fora das ilhas de Bissau, Bolama e caravela serão circundadas por uma área de três quilómetros de profundidade, por seu turno circundada por uma zona tampão com dois quilómetros de profundidade, em que nenhuma das partes poderá desenvolver quaisquer actividades militares, sendo que esta restrição não abrangerá a satisfação das necessidades de abastecimento de água e lenha das forças ali estacionadas.

17.º

As forças armadas portuguesas obrigam-se a desarmar as tropas africanas sob o seu controle. A República da Guiné-Bissau prestará toda a colaboração necessária para esse efeito.

18.º

Uma comissão mista coordenará a acção das duas partes e vigiará pela correcta e pontual aplicação do disposto no presente Anexo, dando-lhe ainda a sua interpretação e a integração das suas lacunas, e o julgamento das eventuais infracções ao que nele se dispõe, com a correspondente imputação de responsabilidades.

19.º

A Comissão Mista funcionará em Bissau, será constituída por seis membros, dos quais cada uma das partes designará três, e entrará em funções nas quarenta e oito horas que se seguirem à assinatura do Protocolo de Acordo de que este instrumento constitui anexo.

20.º

A Comissão Mista funcionará validamente desde que esteja presente ou representado um mínimo de dois membros de cada parte e as suas deliberações serão tomadas por unanimidade dos votos dos membros presentes e representados.

21.º

Os membros da Comissão Mista só poderão ser representados por outro membro pertencente à mesma parte e o mandato deverá constar de carta simples assinada pelo mandante.

22.º

Em caso de falta de unanimidade, o assunto sobre que se não fez vencimento, será sujeito aos governos de cada parte para decisão por acordo ou por arbitragem na falta de acordo.

23.º

Na sua primeira reunião, ou em qualquer das reuniões subsequentes, a Comissão Mista regulamentará o seu funcionamento. Em caso de necessidade, poderá ainda constituir subcomissões para assuntos determinados, em que delegue, no todo ou em parte, os respectivos poderes, as quais se regerão pelas mesmas regras da comissão delegante.

24.º

A delegação do PAIGC regista a declaração do Governo Português de que pagará todos os vencimentos até trinta e um de Dezembro de mil novecentos e setenta e quatro dos cidadãos da República da Guiné-Bissau que desmobilizar das suas forças militares ou militarizadas, bem como aos civis cujos serviços às forças armadas portuguesas sejam dispensados.

25.º

O Governo Português pagará ainda as pensões de sangue, de invalidez e de reforma a que tenham direito quaisquer cidadãos da República da Guiné-Bissau por motivo de serviços prestados às forças armadas portuguesas.

26.º

O Governo Português participará num plano de reintegração na vida civil dos cidadãos da República da Guiné-Bissau que prestem serviço militar nas forças armadas portuguesas e, em especial, dos graduados das companhias e comandos africanos.

27.º

No prazo máximo de quinze dias, a contar do início do cessar-fogo *de jure*, cada uma das partes entregará à outra todos os prisioneiros de guerra em seu poder.

28.º

O presente anexo entra em vigor ao mesmo tempo que o Protocolo de Acordo de que faz parte integrante.

Feito e assinado em Argel, em dois exemplares em língua portuguesa, aos vinte e seis dias do mês de Agosto de mil novecentos e setenta e quatro.

A Delegação do Comité Executivo da Luta (CEL) do PAIGC:

Pedro Pires, membro do CEL, comandante.
Umarú Djalo, membro do CEL, comandante.
José Araújo, membro do CEL.
Lúcio Soares, membro do CEL, comandante.
Luís Oliveira Sanca, embaixador.
Otto Schacht, membro do CEL.

A Delegação do Governo Português;

Mário Soares, Ministro dos Negócios Estrangeiros.
António de Almeida Santos, Ministro da Coordenação Interterritorial.
Vicente Almeida d'Eça, capitão-de-mar-e-guerra.
Hugo Manuel Rodrigues Santos, major de infantaria.

LEI N.º 1/73 DE 24 DE SETEMBRO DE 1973[270]

Considerando os termos da Proclamação histórica feita nesta data e de que resultou o nascimento do Estado soberano da Guiné-Bissau;

Considerando a necessidade de se evitar o vazio jurídico que resultaria de uma revogação total da legislação herdada do colonialismo;

Considerando a necessidade de salvaguarda da soberania nacional e de defesa intransigente dos valores que inspiram e orientam a luta de libertação nacional:

A Assembleia Nacional Popular reunida nesta data na Região do Boé, no exercício das atribuições e competências que lhe conferem os artigos 28.º e seguintes da Constituição, determina:

ARTIGO 1.º

A legislação portuguesa em vigor à data da Proclamação do Estado soberano da Guiné-Bissau mantém a sua vigência em tudo o que não for contrário à soberania nacional, à Constituição da república, às suas leis ordinárias e aos princípios e objectivos do Partido Africano da Independência da Guiné e Cabo Verde (P.A.I.G.C.).

ARTIGO 2.º

Esta lei entra imediatamente em vigor.

Boé, 24 de Setembro de 1973. – A Assembleia Nacional Popular.

---

[270] Publicada no Boletim Oficial n.º 1 de 4 de Janeiro de 1975.

FUNDAMENTAÇÃO JURÍDICO-CONSTITUCIONAL DAS AMNISTIAS

Constituição da República da Guiné-Bissau (1973)[271]

(...)

CAPÍTULO III
O Conselho de Estado

ARTIGO 36.º

Compete ao Conselho de Estado exercer, entre as sessões da Assembleia Nacional Popular, as funções que lhe são atribuídas pelas leis e resoluções da própria Assembleia. Ele é responsável perante a Assembleia Nacional Popular.

ARTIGO 37.º

O Conselho de Estado é composto de quinze membros cujo mandato é de 3 anos, eleitos, de entre os deputados, pela Assembleia Nacional Popular, na primeira sessão da sua legislatura.

ARTIGO 38.º

O Conselho de Estado elege o seu Presidente, um Vice-Presidente e um Secretário.

---

[271] Aprovada por unanimidade pela Assembleia Nacional Popular, reunida na sua primeira sessão no Boé, a 24 de Setembro de 1973, publicada no Boletim Oficial n.º 1 de 4 de Janeiro de 1975.

ARTIGO 39.º

O Presidente do Conselho de Estado representa o Estado nas relações internacionais. Ele é o Comandante Supremo das Forças Armadas Revolucionárias do Povo (F.A.R.P.).

ARTIGO 40.º

São atribuições do Conselho de Estado:

1. Defender a Constituição do Estado;
2. Organizar referendos populares;
3. Ratificar os tratados e as convenções internacionais;
4. Declarar a guerra e fazer a paz;
5. Fixar a interpretação das leis constitucionais e ordinárias;
6. Fixar a data das eleições dos deputados à Assembleia Nacional Popular;
7. Convocar a Assembleia Nacional Popular, abrir e encerrar as suas sessões ordinárias;
8. Promulgar as leis e resoluções da assembleia Nacional Popular;
9. Nomear e demitir, sob proposta do seu Presidente, os Comissários de Estado;
10. Receber as credenciais dos representantes estrangeiros;
11. Nomear e demitir os representantes do Estado no estrangeiro;
12. Conceder as condecorações do Estado;
13. Amnistiar, perdoar e comutar as penas.

ARTIGO 41.º

No exercício das suas atribuições o Conselho de Estado adopta Decisões com força de lei.

ARTIGO 42.º

O Presidente do Conselho de Estado é obrigado a dirigir à Assembleia Nacional Popular mensagens sobre a situação do Estado e sobre questões políticas importantes.

ARTIGO 43.º

O Presidente do Conselho de Estado tem o direito de assistir e de presidir ás reuniões do Conselho dos Comissários de Estado, de exigir relatórios dos seus membros e de discutir com eles todas as questões das suas atribuições e competências.

(...)

Lei n.º 1/80 de 15 de Novembro[272]

Depois dos acontecimentos do 14 de Novembro do qual nasceu o Conselho da Revolução, como Órgão máximo para orientar os destinos do Estado e da Nação, os poderes que detinham a Assembleia Nacional Popular, o Conselho de Estado e Conselho de Comissários de Estado devem ser imediatamente assumidos pelo dito Conselho da Revolução.

Assim, o Conselho da Revolução decide, para fazer valer como lei constitucional, o seguinte:

ARTIGO 1.º

É destituído de todas as suas funções o Presidente do Conselho de Estado, Luís Severino de Almeida Cabral.

ARTIGO 2.º

São dissolvidos a Assembleia Nacional Popular e o Conselho de Estado.

ARTIGO 3.º

É extinto o Conselho dos Comissários de Estado.

ARTIGO 4.º

Todos os poderes atribuídos aos Órgãos referidos nos artigos anteriores passam a ser exercidos pelo Conselho da Revolução.

ARTIGO 5.º

Este diploma entra imediatamente em vigor.

---

[272] Publicada no Boletim Oficial n.º 46 de 15 de Novembro de 1980.

Visto e aprovado pelo Conselho da Revolução aos 15 de Novembro de 1980.

Publique-se.

O Presidente do Conselho da Revolução, *João Bernardo Vieira*, Comandante de Brigada.

Constituição da República da Guiné-Bissau (1984)[273]

(...)

CAPÍTULO I
Da Assembleia Nacional Popular

ARTIGO 56.º

Compete à Assembleia Nacional Popular:

(...)

12. Conceder amnistias.

(...)

CAPÍTULO II
Do Conselho de Estado

ARTIGO 62.º

1. O Conselho de Estado é o órgão da Assembleia Nacional Popular que, entre as sessões legislativas, assume a sua competência, executa as suas decisões e exerce as funções que lhe são atribuídas pela presente Constituição e pelas leis.

2. O Conselho de Estado é responsável perante a Assembleia Nacional Popular a quem presta contas de todas as suas actividades.

(...)

---

[273] Aprovada e promulgada em 16 de Maio de 1984, publicado no Suplemento ao Boletim Oficial n.º 19 de 16 de Maio de 1984.

ARTIGO 64.º

1. São atribuições do Conselho de Estado:

(…)

k) Indultar e comutar penas;

(…)

2. As decisões do Conselho de Estado assumem a forma de decretos-leis, moções e resoluções.

(…)

Lei Constitucional n.º 1/91[274]

(...)

CAPÍTULO I
Da Assembleia Nacional Popular

ARTIGO 56.º

Compete à Assembleia Nacional Popular:

(...)

12. Conceder amnistias.

(...)

CAPÍTULO II
Do Conselho de Estado

ARTIGO 62.º

1. O Conselho de Estado é órgão da Assembleia Nacional Popular que, entre as sessões legislativas, assume a sua competência, executa as suas decisões e exerce as funções que lhe são atribuídas pela presente Constituição e pelas leis.

---

[274] Lei que procede à alteração da Constituição nos termos que indica. Publicada no Boletim Oficial n.º 18 de 9 de Maio de 1991.

A Lei Constitucional n.º 2/91 alterou alguns artigos da Constituição da República, tendo sido publicada no Boletim Oficial n.º 48 de 6 de Dezembro de 1991. Os artigos alterados não foram reproduzidos por não se relacionarem directamente com matéria em causa.

2. O Conselho de Estado é responsável perante a Assembleia Nacional Popular a quem presta conta de todas as suas actividades.

ARTIGO 63.°

1. O Conselho de Estado é composto de quinze membros eleitos, de entre os deputados, pela Assembleia Nacional Popular, na primeira sessão de cada legislatura.
2. De entre os membros eleitos do Conselho de Estado a Assembleia Nacional Popular elege o Presidente do Conselho de Estado.
3. Na sua primeira reunião o Conselho de Estado elege dois Vice-Presidentes e um Secretário.

ARTIGO 64.°

1. São atribuições do Conselho de Estado:
a) Defender a Constituição da República;
b) Organizar os referendos populares decididos pela Assembleia Nacional Popular;
c) Convocar extraordinariamente a Assembleia Nacional Popular sempre que razões imperiosas de interesse público o justifiquem;
d) Fixar a data das eleições para os Conselhos Regionais e a Assembleia Nacional Popular;
e) Fixar a interpretação das leis constitucionais e ordinárias;
f) Declarar o estado de sítio e de emergência;
g) Criar e extinguir Ministérios e Secretarias de Estado sob proposta do seu Presidente;
h) Suspender as decisões do Conselho de Ministros e as resoluções dos Conselhos regionais que contrariem a Constituição e as Leis ou afectem os interesses de outras regiões ou os interesses nacionais, e submeter a questão à apreciação da assembleia nacional Popular na sua primeira sessão;
i) Anular as Decisões e Actos dos Comités de Estado e demais órgãos do poder local que contrariem a Constituição, as leis, decretos-leis, decretos e demais decisões de qualquer órgão hierarquicamente superior aos mesmos, ou que afectem os interesses de outras áreas ou interesses nacionais;
j) Ratificar e denunciar os tratados e convenções internacionais;
k) Indultar e comutar penas;
l) Aprovar o seu Regulamento;

m) Todas as demais funções que lhe forem conferidas pela Constituição, pelas leis ou pela Assembleia Nacional Popular.

2. As decisões do Conselho de estado assumem a forma de decretos-leis, moções e resoluções.

(...)

**Constituição da República da Guiné-Bissau
(actualmente em vigor)**[275]

(...)

TÍTULO I
Princípios Fundamentais – da Natureza e Fundamentos do Estado

(...)

ARTIGO 8.º

1. O Estado subordina-se à Constituição e baseia-se na legalidade democrática.

2. A validade das leis e dos demais actos do estado e do poder local depende da sua conformidade com a Constituição.

ARTIGO 9.º

A República da Guiné-Bissau exerce a sua soberania:

1) Sobre todo o território nacional, que compreende:

a) A superfície emersa compreendida nos limites das fronteiras nacionais;
b) O mar interior e o mar territorial definidos na lei, assim como os respectivos leitos e subsolos;

---

[275] Constituição aprovada a 16 de Maio de 1984 (alterada pela Lei Constitucional n.º 1/91, de 9 de Maio, Suplemento ao Boletim Oficial n.º 18, de 9 de Maio de 1991, pela Lei Constitucional n.º 2/91, de 4 de Dezembro de 1991, Suplemento ao B.O, n.º 48, de 4 de Dezembro de 1991 e 3.º Suplemento ao B.O. n.º 48, de 6 de Dezembro de 1991, pela Lei Constitucional 1/93, de 21 de Fevereiro, 2.º Suplemento ao B.O. n.º 8 de 21 de Fevereiro de 1993, pela Lei Constitucional n.º 1/95, de 1 de Dezembro, Suplemento ao B.O. n.º 49 de 4 de Dezembro de 1995 e pela Lei Constitucional n.º 1/96, B.O. n.º 50 de 16 de Dezembro de 1996).

c) O espaço aéreo supra jacente aos espaços geográficos referidos nas alíneas anteriores;

2) Sobre todos os recursos naturais vivos, que se encontrem no seu território.

(…)

ARTIGO 18.º

1. A República da Guiné-Bissau estabelece e desenvolve relações com outros países na base do direito internacional, dos princípios da independência nacional, da igualdade entre os Estados, da não ingerência nos assuntos internos e da reciprocidade de vantagens, da coexistência pacífica e do não alinhamento.

2. A República da Guiné-Bissau defende o direito dos povos à autodeterminação e à independência, apoia a luta dos povos contra o colonialismo, o imperialismo, o racismo e todas as demais formas de opressão e exploração, preconiza a solução pacífica dos conflitos internacionais e participa nos esforços tendentes a assegurar a paz e a justiça nas relações entre os Estados e o estabelecimento da nova ordem económica internacional.

3. Sem prejuízo das conquistas alcançadas através da luta de libertação nacional, a República da Guiné-Bissau participa nos esforços que realizam os Estados africanos, na base regional continental, em ordem à concretização do princípio da unidade africana.

(…)

ARTIGO 21.º

1. As forças de segurança têm por funções defender a legalidade democrática e garantir a segurança interna e os direitos dos cidadãos e são apartidárias, não podendo os seus elementos, no activo, exercer qualquer actividade política.

2. As medidas de polícia são só as previstas na lei, não devendo ser utilizadas para além do estritamente necessário.

3. A prevenção dos crimes, incluindo a dos crimes contra a segurança do Estado, só se pode fazer com observância das regras previstas na lei e com respeito pelos direitos, liberdades e garantias dos cidadãos.

(…)

TÍTULO II
Dos Direitos, Liberdades, Garantias e Deveres Fundamentais

ARTIGO 24.º

Todos os cidadãos são iguais perante a lei, gozam dos mesmos direitos e estão sujeitos aos mesmos deveres, sem distinção de raça, sexo, nível social, intelectual ou cultural, crença religiosa ou convicção filosófica.

ARTIGO 25.º

O homem e a mulher são iguais perante a lei em todos os domínios da vida política, económica, social e cultural.

ARTIGO 26.º

1. O Estado reconhece a constituição da família e assegura a sua protecção.
2. Os filhos são iguais perante a lei, independentemente do estado civil dos progenitores.
3. Os cônjuges têm iguais direitos e deveres quanto à capacidade civil e política e à manutenção e educação dos filhos.

ARTIGO 27.º

1. Todo o cidadão nacional que resida ou se encontre no estrangeiro goza dos mesmos direitos e está sujeito aos mesmos deveres que os demais cidadãos, salvo no que seja incompatível com a sua ausência do País.
2. Os cidadãos residentes no estrangeiro gozam do cuidado e da protecção do Estado.

ARTIGO 28.º

1. Os estrangeiros, na base da reciprocidade, e os apátridas, que residam ou se encontrem na Guiné-Bissau, gozam dos mesmos direitos e estão sujeitos aos mesmos deveres que o cidadão guineense, excepto no que se refere aos direitos políticos, ao exercício de funções públicas e aos demais direitos e deveres expressamente reservados por lei ao cidadão nacional.
2. O exercício de funções públicas só poderá ser permitido aos estrangeiros desde que tenham carácter predominantemente técnico, salvo acordo ou convenção internacional.

ARTIGO 29.º

1. Os direitos fundamentais consagrados na Constituição não excluem quaisquer outros constantes das demais leis da República e das regras aplicáveis de direito internacional.

2. Os preceitos constitucionais e legais relativos aos direitos fundamentais devem ser interpretados de harmonia com a Declaração Universal dos Direitos do Homem.

ARTIGO 30.º

1. Os preceitos constitucionais respeitantes aos direitos, liberdades e garantias são directamente aplicáveis e vinculam as entidades públicas e privadas.

2. O exercício dos direitos, liberdades e garantias fundamentais só poderá ser suspenso ou limitado em caso de estado de emergência, declarados nos termos da Constituição e da lei.

3. As leis restritivas de direitos, liberdades e garantias têm carácter geral e abstracto, devem limitar-se ao necessário para salvaguardar outros direitos ou interesses constitucionalmente protegidos e não podem ter efeitos retroactivos, nem diminuir o conteúdo essencial dos direitos.

ARTIGO 31.º

1. O estado de sítio ou o estado de emergência só podem ser declarados, no todo ou em parte do território nacional, nos casos de agressão efectiva ou eminente por forças estrangeiras, de grave ameaça ou perturbação da ordem constitucional democrática ou de calamidade política.

2. A declaração do estado de sítio em caso algum pode afectar os direitos à vida, à integridade pessoal e à identidade pessoal, a capacidade civil e a cidadania, a não retroactividade da lei penal, o direito de defesa dos arguidos e a liberdade de consciência e de religião.

3. A declaração do estado de emergência apenas pode determinar a suspensão parcial dos direitos, liberdades e garantias.

ARTIGO 32.º

Todo o cidadão tem o direito de recorrer aos órgãos jurisdicionais contra os actos que violem os seus direitos reconhecidos pela Constituição e pela lei, não podendo a justiça ser denegada por insuficiência de meios económicos.

ARTIGO 33.º

O Estado e as demais entidades públicas são civilmente responsáveis, de forma solidária com os titulares dos seus órgãos, funcionário ou agentes, por acções ou omissões praticadas no exercício das suas funções, e por causa desse exercício, de que resulte violação dos direitos, liberdades e garantias, ou prejuízo para outrem.

ARTIGO 34.º

Todos têm direito à informação e à protecção jurídica, nos termos da lei.

ARTIGO 35.º

Nenhum dos direitos e liberdades garantidos aos cidadãos pode ser exercido contra a independência da Nação, a integridade do território, a unidade nacional, as instituições da República e os princípios e objectivos consagrados na presente Constituição.

ARTIGO 36.º

1. Na República da Guiné-Bissau em caso algum haverá pena de morte.
2. Haverá pena de prisão perpétua para os crimes a definir por lei.

ARTIGO 37.º

1. A integridade moral e física dos cidadãos é inviolável.
2. Ninguém pode ser submetido a tortura, nem a tratos ou penas cruéis, desumanos e degradantes.
3. Em caso algum haverá trabalhos forçados, nem medidas de segurança privativas de liberdade de duração ilimitada ou indefinida.
4. A responsabilidade criminal é pessoal e intransmissível.

ARTIGO 38.º

1. Todo o cidadão goza da inviolabilidade da sua pessoa.
2. Ninguém pode ser total ou parcialmente privado de liberdade, a não ser em consequência de sentença judicial condenatória pela prática de acto punido pela lei com pena de prisão ou de aplicação judicial de medida de segurança.
3. Exceptua-se deste princípio a privação de liberdade pelo tempo e nas condições que a lei determinar.
4. A lei não pode ter efeito retroactivo, salvo quando possa beneficiar o arguido.

ARTIGO 39.º

1. Toda a pessoa privada de liberdade deve ser informada imediatamente das razões da sua detenção e esta comunicada a parente ou pessoa de confiança do detido, por este indicada.
2. A privação da liberdade contra o disposto na Constituição e na lei constitui o Estado no dever de indemnizar o lesado, nos termos que a lei estabelecer.
3. A prisão ou detenção ilegal resultante de abuso de poder confere ao cidadão o direito de recorrer à providência do *habeas corpus*.
4. A providência do *habeas corpus* é interposta no Supremo Tribunal de Justiça, nos termos da lei.
5. Em caso de dificuldade de recurso ao Supremo Tribunal de Justiça, a providência poderá ser requerida no tribunal regional mais próximo.

ARTIGO 40.º

1. A prisão sem culpa formada será submetida, no prazo máximo de quarenta e oito horas, a decisão judicial de validação ou manutenção, devendo o juiz conhecer das causas da detenção e comunicá-las ao detido, interrogá-lo e dar-lhe oportunidade de defesa.
2. A prisão preventiva não se mantém sempre que possa ser substituída por caução ou por medidas de liberdade provisória previstas na lei.
3. A prisão preventiva, antes e depois da formação da culpa, está sujeita aos prazos estabelecidos na lei.

ARTIGO 41.º

1. Ninguém pode ser sentenciado criminalmente se não em virtude de lei anterior que declare punível a acção ou a omissão, nem sofrer medidas de segurança cujos pressupostos não estejam fixados em lei anterior.
2. Não podem ser aplicadas penas ou medidas de segurança que não estejam expressamente cominadas em lei anterior.
3. Ninguém pode sofrer penas ou medidas de segurança mais grave do que as previstas no momento da correspondente conduta ou de verificação dos respectivos pressupostos.
4. Ninguém pode ser julgado mais de uma vez pela prática do mesmo crime.
5. Nenhuma pena envolve, como efeito necessário, a perda de quaisquer direitos civis, profissionais ou políticos.
6. Os cidadãos injustamente condenados têm direito, nas condições prescritas na lei, a revisão da sentença e a indemnização pelos danos sofridos.

ARTIGO 42.º

1. O processo criminal assegurará todas as garantias de defesa.
2. Todo o arguido se presume inocente até ao trânsito em julgado da sentença de condenação, devendo ser julgado no mais curto prazo compatível com as garantias de defesa.
3. O arguido tem direito a escolher defensor e a ser por ele assistido em todos os actos do processo, especificando a lei os casos e as fases em que essa assistência é obrigatória.
4. A instrução é da competência do juiz, o qual pode, nos termos da lei, delegar noutras entidades a prática dos actos de instrução que não se prendam directamente com os direitos fundamentais.
5. O processo criminal tem estrutura acusatória, estando a audiência de julgamento e os actos de instrução que a lei determina subordinados ao princípio contraditório.
6. São nulas todas as provas obtidas mediante torturas, coacção, ofensa da integridade física ou moral da pessoa, abusiva intromissão na vida privada, no domicílio, na correspondência ou nas telecomunicações.

ARTIGO 43.º

1. Em caso algum é admissível a extradição ou expulsão do País do cidadão nacional.
2. Não é admitida a extradição de cidadãos estrangeiros por motivos políticos.
3. A extradição e a expulsão só podem ser decididas por autoridade judicial.

(…)

TÍTULO III
Organização do Poder Político

CAPÍTULO I
Dos Princípios Gerais

ARTIGO 59.º

1. São órgãos de soberania o Presidente da República, a Assembleia Nacional Popular, o Governo e os tribunais.

2. A organização do poder político baseia-se na separação e independência dos órgãos de soberania e na subordinação de todos eles à Constituição.

ARTIGO 60.º

O sistema eleitoral, as condições de elegibilidade, a divisão do território em círculos eleitorais, o número de deputados, bem como o processo e os órgãos de fiscalização dos actos eleitorais, serão definidos na Lei Eleitoral.

ARTIGO 61.º

Os titulares de cargos políticos respondem política, civil e criminalmente pelos actos e omissões que pratiquem no exercício das suas funções.

CAPÍTULO II
Do Presidente da República

ARTIGO 62.º

1. O Presidente da República é o chefe do Estado, símbolo da unidade, garante da independência nacional e da Constituição e Comandante Supremo das Forças Armadas.
2. O Presidente da República representa a República da Guiné-Bissau.

ARTIGO 63.º

1. O Presidente da República é eleito por sufrágio livre e universal, igual, directo, secreto e periódico dos cidadãos eleitores recenseados.
2. São elegíveis para o cargo de Presidente da República os cidadãos eleitores guineenses de origem, filhos de pais guineenses de origem, maiores de 35 anos de idade, no pleno gozo dos seus direitos civis e políticos.

ARTIGO 64.º

1. O Presidente da República é eleito por maioria absoluta dos votos validamente expressos.
2. Se nenhum dos candidatos obtiver a maioria absoluta, haverá lugar, no prazo de 21 dias, a um novo escrutínio, ao qual só se poderão apresentar os dois concorrentes mais votados.

ARTIGO 65.º

As funções de Presidente da República são incompatíveis com quaisquer outras de natureza pública ou privada.

ARTIGO 66.º

1. O mandato do Presidente da República tem a duração de cinco anos.
2. O Presidente da República não pode candidatar-se a um terceiro mandato consecutivo, nem durante os cinco anos subsequentes ao termo do segundo mandato.
3. Se o Presidente da República renunciar ao cargo, não poderá candidatar-se às eleições imediatas, nem às que sejam realizadas no quinquénio imediatamente subsequente à renúncia.

ARTIGO 67.º

O Presidente da República eleito é investido em reunião plenária da Assembleia Nacional Popular, pelo respectivo Presidente, prestando nesse acto o seguinte juramento:

"*Juro por minha honra defender a Constituição e as leis, a independência e a unidade nacionais, dedicar a minha inteligência e as minhas energias ao serviço do povo da Guiné-Bissau, cumprindo com total fidelidade os deveres da alta função para que fui eleito*".

ARTIGO 68.º

São atribuições do Presidente da República:

a) Representar o Estado Guineense;
b) Defender a Constituição da República;
c) Dirigir mensagem à Nação e à Assembleia Nacional;
d) Convocar extraordinariamente a Assembleia Nacional Popular sempre que razões imperiosas de interesse público o justifiquem;
e) Ratificar os tratados internacionais;
f) Fixar a data das eleições do Presidente da República, dos deputados à Assembleia Nacional Popular e dos titulares dos órgãos de poder local, nos termos da lei;
g) Nomear e exonerar o Primeiro-Ministro, tendo em conta os resultados eleitorais e ouvidas as forças políticas representadas na Assembleia Nacional Popular;
h) Empossar o Primeiro-Ministro;

i) Nomear e exonerar os restantes membros do Governo, sob proposta do Primeiro-Ministro, e dar-lhes posse;
j) Criar e extinguir ministérios e secretarias de Estado, sob proposta do Primeiro-Ministro;
l) Presidir o Conselho de Estado;
m) Presidir o Conselho de Ministros, quando entender;
n) Empossar os juízes do Supremo Tribunal de Justiça;
o) Nomear e exonerar, sob proposta do Governo, o chefe de Estado-Maior General das Forças Armadas;
p) Nomear e exonerar, ouvido o governo, o Procurador-Geral da República;
q) Nomear e exonerar os Embaixadores, ouvido o Governo;
r) Acreditar os embaixadores Estrangeiros;
s) Promulgar as leis, os decretos-lei e os decretos;
t) Indultar e comutar penas;
u) Declarar a guerra e fazer a paz, nos temos do artigo 85.°, n.° 1, alínea), da Constituição;
v) Declarar o estado de sítio e de emergência, nos termos do artigo 85.°, n.° 1, alínea i), da Constituição;
x) Conceder títulos honoríficos e condecorações do Estado;
z) Exercer as demais funções que lhe forem atribuídas pela Constituição e pela lei.

ARTIGO 69.°

1. Compete ainda ao Presidente da República:

a) Dissolver a Assembleia Nacional Popular, em caso de grave crise política, ouvidos o Presidente da Assembleia Nacional Popular e os partidos políticos nela representados e observados os limites impostos pela Constituição;
b) Demitir o Governo, nos termos do n.° 2 do artigo 104.° da Constituição;
c) Promulgar ou exercer o direito de veto no prazo de 30 dias contados da recepção de qualquer diploma da Assembleia Nacional Popular ou do Governo para promulgação.

2. O veto do Presidente da República sobre as leis da Assembleia Nacional Popular pode ser superado por voto favorável da maioria de dois terços dos deputados em efectividade de funções.

ARTIGO 70.°

No exercício das suas funções, o Presidente da República profere decretos presidenciais.

ARTIGO 71.º

1. Em caso de ausência para o estrangeiro ou impedimento temporário, o Presidente da República será substituído interinamente pelo Presidente da Assembleia Nacional Popular.

2. Em caso de morte ou impedimento definitivo do Presidente da República, assumirá as funções o Presidente da Assembleia Nacional Popular ou, no impedimento deste, o seu substituto até tomada de posse do novo Presidente eleito.

3. O novo Presidente será eleito no prazo de 60 dias.

4. O Presidente da República interino não pode, em caso algum, exercer as atribuições previstas nas alíneas g), i), m), n), o), s), v) e x) do artigo 68.º e ainda nas alíneas a), b) e c) do n.º 1 do artigo 69.º da Constituição.

5. A competência prevista na alínea j) do artigo 68.º só poderá ser exercida pelo Presidente da República interino para cumprimento no n.º 3 do presente artigo.

ARTIGO 72.º

1. Pelos crimes cometidos no exercício das suas funções o Presidente da República responde perante o Supremo Tribunal de Justiça.

2. Compete à Assembleia Nacional Popular requerer ao Procurador-Geral da República a promoção da acção penal contra o Presidente da República sob proposta de um terço e aprovação de dois terços dos deputados em efectividade de funções.

3. A condenação do Presidente da República implica a destituição do cargo e a impossibilidade da sua reeleição.

4. Pelos crimes cometidos fora do exercício das suas funções, o Presidente da República responde perante os tribunais comuns, findo o seu mandato.

CAPÍTULO III
Do Conselho de Estado

ARTIGO 73.º

O Conselho de Estado é o órgão político de consulta do Presidente da República.

ARTIGO 74.º

1. O Conselho de Estado é presidido pelo Presidente da República e composto pelos seguintes membros:

a) O Presidente da Assembleia Nacional;
b) O Primeiro-Ministro;
c) O Presidente do Supremo Tribunal de Justiça;
d) O representante de cada um dos partidos políticos com assento na Assembleia Nacional Popular;
e) Cinco cidadãos designados pelo Presidente da República pelo período correspondente à duração do seu mandato.

2. O representante a que se refere a alínea d) do número anterior é escolhido por cooptação entre os deputados à Assembleia Nacional Popular.
3. Os membros do Conselho de Estado são empossados pelo Presidente da República.

ARTIGO 75.º

Compete ao Conselho de Estado:

a) Pronunciar-se sobre a dissolução da Assembleia Nacional Popular;
b) Pronunciar-se sobre a declaração de estado de sítio e de emergência;
c) Pronunciar-se sobre a declaração da guerra e a instauração da paz;
d) Aconselhar o Presidente da República no exercício das suas funções, quando este lho solicitar.

CAPÍTULO IV
Da Assembleia Nacional Popular

ARTIGO 76.º

A Assembleia Nacional Popular é o supremo órgão legislativo e de fiscalização política representativo de todos os cidadãos guineenses. Ela decide sobre as questões fundamentais da política interna e externa do Estado.

ARTIGO 77.º

Os Deputados à Assembleia Nacional Popular são eleitos por círculos eleitorais definidos na lei por sufrágio universal, livre, igual, directo, secreto e periódico.

ARTIGO 78.º

1. Os membros da Assembleia Nacional Popular designam-se por Deputados.

2. Os deputados à Assembleia Nacional Popular são representantes de todo o povo e não unicamente dos círculos eleitorais por que foram eleitos.

3. Os deputados têm o dever de manter um contacto estreito com os seus eleitores e de lhes prestar regularmente contas das suas actividades.

ARTIGO 79.º

Cada legislatura tem a duração de quatro anos e inicia-se com a proclamação dos resultados eleitorais.

ARTIGO 80.º

Os deputados à Assembleia Nacional Popular prestam juramento nos seguintes termos:

"Juro que farei tudo o que estiver nas minhas forças para cumprir, com honra e fidelidade total ao povo, o meti mandato de deputado, defendendo sempre e intransigentemente os interesses nacionais e os princípios e objectivos da Constituição da República da Guiné-Bissau".

ARTIGO 81.º

O deputado tem direito de fazer interpelação ao Governo, oralmente ou por escrito, devendo-lhe ser dada a resposta na mesma sessão ou no prazo máximo de 15 dias, por escrito, caso haja necessidade de investigações.

ARTIGO 82.º

1. Nenhum deputado pode ser incomodado, perseguido, detido, preso, julgado ou condenado pelos votos e opiniões que emitir no exercício do seu mandato.

2. Salvo em caso de flagrante delito a que corresponda pena igual ou superior a dois anos de trabalho obrigatório, ou prévio assentimento da Assembleia Nacional Popular, os deputados não podem ser detidos ou presos por questão criminal ou disciplinar, em juízo ou fora dele.

ARTIGO 83.º

1. Os direitos e regalias, bem como os poderes e deveres dos deputados, são regulados por lei.

2. O deputado que falte gravemente aos seus deveres pode ser destituído pela Assembleia Nacional Popular.

ARTIGO 84.º

1. A Assembleia Nacional Popular elegerá, na 1.ª sessão de cada legislatura, o seu Presidente e os demais membros da Mesa.
2. A Mesa é composta pelo Presidente, um 1 Vice-Presidente, um 2.º Vice-Presidente, um 1.º Secretário e um 2.º Secretário, eleitos por toda a legislatura.
3. As atribuições e competências da Mesa são reguladas pelo Regimento da Assembleia.
4. O cargo de deputado à Assembleia Nacional Popular é incompatível com o de membro do Governo.

ARTIGO 85.º

Compete à Assembleia Nacional Popular:

a) Proceder à revisão constitucional, nos termos dos artigos 127.º e seguintes;
b) Decidir da realização de referendos populares;
c) Fazer leis e votar moções e resoluções;
d) Aprovar o Programa do Governo;
e) Requerer ao Procurador-Geral da República o exercício da acção penal contra o Presidente da República, nos termos do artigo 72.º da Constituição; Votar moções de confiança e de censura ao Governo;
g) Aprovar o Orçamento Geral do Estado e o Plano Nacional de Desenvolvimento, bem como as respectivas leis;
h) Aprovar os tratados que envolvam a participação da Guiné-Bissau em organizações internacionais, os tratados de amizade, de paz, de defesa, de rectificação de fronteiras e ainda quaisquer outros que o Governo entenda submeter-lhe;
i) Pronunciar-se sobre a declaração de estado de sítio e de emergência;
j) Autorizar o Presidente da República a declarar a guerra e a fazer a paz;
k) Conferir ao Governo a autorização legislativa;
l) Ratificar os decretos-lei aprovados pelo Governo no uso da competência legislativa delegada;
m) Apreciar as contas do Estado relativas a cada ano económico;
n) Conceder amnistia;
o) Zelar pelo cumprimento da Constituição e das leis e apreciar os actos do Governo e da Administração;

p) Elaborar e aprovar o seu Regimento;

q) Exercer as demais atribuições que lhe sejam conferidas pela Constituição e pela lei.

2. Quando o Programa do Governo não tenha sido aprovado pela Assembleia Nacional Popular, terá lugar, no prazo de 15 dias, um novo debate.

3. A questão de confiança perante a Assembleia Nacional é desencadeada pelo Primeiro-Ministro, precedendo à deliberação do Conselho de Ministros.

4. A iniciativa da moção de censura cabe pelo menos a um terço de deputados em efectividade de funções.

5. A não aprovação de uma moção de confiança ou a aprovação de uma moção de censura por maioria absoluta implicam a demissão do Governo.

ARTIGO 86.º[276]

É da exclusiva competência da Assembleia Nacional Popular legislar sobre as seguintes matérias:

a) Nacionalidade guineense;
b) Estatuto da terra e a forma da sua utilização;
c) Organização de defesa nacional;
f) Sistema monetário;
g) Organização judiciária e estatuto dos magistrados;
h) Definição dos crimes, penas e medidas de segurança e processo criminal;
i) Estado de sítio e estado de emergência;
j) Definição dos limites das águas territoriais e da sua zona económica exclusiva;
k) Direitos, liberdades e garantias;
l) Associações e partidos políticos;
m) Sistema eleitoral.

ARTIGO 87.º

É da exclusiva competência da Assembleia Nacional Popular legislar sobre as seguintes matérias, salvo autorização conferida ao Governo:

a) Organização da administração central e local;
b) Estatuto dos funcionários públicos e responsabilidade civil da Administração;
c) Expropriação e requisição por utilidade púbica;

---

[276] Foram suprimidas as anteriores alíneas d) e e) pela Lei Constitucional n.º 1/96.

d) Estado e capacidade das pessoas;
e) Nacionalização dos meios de produção;
f) Delimitação dos sectores de propriedade e das actividades económicas.

ARTIGO 88.º

A Assembleia Nacional Popular cria comissões especializadas em razão da matéria e pode constituir comissões eventuais para se ocuparem de assuntos determinados.

ARTIGO 89.º

1. A Assembleia Nacional Popular reúne-se, em sessão ordinária, quatro vezes por ano.
2. A Assembleia Nacional Popular reunir-se-á extraordinariamente por iniciativa do Presidente da República, dos deputados, do Governo e da sua Comissão Permanente.

ARTIGO 90.º

Os membros do Governo podem tomar assento e usar da palavra nas reuniões da Assembleia Nacional Popular, nos termos do Regimento.

ARTIGO 91.º

1. A iniciativa legislativa compete aos deputados e ao Governo.
2. As decisões da Assembleia Nacional Popular assumem a forma de leis, resoluções e moções.

ARTIGO 92.º

1. A Assembleia Nacional Popular pode autorizar o Governo a legislar, por decreto-lei, sobre matérias previstas no artigo 87.º. A autorização deve estabelecer o seu objecto, a sua extensão e duração
2. O termo da legislatura e a mudança de Governo acarretam a caducidade das autorizações legislativas concedidas.
3. Os decretos-leis aprovados pelo Governo no uso da competência legislativa delegada serão remetidos à Assembleia Nacional Popular para ratificação, dispondo esta de um prazo de 30 aias para o efeito, findo o qual o diploma será considerado ratificado.

ARTIGO 93.º

São atribuições do Presidente da Assembleia Nacional Popular:

a) Presidir às sessões da Assembleia Nacional Popular e velar pela aplicação do seu Regimento;
b) Convocar as sessões ordinárias da Assembleia Nacional Popular;
c) Superintender e coordenar os trabalhos das comissões permanentes e eventuais da Assembleia Nacional Popular;
d) Assinar e ordenar a publicação no Boletim Oficial das leis e resoluções da Assembleia Nacional Popular;
e) Dirigir as relações internacionais da Assembleia Nacional Popular;
f) Todas as demais que lhe forem atribuídas pela presente Constituição ou pela Assembleia Nacional Popular.

ARTIGO 94.º

1. A Assembleia Nacional Popular não pode ser dissolvida nos 12 meses posteriores à eleição, no último semestre do mandato do Presidente da República ou durante a vigência do estado de sítio ou de emergência.

2. A dissolução da Assembleia Nacional Popular não impede a subsistência do mandato dos deputados até abertura da legislatura subsequente às novas eleições.

ARTIGO 95.º

1. Entre as sessões legislativas e durante o período em que a Assembleia Nacional Popular se encontrar dissolvida, funcionará uma Comissão Permanente da Assembleia Nacional Popular.

2. A Comissão Permanente é presidida pelo Presidente da Assembleia Nacional Popular e é composta pelo Vice-Presidente e pelos representantes dos partidos com assento na Assembleia Nacional Popular, de acordo com a sua representatividade.

3. Compete à Comissão Permanente:

a) Acompanhar a actividade do Governo e da Administração;
b) Exercer os poderes da Assembleia Nacional Popular relativamente ao mandato dos deputados;
c) Promover a convocação da Assembleia Nacional Popular sempre que tal se afigure necessário;
d) Preparar a abertura das sessões;
e) Pronunciar-se sobre a declaração do estado de sítio e do estado de emergência.

4. A Comissão Permanente responde e presta contas de todas as suas actividades perante a Assembleia Nacional Popular.

(...)

TITULO V
Disposições Finais e Transitórias

ARTIGO 132.º

Os elementos das forças e da segurança, no activo, actualmente deputados à Assembleia Nacional Popular continuarão em exercício até à realização das próximas eleições legislativas.

ARTIGO 133.º

Os órgãos de Estado instituídos pela Constituição da República da Guiné--Bissau de 16 de Maio de 1984 mantêm-se em funções até à data da posse dos titulares dos órgãos de soberania que resultarem dos respectivos actos eleitorais.

DIREITO DE GRAÇA – TODOS OS DIPLOMAS – GUINÉ-BISSAU

Decisão n.° 13/74 de 27 de Dezembro de 1974[277]

Considerando a época histórica transcendente que vive o nosso povo no momento em que acaba de alcançar a sua total libertação do jugo estrangeiro;

Considerando que a obra de reconstrução do nosso país exige a participação de todos os cidadãos;

Considerando o princípio defendido pelo nosso Partido de que o homem pode sempre recuperar-se para se tornar útil à sua sociedade.

O Conselho de Estado, sob proposta do Comissário de Estado da Justiça e população, no exercício da faculdade que lhe é conferida pelo art. 40.° da Constituição, decide e eu promulgo para valer como Lei o seguinte:

ARTIGO 1.°

São amnistiados:

a) Os crimes de insubordinação, de roubo, de furto, de vigarice, de ofensa corporal, de mau trato (sevicias), de violação e de homicídio involuntário cometidos antes de 10 de Setembro de 1974 e julgados pelo Tribunal de Guerra do P.A.I.G.C..

ARTIGO 2.°

São perdoados e postos em liberdade todos aqueles que tenham cumprido metade da pena prevista no art. 44.° da Lei de Justiça Militar por crime de homicídio voluntário.

---

[277] Publicada no Boletim Oficial n.° 2 de 11 de Janeiro de 1975.

ARTIGO 3.º

Todos os perdões acima referidos são concedidos sob condição de o beneficiário não reincidir nos três anos subsequentes à data desta decisão.

Promulgado em 27 de Dezembro de 1974.

    Publique-se.

O Presidente do Conselho de Estado, LUIZ CABRAL.

O Comissário de Estado da Justiça e População, *Fidélis Cabral d'Almada.*

Decisão n.° 7/75 de 17 de Outubro de 1975[278]

Ao longo da nossa gloriosa luta de libertação nacional, a tentativa de divisão do nosso Povo foi, sem dúvida, um dos processos mais criminosos utilizados pelo colonialismo português no seu vão esforço para parar a nossa marcha para a independência. Assim, lançando mão dos imensos meios de que disponham as suas forças armadas e diversas polícias, o inimigos conseguiu atrair a si alguns filhos da nossa terra que, traindo o nosso Povo, aceitaram agir contra a luta de libertação, quer integrando os quadros militares ou policiais colonialistas, quer participando na actividade antipatriótica de certas organizações pseudo-nacionalistas.

No momento da libertação total do País, o nosso glorioso Partido – o P.A.I.G.C. –, inspirado pelo interesse fundamental de defesa e consolidação da unidade nacional e apelando à contribuição de todos para o esforço de reconstrução, decidiu adoptar uma atitude de compreensão e de total abertura, dando aos elementos transviados pela política enganadora do inimigo, a possibilidade de demonstrarem o seu arrependimento e a sua vontade de integrar plenamente a nossa nova sociedade. Dentro desta linha de orientação política, o nosso Estado não iniciou qualquer procedimento contra aqueles que, embora tivessem tido uma atitude condenável durante a luta de libertação nacional, deixavam presumir, pela sua nova conduta, a possibilidade de uma recuperação.

Dentro do mesmo espírito de unidade nacional e na convicção de que os ora beneficiados saberão demonstrar a sua capacidade de passar a servir com dignidade o nosso Povo, o Conselho de Estado entende que as medidas de clemência adoptadas por ocasião da libertação total do país devem agora estender-se a certos arguidos que foram presos durante o período da retirada das Forças Armadas Portuguesas, por actividades contrárias à segurança interna ou externa da República da Guiné-Bissau, e contra os quais foram instaurados processos ainda durante esse período.

Assim, marcando, o 19 de Outubro de 1975, o 1.° aniversário da data histórica da entrada do Secretariado Permanente do Comité Executivo da Luta do P.A.I.G.C. em Bissau;

---

[278] Publicada no Boletim Oficial n.° 43 de 25 de Outubro de 1975.

O Conselho de Estado, sob proposta do Conselho dos Comissários de Estado e no uso da competência que lhe é conferida pelo artigo 41.º da Constituição e pelo artigo 3.º da Lei 2/73, de 24 de Setembro, decide para valer como lei o seguinte:

ARTIGO 1.º

O Comissariado de Estado de Segurança Nacional e Ordem Pública e o Comissariado de Estado de Justiça estão autorizados a mandar restituir à liberdade, arquivando os respectivos autos, os indivíduos que foram detidos durante o período de retirada das forças armadas portuguesas, por crimes de colaboração com o inimigo durante a luta de libertação nacional, e cuja prisão preventiva já não seja exigida por razão de segurança interna ou externa do Estado.

ARTIGO 2.º

Não beneficiarão das medidas estabelecidas no artigo precedente os seguintes arguidos:

a) Os que tenham colaborado com o inimigo com intuito de fazer fortuna;
b) Aqueles de cujos actos tenha resultado directamente a morte de uma ou mais pessoas;
c) Aqueles que, além do crime de colaboração com o inimigo, tenham sido acusados de outro crime de natureza a justificar a manutenção da prisão preventiva.

Promulgado em Bissau, em 17 de Outubro de 1975.

    Cumpra-se.

O Presidente do Conselho de Estado, *Luiz Cabral*.

Decisão n.º 5/76 de 2 de Setembro de 1976[279]

Tendo em conta e apreço o desejo unanimemente expresso pelo Conselho Superior da Luta do P.A.I.G.C., em reunião de 27 a 31 de Agosto próximo passado e a fim de os ora beneficiados possam participar ao lado dos combatentes da Liberdade da pátria, nas homenagens a prestar pelos seus companheiros de luta a Amílcar Cabral, no momento da recepção dos seus restos mortais na terra que juntos libertaram;

Considerando que o seu passado de luta e o seu actual comportamento favorecem a conclusão de que o arrependimento dos ora beneficiados é sincero e de que os mesmos dão garantias de readaptação, em liberdade, à nova sociedade;

No quadro das medidas de clemência mais amplas já adoptadas e que serão publicadas por ocasião do vigésimo aniversário do P.A.I.G.C., a 19 de Setembro corrente.

O Conselho de Estado, no uso da competência que lhe é conferida pelo n.º 3 do art. 40.º da Constituição, decide o seguinte:

ARTIGO 1.º

Aos Combatentes da Liberdade da Pátria condenados por crimes de direito comum, é perdoado o resto das penas de prisão que ainda lhes falte cumprir.

ARTIGO 2.º

São amnistiados os crimes de direito comum praticados por Combatentes da Liberdade da Pátria e, em consequência, arquivados os respectivos processos.

ARTIGO 3.º

O perdão e a amnistia referidos desta Decisão não abrangem o crime de homicídio voluntário.

---

[279] Publicada no Boletim Oficial n.º 36 de 4 de Setembro de 1976.

ARTIGO 4.°

A presente decisão não extingue a responsabilidade civil emergente dos crimes praticados pelos beneficiados, podendo os ofendidos, dentro de 60 dias, requerer o prosseguimento dos processos tão somente para efeitos da referida responsabilidade.

ARTIGO 5.°

O presente Diploma entra imediatamente em vigor.

Promulgado em 2 de Setembro de 1976.

O Presidente do Conselho de Estado, *Luiz Cabral*.

Decisão n.º 7/76 de 18 de Setembro de 1976[280]

No quadro das comemorações do XX Aniversário do nosso glorioso Partido e á semelhança das medidas de clemência adoptadas quanto aos detidos políticos, há que contemplar também os detidos por crimes comuns;

Assim, esperando que os ora beneficiados saibam corresponder à intenção do Governo, o Conselho de Estado, no uso da competência que lhe é atribuída pelo n.º 13 do Artigo 40.º da Constituição, decide e eu promulgo, para valer como lei, o seguinte:

ARTIGO 1.º

São amnistiadas as seguintes infracções:

a) Os crimes culposos de ofensas corporais e de dano e respectivas contravenções causais;
b) Os crimes de homicídio involuntário;
c) Os crimes contra a honestidade, excepto os de violação, rapto e genocídio;
d) Os crimes de ofensas corporais voluntárias cuja pena aplicável não seja superior a seis meses;
e) Os crimes de injuria e difamação;
f) Todas as contravenções e transgressões aos regulamentos, posturas e editais.

ARTIGO 2.º

Esta amnistia não extingue a responsabilidade civil emergente dos factos praticados, devendo o Ministério Público promover o prosseguimento dos respectivos processos e intentar a competente acção nos casos de crime público.

---

[280] Publicadas no Suplemento ao Boletim Oficial n.º 38 de 18 de Setembro de 1976.

ARTIGO 3.º

A presente decisão entra imediatamente em vigor.

Promulgado em Bissau, aos 18 de Setembro de 1976.

O Presidente do Conselho de Estado, *Luiz Cabral*.

Decisão n.º 8/76 de 18 de Setembro de 1976[281]

Durante a nossa gloriosa luta de libertação nacional a polícia política portuguesa PIDE/DGS e outras organizações fascistas, na sua tentativa de impedir a nossa libertação, utilizaram como arma da divisão do nosso povo, a corrupção e o aliciamento. Desta maneira conseguiram arrastar para o caminho do oportunismo e da traição muitos dos nossos irmãos.

Por ocasião da grande vitória final do nosso povo contra o regime colonial, por razões de segurança do Estado, alguns desses indivíduos tiveram que ser presos pelas autoridades portuguesas, quer pelas estruturas clandestinas do Partido.

Considerando a tradicional orientação política do nosso Partido que visa recuperar o homem ao serviço dos superiores interesses do nosso povo; levando em conta o voto favorável da última reunião do Conselho Superior da Luta,

O Conselho de Estado, no uso da competência que lhe é atribuída pelo n.º 13 do Artigo 40.º da Constituição, decide e eu promulgo, para valer como lei, o seguinte:

ARTIGO 1.º

São postos em liberdade todos os indivíduos que, com diversos graus de responsabilidade, agiram a favor da PIDE/DGS ou da Acção Nacional Popular (ANP) e se encontram actualmente com processos pendentes nos nossos Tribunais.

ARTIGO 2.º

São restituídos à liberdade todos os desertores que, após a sua deserção não tenham pegado em armas contra o PAIGC nem provocado bombardeamentos contra as tabancas ou bases militares das FARP.

---

[281] Publicadas no Suplemento ao Boletim Oficial n.º 38 de 18 de Setembro de 1976.

ARTIGO 3.º

São arquivados os processos dos indivíduos residentes no país, acusados dos mesmos crimes e que se encontrem actualmente em liberdade.

ARTIGO 4.º

É perdoada metade de todas as penas de prisão já aplicadas desde que o delinquente tenha tido bom comportamento durante a detenção.

ARTIGO 5.º

São comutadas para 10 anos de trabalho obrigatório as penas de morte já aplicadas.

ARTIGO 6.º

O arquivamento dos processos de pessoas abrangidas pela presente decisão não prejudica a conclusão a que possa chegar a Comissão para a investigação da proveniência dos bens dos indivíduos que colaboraram com o inimigo, nos termos da Lei 6/1975.

ARTIGO 7.º

A presente medida não abrange aqueles que, do exterior continuam empenhados em actividades contra o nosso Partido e Estado.

ARTIGO 8.º

Para aqueles que foram militantes do PAIGC, esta medida não prejudica quaisquer sanções que lhe possam vir a ser aplicadas no quadro no Partido.

Promulgado em Bissau, aos 18 de Setembro de 1976.

Publique-se.

O Presidente do Conselho da Revolução, *Luiz Cabral*.

Decisão n.º 2/A/77 de 15 de Março de 1977[282]

As recentes eleições realizadas com sucesso em toda a extensão do nosso País livre e independente, conduziram à escolha democrática dos Deputados à 2.ª Legislatura da Assembleia Nacional Popular, demonstrando a consciência e a maturidade do nosso Povo;

Tendo em conta a política da unidade nacional estabelecida no País desde a libertação total;

Considerando o pedido de perdão formulado pelos condenados à pena capital;

Na sequência das medidas de clemência adoptadas pelo nosso Partido – o P.A.I.G.C. – e Estado em diversas ocasiões, sobretudo durante as comemorações de Setembro:

O Conselho de Estado eleito, no uso da competência que lhe é atribuída pelos artigos 40.º, n.º 13 e 41.º da Constituição, decide para valer como Lei, o seguinte:

ARTIGO 1.º

São comutadas em quinze anos de trabalho social-produtivo todas as penas de morte por fuzilamento já pronunciadas pelo Tribunal de Guerra.

ARTIGO 2.º

São perdoados e restituídos à liberdade os indivíduos detidos por crime contra a segurança interna do Estado.

ARTIGO 3.º

Não beneficiam do perdão referido no artigo anterior os indivíduos que, tendo cometido crimes contra as populações enquanto nas fileiras da tropa colo-

---

[282] Publicada no Suplemento ao Boletim Oficial n.º 11 de 15 de Março de 1977.

nial, violaram as condições do perdão concedido pelo P.A.I.G.C. aquando da libertação total do País, atentando contra a segurança interna do Estado.

ARTIGO 4.º

A presente decisão entra imediatamente em vigor.

Promulgado em Bissau, aos 15 de Março de 1977.

O Presidente do Conselho de Estado, *Luiz Cabral*.

Decisão n.º 3/80 de 12 de Dezembro de 1980[283]

O dia 14 de Novembro de 1980 fica na História da Guiné-Bissau como um marco de reposição da justiça, da paz, do sossego e do progresso para o nosso bom povo.

Considerando a total adesão do nosso povo aos ideais que nortearam o Movimento Reajustador de 14 de Novembro;

Considerando que a obra de Reconstrução Nacional exige o esforço e a participação de todos os cidadãos;

Considerando o princípio defendido por Amílcar Cabral de que o homem pode sempre recuperar-se para se tornar útil à sociedade;

O Conselho da Revolução, no exercício da competência que lhe é atribuída pelo artigo 4.º da Lei n.º 1/80, de 15 de Novembro de 1980, decide:

ARTIGO 1.º

São amnistiados:

a) Os crimes políticos praticados entre 1 de Janeiro de 1976 a 14 de Novembro de 1980;
b) Os crimes culposos de ofensas corporais e de dano e respectivas contravenções causais;
c) Os crimes de homicídio involuntário;
d) Os crimes de ofensas corporais voluntárias desde que a pena aplicável não seja superior a dois anos de trabalho produtivo obrigatório;
e) Os crimes contra a honestidade, excepto os de violação, rapto e genocídio;
f) Os crimes contra a propriedade meramente culposos;
g) Os crimes de injúria, difamação e calúnia;
h) Os crimes de insubordinação;
i) As contravenções e transgressões aos regulamentos, posturas e editais.

---

[283] Publicada no 2.º Suplemento Boletim Oficial n.º 49 de 12 de Dezembro de 1980.

ARTIGO 2.º

São perdoados:

a) Metade de todas as penas de trabalho produtivo obrigatório já aplicadas até esta data por crimes comuns, excepto os de homicídio voluntário;
b) Metade do tempo de trabalho produtivo obrigatório resultante da conversão de multa, desde que à data da entrada em vigor deste diploma se tenha iniciado o cumprimento da pena resultante dessa conversão.

ARTIGO 3.º

A presente amnistia não extingue a responsabilidade civil emergente dos factos praticados, podendo os ofendidos, dentro de sessenta dias, requerer o prosseguimento dos processos tão somente para efeitos da referida responsabilidade.

ARTIGO 4.º

Os benefícios referidos no artigo 1.º só abrangem as infracções criminais praticadas até ao dia 14 d Novembro de 1980.

ARTIGO 5.º

Esta decisão entra imediatamente em vigor.

Visto e aprovado pelo Conselho da Revolução, aos 12 de Dezembro de 1980.

Publique-se.

O Presidente do Conselho da Revolução, *João Bernardo Vieira,* Comandante de Brigada.

Decreto n.º 23/81 de 30 de Dezembro de 1981[284]

O Comité Central do PAIGC, na sua reunião extraordinária de 16 de Novembro, findo, decidiu libertar o ex-Secretário-Geral Adjunto do PAIGC e ex-Presidente do Conselho de Estado, Luiz Severino de Almeida Cabral, detido aquando do Movimento Reajustador de 14 de Novembro de 1980, tendo conferido o Governo o mandato para a execução dessa decisão até ao fim do corrente ano.

Nestes termos, o Governo Provisório, no uso da competência que lhe é atribuída pelos artigo do 10.º, alínea c) e 11.º do Estatuto do Governo Provisório, aprovado por decisão n.º 4/81, de 29 de Janeiro, decreta e eu promulgo o seguinte:

ARTIGO 1.º

É Luiz Severino de Almeida Cabral restituído imediatamente à liberdade.

ARTIGO 2.º

Este decreto entra imediatamente em vigor.

Promulgado em 30 de Dezembro de 1981.

O Presidente do Conselho da Revolução, *João Bernardo Vieira*, Comandante de Brigada.

O Ministro Sem Pasta, em substituição do Ministro da Justiça, *João Aurigema Cruz Pinto*.

---

[284] Publicado no Suplemento ao Boletim Oficial n.º 52 de 30 de Dezembro de 1981.

Decisão n.º 1/83 de 20 de Janeiro de 1983[285]

No quadro das Comemorações do X aniversário do vil assassinato do Militante número um do PAIGC e fundador da Nacionalidade guineense, o nosso saudoso Líder, Camarada Amílcar Cabral, data que fica na História do povo da Guiné-Bissau e da sua vanguarda revolucionária o PAIGC como dia de reflexão sobre a nossa vida e a nossa luta;

Considerando que o 20 de Janeiro é também proclamado «Dia dos Heróis Nacionais» em justa homenagem àqueles que consentiram o sacrifício supremo pela nobre causa da Libertação Nacional;

Considerando os ideais que nortearam o Movimento Reajustador do 14 de Novembro;

Tendo em conta os princípios humanitários em que se baseia a política do PAIGC, legados por Amílcar Cabral, a qual visa recuperar o homem ao serviço dos superiores interesses da Sociedade;

Considerando que a obra da Reconstrução Nacional exige o esforço e a participação de todos os cidadãos;

O Conselho da Revolução, no exercício da competência que lhe é atribuída pelo artigo 4.º da Lei n.º 1/80 de 15 de Novembro de 1980, decide:

ARTIGO 1.º

São amnistiados:

a) Os crimes culposos de ofensas corporais e de dano e respectivas contravenções causais;
b) Os crimes de homicídio involuntário;
c) Os crimes de ofensas corporais voluntárias desde que a pena aplicável não seja superior a um ano de trabalho produtivo obrigatório;
d) Os crimes contra a honestidade, excepto os de violação, rapto e genocídio;
e) Os crimes contra a propriedade meramente culposos;

---

[285] Publicada no Boletim Oficial n.º 3 de 21 de Janeiro de 1983.

f) Os crimes de injúria, difamação e calúnia;
g) Os crimes de insubordinação;
h) As contravenções e transgressões aos regulamentos, posturas e editais.

ARTIGO 2.º

É perdoado metade do tempo de trabalho produtivo obrigatório resultante da conversão de multa, desde que à data da entrada em vigor deste diploma se tenha iniciado o cumprimento da pena resultante dessa conversão.

ARTIGO 3.º

A presente amnistia não extingue a responsabilidade civil emergente dos factos praticados, podendo os ofendidos, dentro de sessenta dias, requerer o prosseguimento dos processos tão somente para efeitos da referida responsabilidade.

ARTIGO 4.º

Os benefícios referidos no artigo 1.º só abrangem as infracções criminais praticadas até ao dia 20 de Janeiro de 1983.

ARTIGO 5.º

Esta decisão entra imediatamente em vigor.

Visto e aprovado pelo Conselho da Revolução, aos 20 de Janeiro de 1983.

Publique-se.

O Presidente do Conselho da Revolução, *João Bernardo Vieira*, Comandante de Brigada.

Decisão n.° 1/84 de 20 de Janeiro de 1984[286]

No ano de 1984 o nosso valente povo comemorará o 60.° aniversário do nascimento daquele que foi o artífice da nossa luta de libertação nacional, fundador da nossa nacionalidade, militante n.° 1 do PAIGC, Camarada Amílcar Cabral;

Fazendo juz à tradição que nos foi legada por Amílcar Cabral e considerando que a aplicação dos princípios humanitários em que se baseia a política do PAIGC a qual visa recuperar o Homem ao serviço dos superiores interesses da sociedade é uma das melhores formas de homenagear CABRAL na data do aniversário do seu vil assassinato;

O Conselho da Revolução, no exercício da competência que lhe é atribuída pelo artigo 4.° da Lei n.° 1/80 de 15 de Novembro de 1980, decide:

ARTIGO 1.°

São perdoados 2/3 de todas as penas de trabalho produtivo obrigatório já aplicada até esta data aos seguintes crimes:

a) Os crimes culposos de ofensas corporais e de dano e respectivas contravenções causais;
b) Os crimes de ofensas corporais voluntárias;
c) Os crimes contra a honestidade, excepto os de violação, rapto e genocídio;
d) Os crimes de injúria, difamação e calúnia;
e) Os crimes de insubordinação;
f) As contravenções e transgressões aos regulamentos, posturas e editais;
g) Os crimes contra a propriedade.

ARTIGO 2.°

A presente decisão não extingue a responsabilidade civil emergente dos factos praticados.

---

[286] Publicada no Boletim Oficial n.° 3 de 21 de Janeiro de 1984.

ARTIGO 3.º

Esta decisão entra imediatamente em vigor.

Visto e aprovado pelo Conselho da Revolução, aos 20 de Janeiro de 1984.

Publique-se.

O Presidente do Conselho da Revolução, *João Bernardo Vieira*, General de Divisão.

Decreto-Lei n.º 5/84 de 29 de Dezembro de 1984[287]

O ano de 1984 foi marcado no País por realizações de inegável importância para a normalização da sua vida institucional, com destaque para as eleições dos Deputados à Assembleia Nacional Popular e do Conselho de Estado e seu Presidente.

Desde o glorioso Movimento Reajustador de 14 de Novembro que se vem registando a aplicação do princípio da unidade nacional, o que tem contribuído para o fortalecimento crescente do nosso Partido.

Por essa razão, na linha do humanismo do PAIGC e do pensamento do seu Líder Imortal, Camarada AMÍLCAR CABRAL,

O Conselho de Estado decreta, nos termos da alínea k), n.º 1 do artigo 64.º da Constituição, o seguinte:

ARTIGO 1.º

É perdoada a pena de trabalho produtivo obrigatório, que havia sido aplicada a Rafael Barbosa, sendo este imediatamente restituído à liberdade.

ARTIGO 2.º

Este diploma entra imediatamente em vigor.

Aprovado em 29 de Dezembro de 1984.

Promulgado em 29 de Dezembro de 1984.

O Presidente do Conselho de Estado, General *João Bernardo Vieira*.

---

[287] Publicado no 4.º Suplemento Boletim Oficial n.º 52 de 29 de Dezembro de 1984.

Decreto-Lei n.º 10/86 de 30 de Dezembro de 1986[288]

Considerando que o espírito da Unidade Nacional é a convergência de todas as forças dos cidadãos que comungam dos mesmos ideais e convencido que o principio traçado por Amílcar Cabral e que o nosso Glorioso Partido – o PAIGC – conserva e consagra, de que o homem pode a todo o momento recuperar-se, para se tornar útil à sociedade;

Tendo em atenção que o ano de 1986 foi proclamado como «Ano de Paz», tornando-se propicio que no seu terminus se concedam amnistia e perdão pelos crimes que se indicam a seguir:

Sob proposta do Ministro de Estado da Justiça, o Conselho de Estado decreta, nos termos do n.º 1 do artigo 62.º da Constituição, o seguinte:

ARTIGO 1.º

São amnistiados:

a) Os crimes de pequenos furtos, desde que a pena aplicável não seja superior a dois anos de trabalho produtivo obrigatório;
b) Os crimes de ofensas corporais não premeditados;
c) Os crimes de homicídio involuntário, desde que a pena aplicável não seja superior a dois anos de trabalho produtivo obrigatório;
d) Os crimes referidos nas alíneas anteriores, ainda não julgados, desde que a prisão preventiva sofrida seja superior a metade da pena a aplicar.

ARTIGO 2.º

São perdoados:

a) Metade de todas as penas de trabalho produtivo obrigatório já aplicadas até esta data por crimes comuns, excepto os de homicídio involuntário;

---

[288] Publicado no 2.º Suplemento ao Boletim Oficial n.º 52 de 30 de Dezembro de 1986.

b) Metade da pena de trabalho produtivo obrigatório resultante da conversão de multa, desde que à data da entrada em vigor deste diploma se tenha iniciado o cumprimento da pena resultante dessa conversão.

ARTIGO 3.º

A presente amnistia não extingue a responsabilidade civil emergente dos factos praticados, podendo, em relação aos bens do Estado, ser requerido ao Ministério Público, e em relação aos bens dos ofendidos, ser requerido pelos próprios interessados, todos, no prazo de 60 dias, o prosseguimento dos respectivos processos tão somente para efeitos da referida responsabilidade.

ARTIGO 4.º

Os benefícios referidos no artigo 1.º e 2.º só abrangem as infracções criminais praticadas até à data da promulgação do presente diploma.

ARTIGO 5.º

Esta Decreto-Lei entra imediatamente em vigor.

Aprovado em 30 de Dezembro de 1986.

Promulgado em 30 de Dezembro de 1986.

Publique-se.

O Presidente do Conselho de Estado, General *João Bernardo Vieira*.

Decreto-Lei n.° 1/87 de 12 de Agosto de 1987[289]

Considerando que através da aplicação pelos Tribunais, do Decreto-Lei n.° 10/85, de 30 de Dezembro, se constatou haver contradição entre o disposto nos seus artigos 2.° e 4.°;

Sob proposta fundamentada do Ministro da Justiça,

O Conselho de estado decreta, nos termos do n.° 1 do artigo 62.° da Constituição, o seguinte:

ARTIGO 1.°

É revogado o artigo 4.° do Decreto-Lei n.° 10/86, de 30 de Dezembro.

ARTIGO 2.°

Este Decreto-Lei entra imediatamente em vigor.

Aprovado em 12 de Agosto de 1987.

Promulgado em 12 de Agosto de 1987.

Publique-se.

O Presidente do Conselho de Estado, General *João Bernardo Vieira*.

---

[289] Publicado no Suplemento ao Boletim Oficial n.° 33 de 17 de Agosto de 1987.

Decreto-Lei n.º 7/91 de 30 de Dezembro de 1991[290]

Por ocasião da quadra festiva do Natal e Ano Novo, momento significativo para que as famílias convivam em harmonias e reflictam sobre as perspectivas da vida que auguram para o Novo Ano;

Considerando os princípios humanitários que caracterizam a política do Governo da República da Guiné-Bissau, no que concerne à recuperação do Homem ao serviço dos superiores interesses da sociedade;

Sendo certo que a política criminal moderna é orientada no sentido de se reeducar e reinserir socialmente os delinquentes, sem olvidar o efeito preventivo das penas;

E na perspectiva de que os ora beneficiados saibam, de facto, corresponder à intenção subjacente ao gesto ora tomado,

O Conselho de Estado decreta, nos termos dos artigos 62.º e 64.º da Constituição, o seguinte:

ARTIGO 1.º

São amnistiadas as seguintes infracções:

a) Os crimes de homicídio involuntário, desde que a pena aplicável não seja superior a dois anos;
b) Os crimes de ofensas corporais não premeditados;
c) Os crimes contra a propriedade meramente culposos;
d) Os crimes de injuria, difamação e calunia;
e) As contravenções e transgressões aos regulamentos, posturas e editais.

ARTIGO 2.º

É perdoada na sua totalidade a pena dos crimes de delito comum, exceptuando os do homicídio voluntário.

---

[290] Publicado no Boletim Oficial n.º 52 de 30 de Dezembro de 1991.

ARTIGO 3.º

A presente decisão não prejudica o direito do ofendido exigir pela acção competente reparação civil a que houver lugar.

ARTIGO 4.º

A amnistia e o perdão a que se referem os artigos 1.º e 2.º só abrangem as infracções cometidas até à data da presente decisão.

ARTIGO 5.º

Esta Decreto-Lei entra imediatamente em vigor.

Aprovado em Conselho de Estado de 4 de Novembro de 1991.

Promulgado em 30 de Dezembro de 1991.

Publique-se.

O Presidente do Conselho de Estado, General *João Bernardo Vieira*.

Decreto-Lei n.° 1/94 de 23 de Dezembro de 1993[291]

Atendendo à ocasião das festas do natal e do Ano Novo, por excelência quadra festiva familiar;

Considerando os princípios humanitários que norteiam a política do Governo da República da Guiné-Bissau, no que concerne à recuperação do Homem;

Sendo certo que a política criminal hodierna é orientada no sentido de reeducação e reintegração social do delinquente;

O Conselho de Estado decreta, nos termos do artigo 133.° da Constituição, o seguinte:

ARTIGO 1.°

São amnistiados:

a) Os crimes de homicídio involuntário, desde que a pena aplicável não seja superior a 3 anos;
b) Os crimes de ofensas corporais não premeditados;
c) As contravenções e transgressões aos regulamentos, posturas e editais.

ARTIGO 2.°

O presente diploma não prejudica o direito do ofendido exigir pela acção competente reparação civil a que houver lugar.

ARTIGO 3.°

A amnistia a que se referem o artigo 1.° apenas abrange os crimes e contravenções cometidos até ao dia 22 inclusive do mês em curso.

---

[291] Publicado no Boletim Oficial n.° 1 de 3 de Janeiro de 1994.

ARTIGO 4.º

Este Decreto-Lei entra imediatamente em vigor.

Aprovado em 23 de Dezembro de 1993.

Promulgado em 23 de Dezembro de 1993.

Publique-se.

O Presidente do Conselho de Estado, General *João Bernardo Vieira*.

Decreto Presidencial n.º 24/96 de 30 de Dezembro de 1996[292]

Sob proposta do Governo,
O Presidente da República decreta, nos termos do artigo 68.º, alínea t), da Constituição, o seguinte:

ARTIGO 1.º

A pena de prisão remanescente aplicada a BACAR MANÉ, de 33 anos de idade, no processo n.º 01/93, do Tribunal Militar Superior, é revogada, por indulto, atendendo a razões humanitárias.

ARTIGO 2.º

Este diploma entra imediatamente em vigor.

Bissau, 30 de Dezembro de 1996.

Publique-se.

O Presidente da República, General *João Bernardo Vieira*.

---

[292] Publicado no Boletim Oficial n.º 52 de 30 de Dezembro de 1996.

Decreto Presidencial n.º 25/96 de 30 de Dezembro de 1996[293]

Sob proposta do Governo,
O Presidente da República decreta, nos termos do artigo 68.º, alínea t), da Constituição, o seguinte:

ARTIGO 1.º

A pena de prisão remanescente aplicada a SORI CAMARÁ, de 32 anos de idade, no processo n.º 01/93, do Tribunal Militar Superior, é revogada, por indulto, atendendo a razões humanitárias.

ARTIGO 2.º

Este diploma entra imediatamente em vigor.

Bissau, 30 de Dezembro de 1996.

Publique-se.

O Presidente da República, General *João Bernardo Vieira*.

---

[293] Publicado no Boletim Oficial n.º 52 de 30 de Dezembro de 1996.

Decreto Presidencial n.º 26/96 de 30 de Dezembro de 1996[294]

Sob proposta do Governo,
O Presidente da República decreta, nos termos do artigo 68.º, alínea t), da Constituição, o seguinte:

ARTIGO 1.º

A pena de prisão remanescente aplicada a BERNARDO M'BUNDE MANGA, de 35 anos de idade, no processo n.º 01/93, do Tribunal Militar Superior, é revogada, por indulto, atendendo a razões humanitárias.

ARTIGO 2.º

Este diploma entra imediatamente em vigor.

Bissau, 30 de Dezembro de 1996.

Publique-se.

O Presidente da República, General *João Bernardo Vieira*.

---

[294] Publicado no Boletim Oficial n.º 52 de 30 de Dezembro de 1996.

Decreto Presidencial n.º 27/96 de 30 de Dezembro de 1996[295]

Sob proposta do Governo,
O Presidente da República decreta, nos termos do artigo 68.º, alínea t), da Constituição, o seguinte:

ARTIGO 1.º

A pena de prisão remanescente aplicada a SECO BRAIMA SANE, de 40 anos de idade, no processo n.º 01/93, do Tribunal Militar Superior, é revogada, por indulto, atendendo a razões humanitárias.

ARTIGO 2.º

Este diploma entra imediatamente em vigor.

Bissau, 30 de Dezembro de 1996.

Publique-se.

O Presidente da República, General *João Bernardo Vieira*.

---

[295] Publicado no Boletim Oficial n.º 52 de 30 de Dezembro de 1996.

Decreto Presidencial n.º 28/96 de 30 de Dezembro de 1996[296]

Sob proposta do Governo,
O Presidente da República decreta, nos termos do artigo 68.º, alínea t), da Constituição, o seguinte:

ARTIGO 1.º

A pena de prisão remanescente aplicada a SECUNA CALTAMBA, de 29 anos de idade, no processo n.º 01/93, do Tribunal Militar Superior, é revogada, por indulto, atendendo a razões humanitárias.

ARTIGO 2.º

Este diploma entra imediatamente em vigor.

Bissau, 30 de Dezembro de 1996.

Publique-se.

O Presidente da República, General *João Bernardo Vieira*.

---

[296] Publicado no Boletim Oficial n.º 52 de 30 de Dezembro de 1996.

Decreto Presidencial n.º 29/96 de 30 de Dezembro de 1996[297]

Sob proposta do Governo,
O Presidente da República decreta, nos termos do artigo 68.º, alínea t), da Constituição, o seguinte:

ARTIGO 1.º

A pena de prisão remanescente aplicada a ABDU DJASSI, de 47 anos de idade, no processo n.º 01/93, do Tribunal Militar Superior, é revogada, por indulto, atendendo a razões humanitárias.

ARTIGO 2.º

Este diploma entra imediatamente em vigor.

Bissau, 30 de Dezembro de 1996.

    Publique-se.

O Presidente da República, General *João Bernardo Vieira*.

---

[297] Publicado no Boletim Oficial n.º 52 de 30 de Dezembro de 1996.

Decreto Presidencial n.º 23/97 de 26 de Dezembro de 1997[298]

Sob proposta do Governo,
O Presidente da República decreta, nos termos do artigo 68.º, alínea t), da Constituição, o seguinte:

ARTIGO 1.º

A pena de prisão remanescente aplicada a ALBERTO ATOR, de 29 anos de idade, no processo n.º 18/96, do Tribunal de Bissau, é revogada, por indulto, atendendo a razões humanitárias.

ARTIGO 2.º

Este diploma entra imediatamente em vigor.

Bissau, 26 de Dezembro de 1997.

Publique-se.

O Presidente da República, General *João Bernardo Vieira*.

---

[298] Publicado no Boletim Oficial n.º 52 de 29 de Dezembro de 1997.

Decreto Presidencial n.º 24/97 de 26 de Dezembro de 1997[299]

Sob proposta do Governo,
O Presidente da República decreta, nos termos do artigo 68.º, alínea t), da Constituição, o seguinte:

ARTIGO 1.º

A pena de prisão remanescente aplicada a DIONÍSIO PEDRO ALMEIDA, de 45 anos de idade, no processo n.º 16/94, do Tribunal de Bissau, é revogada, por indulto, atendendo a razões humanitárias.

ARTIGO 2.º

Este diploma entra imediatamente em vigor.

Bissau, 26 de Dezembro de 1997.

Publique-se.

O Presidente da República, General *João Bernardo Vieira*.

---

[299] Publicado no Boletim Oficial n.º 52 de 29 de Dezembro de 1997.

CONFLITO MILITAR (1998)

Acordo de Cessar-Fogo na Guiné-Bissau

Sob os auspícios conjuntos da Comunidade Económica da África Ocidental (ECOWAS-CEDEAO) e da Comunidade dos Países de Língua Oficial Portuguesa (CPLP), o Governo da Guiné-Bissau e a Autodenominada Junta Militar, reunidos na Praia a 25 de Agosto de 1998 e decididos a transformar as tréguas acordadas no memorando de Entendimento assinado em Bissau a 26 de Julho de 1998, num cessar fogo baseado nos seguintes princípios:

ARTIGO 1.º

O Governo da Guiné-Bissau e a Autodenominada Junta Militar acordam num cessar-fogo imediato baseado nos seguintes princípios:

- *a*) Reafirmação do reconhecimento público das instituições democráticas e da legalidade;
- *b*) Congelamento das respectivas posições militares ocupadas no momento de entrada em vigor do Memorando de Entendimento de 26 de Julho de 1998;
- *c*) Reabertura do Aeroporto Osvaldo Vieira como forma de facilitar o a viabilidade da ajuda humanitária, o apoio logístico da missão de observação do cessar-fogo e o regresso de refugiados;
- *d*) Estacionamento de forças de observação e interposição de forças, a ser definido através de negociações;
- *e*) Alargamento da abertura de corredores humanitários;
- *f*) Criação de condições que possam facilitar a abertura de corredores humanitários;

ARTIGO 2.º

Os anexos I e II do Memorando de Entendimento datado de 26 de Julho de 1998 fazem parte integral do presente Acordo.

ARTIGO 3.°

Este Acordo entra em vigor a 26 de Agosto de 1998, às 2 horas.

Feito na Praia a 26 de Agosto de 1998.

Pelo Governo da República da Guiné-Bissau,

Pela Autodenominada Junta Militar,

Pela ECOWAS Grupo dos Sete,

Pelo Grupo de Contacto da CPLP,

Apêndice I – Apêndice relativo à interpretação do paragrafo 1, c) do Memorando de Entendimento de 26 de Julho de 1998, realizado entre o Governo da Guiné-Bissau e a Autodenominada Junta Militar

O sub parágrafo c) do parágrafo 1 do Memorando de Entendimento de 26 de Julho de 1998 celebrado entre o Governo da Guiné-Bissau e a Autodenominada Junta Militar, estabelecendo tréguas formais e imediatas e o inicio das negociações, ambas as partes acordam no seguinte:

1. Congelamento das suas respectivas posições militares detidas no momento de entrada em vigor das tréguas estabelecidas no Memorando de Entendimento;
2. Empenhamento na retirada das respectivas forças militares da área de Mansoa, simultaneamente com a interposição da força de observação na sobredita área. Esta interposição militar ou força de observação deve assegurar e garantir a desmilitarização da área de Mansoa até que uma solução final seja alcançada através do processo negocial, igualmente estabelecido no sobredito Memorando de entendimento.

Bissau, 26 de Julho de 1998.

Pelo Governo da República da Guiné-Bissau,

Pela Autodenominada Junta Militar,

Pelo Grupo de Contacto da CPLP,

Apêndice II – Declaração

A Autodenominada Junta Militar declara, perante o Grupo de Contacto da Comunidade dos Países de Língua Oficial Portuguesa (CPLP), estar na disposição de depor as armas nos termos a ser definidos no contexto de uma resolução pacífica do conflito.

Bissau, 26 de Julho de 1998.

Pela Autodenominada Junta Militar,

Acordo Entre o Governo da Guiné-Bissau e a Autodenominada Junta Militar[300]

As partes no conflito na Guiné-Bissau, reunidas em Abuja, na Nigéria, a 31 de Outubro e 1 de Novembro de 1998, no contexto dos esforços desenvolvidos na 21.ª Reunião da Autoridade de chefes de Estado e de Governo da Comunidade Económica dos Estados da África Ocidental (ECOWAS-CEDEAO),
Acordam o seguinte:

1. Reafirmar acordo de cessar-fogo assinado na Praia a 26 de Agosto de 1998;
2. Retirada total da Guiné-Bissau de todas as tropas estrangeiras. Esta retirada deve ser realizada simultaneamente com o destacamento de uma força do grupo de Observação Militar da ECOWAS, que assumirá o controlo depois da retirada das anteriores forças;
3. A força de interposição irá garantir a segurança ao longo da fronteira da Guiné-Bissau e do Senegal, mantendo as partes beligerantes afastadas e garantindo o livre acesso de organizações e agências humanitárias à população civil afectada. Com este objectivo, o Aeroporto Internacional Osvaldo Vieira e o porto marítimo serão abertos imediatamente;
4. Formação imediata de um Governo de Unidade Nacional, que irá incluir entre outros elementos, representantes da Autodenominada Junta, em concordância com o acordo já alcançado pelos partidos;
5. As eleições legislativas e presidenciais terão lugar nunca depois do fim de Março de 1999. Estas eleições serão observadas pela ECOWAS, pela Comunidade dos países de Língua Oficial Portuguesa e pela comunidade internacional.

Feito em Abuja a 1 de Novembro de 1998.

O Presidente, João Bernardo Vieira, pela República da Guiné-Bissau

O General Ansumane Mane, pela Autodenominada Junta Militar

---

[300] O texto em língua inglesa pode ser consultado sob o número de documento S/1998/1028, em http://www.securitycouncilreport.org.

Testemunhas:

Sua Exa. O General Abdulsalami ABUBAKAR, chefe de Estado e Comandante Supremo da República Federal da Nigéria, pela e em nome da Autoridade de chefes de Estado e de Governo da ECOWAS.
Sua Exa. Yahya A. J. J. JAMMEH, Presidente da República da Gâmbia.
Honorável Koffi PANOU, Ministro das Comunicações da República do Togo, pelo e em nome do Presidente da República do Togo e Presidente da ECOWA
Honorável Exa. Lansana KOUYATE, Secretário Executivo da ECOWAS
Professor Ibrahima FALL, Assistente do Secretário Geral para as Questões Políticas, pelo e em nome do Secretário Geral das Nações Unidas
Senhora Adwoa COLEMAN, Representante da Organização da Unidade Africana, pelo e em nome do Secretário Geral da Organização da Unidade Africana.

Comunicado Final da Reunião de Lomé sobre o Processo de Paz na Guiné-Bissau[301]

No âmbito da execução do acordo de Abuja, assinado a 1 Novembro de 1998 entre as partes em conflito na Guiné-Bissau, S. Exa. Gnassingbe EYADEMA, Presidente da República do Togo e Presidente da Comunidade Económica dos Estados da África Ocidental (ECOWAS-CEDEAO), convidou S. Exa. Abdulsalami ABUBAKAR, chefe de Estado e Comandante-Chefe das Forças Armadas da República Federal de Nigéria, assim como S. Exa. João Bernardo Vieira, Presidente da República da Guiné-Bissau e o General Ansumane MANE, Comandante da Autodenominada Junta Militar, para uma reunião em Lomé a 14 de Dezembro de 1998, a fim discutir a evolução do processo da paz na Guiné-Bissau e procurar formas e meios de acelerar a implementação do referido Acordo.

Os seguintes estavam também presentes na reunião:

(a) S. Exa. Francisco FADUL, Primeiro-Ministro da República de Guiné-Bissau;
(b) Senhor Tounkara YAHAYA, Ministro da Defesa Nacional da República do Níger;
(c) General Lamine CISSE, Ministro do Interior da República do Senegal;
(d) S.Exa. Lansana KOUYATE, Secretária Executiva de ECOWAS;
(e) S.Exa. Konde Kikpa TAKASSI, Embaixador representante da ECOWAS na Guiné-Bissau;
(f) Senhor Carlos Domingos GOMES, representante da Comissão de mediação e Boa Vontade;
(g) Senhor Francisco da SILVA, Embaixador de Portugal na Guiné-Bissau;
(h) Senhora Andreaw ULLC, Encarregada de Negócios da Suécia na Guiné-Bissau.

---

[301] O texto original em língua francesa e a versão em inglês pode ser consultado sob o número de documento S/1998/1178, em http://www.securitycouncilreport.org.

Durante os trabalhos o Presidente Eyadema recordou que a estrutura do processo de paz em curso está enquadrada pelo Acordo da Praia de 26 de Agosto de 1998 e pelo Acordo de Abuja de 1 de Novembro de 1998, que definem as modalidades do cessar fogo e as condições de regresso de uma paz duradoura e de uma vida politica normal.

Congratulou-se com a implementação progressiva daqueles acordos, em particular recente nomeação de S. Exa. Francisco FADUL como o Primeiro-Ministro, que ajuda a possibilitar a formação de um Governo de Unidade Nacional.

Sublinhou também a necessidade das partes envolvidas neste conflito, assim como os Estados membros da Comunidade Económica dos Estados da África Ocidental, trabalharem mais para assegurar a execução dos Acordos acima mencionados até à realização dos objectivos neles expressos.

Nesse espírito, após uma troca de opiniões muito frutuosa entre os participantes, que tornou possível realizar uma avaliação objectiva da situação no terreno, foi acordado o seguinte:

1. Do Cessar-Fogo

Os protagonistas reiterarem seu compromisso para continuar a observar o Acordo de Cessar-Fogo assinado na Praia em 26 de Agosto de 1998, a fim facilitar a execução eficaz do acordo alcançado em Abuja a 1 de Novembro de 1998.

2. Da constituição do Governo de Unidade Nacional

Os chefes de Estado e as partes em conflito congratulam-se com a designação de um Primeiro-Ministro.

As partes em conflito acordam em formar um Governo de Unidade Nacional de acordo com a estrutura e distribuição estabelecida num protocolo adicional ao Acordo de Abuja.

3. Da distribuição de uma força de monitorização da ECOWAS

Tendo sido examinada a situação existente na Guiné-Bissau, os chefes de Estado e as partes em conflito reiteram a necessidade de acelerar a distribuição de uma força de monitorização da ECOWAS, em conformidade com o Acordo de 1 de Novembro de 1998.

Para esse objectivo, convidaram expressamente os estados de membros da ECOWAS que se cometeram a contribuir para a constituição desta força, para o fazerem no mais curto espaço de tempo possível.

As partes em conflito elogiaram os esforços feitos por S. Exa. Gnassingbe EYADEMA, Presidente da República do Togo e Presidente da ECOWAS, a fim de mobilizar a comunidade internacional para a aceleração desta distribuição.

4. Da organização de eleições legislativas e presidenciais

Os chefes de Estado e as partes em conflito reafirmam a necessidade imperativa de serem organizadas eleições legislativas e presidenciais e uma vez mais apelam à comunidade internacional para que forneça o auxílio para a organização dessas eleições.

5. Da iniciativa do Presidente da ECOWAS para a resolução do conflito

A reunião elogiou as numerosas iniciativas tomadas pelo presidente da ECOWAS, incluindo:
(a) A nomeação de um representante especial para Guiné-Bissau;
(b) O envio do Comandante-Chefe do Grupo de Monitorização da ECOWAS numa missão de avaliação;
(c) A designação de oficiais da ligação;
(d) O envio de uma missão do Comité dos Nove da ECOWAS às Nações Unidas.

A reunião observou o relatório do Presidente do Conselho de Ministros, Sua Exa. Kokou Joseph KOFFIGOH, Ministro Sénior encarregue dos Negócios Estrangeiros e da Cooperação da República do Togo, sobre a missão do Comité dos Nove da ECOWAS na Guiné-Bissau, que foi apresentado em Nova York a 11 de Dezembro de 1998 numa reunião com o Secretário Geral e o Conselho de Segurança a fim procurar a sua ajuda para uma solução final e durável da crise e para reconstruir este país irmão.

A reunião congratulou-se com o relatório, e manifestou o seu agrado com a disponibilidade das nações Unidas trabalharem para o regresso da paz e da estabilidade na Guiné-Bissau.

No final das conversações que decorreram num clima de mutua compreensão e cooperação, o Presidente João Bernardo VIEIRA e o General Ansumane MANE reafirmaram a sua determinação em colocar um ponto final no conflito e de trabalhar activamente para o regresso da paz no país de ambos.

Expressaram os seus sinceros e sentidos agradecimentos a S. Exa. Gnassingbe EYADEMA, Presidente da República do Togo e Presidente da ECOWAS, pela feliz iniciativa que tomou em organizar esta reunião, que uma vez mais demonstra o seu cometimento e os seus esforços contínuos em preservar a paz e a segurança na Sub-região.

Expressaram igualmente sua gratidão profunda ao General Abdulsalami ABUBAKAR, chefe de Estado, Comandante Supremo das Forças Armadas da República Federal da Nigéria, pela sua disponibilidade em auxiliar o processo de paz em curso na Guiné-Bissau.

O Presidente Abdulsalami ABUBAKAR, o Presidente João Bernardo VIEIRA, o General Ansumane MANE e as outras pessoas que tomaram parte nesta reunião expressão os seus mais sinceros agradecimentos ao Presidente Gnassingbe EYADEMA, ao Governo e à população do Togo pelo calor e pela forma afectuosa e autenticamente africana com que fomos recebidos, bem como todas as delegações que os acompanharam.

Feito em Lomé a 15 de Dezembro de 1998.

S. Exa. Gnassingbe EYADEMA, Presidente de da República do Togo.
Sua Exa. João Bernardo VIEIRA, Presidente da República da Guiné-Bissau.
General Ansumane MANE, Comandante da Auto Designada Junta Militar.
Sua Exa. Vincent OKOBI, Embaixador Extraordinário e Plenipotenciário da República Federal da Nigéria no Togo, em representação do chefe de Estado, Comandante Supremo das Forças Armadas da República Federal da Nigéria.
General Lamine CISSE, Ministro do Interior da República do Senegal.
Sua Exa. Tounkara YAHAYA, Ministro da Defesa Nacional da República do Níger.
Sua Exa. Lansana KOUYATE, Secretário Executivo da Comunidade Económica dos Países da África Ocidental.

Protocolo adicional ao Acordo de Abuja de 1 de Novembro de 1998 sobre a Formação do Governo de Unidade Nacional da Guiné-Bissau[302]

As duas partes em conflito na Guiné-Bissau, reunidas em Lomé a 14 e 15 de Dezembro de 1998 com avista à implementação do Acordo de Abuja entre o Governo da Guiné-Bissau e a Auto Denominada Junta Militar, acordam através do presente protocolo adicional formar um Governo de Unidade Nacional, de acordo com a seguinte estrutura e distribuição:

1. Ministros a serem indicados pelo Presidente da República de Guiné-Bissau:
   Ministro dos negócios Estrangeiros e da Cooperação Internacional
   Ministro da Justiça e do Trabalho
   Ministro da Agricultura, Pescas e Recursos Naturais
   Ministro da Educação, Juventude, Cultura e Desportos
   Ministro da Saúde e Assuntos Sociais
   Secretário de Estado para a Energia, Recursos Nacionais e Ambiente
   Secretário de Estado dos Transportes e telecomunicações
   Secretaria de Estado da Reforma Administrativa e Serviços Públicos

2. Ministros a serem indicados pelo chefe da Autodenominada Junta Militar:
   Ministro da Defesa e dos Combatentes pela Liberdade da Pátria
   Ministro da Administração Interna
   Ministro da Economia e Finanças
   Ministro Solidariedade
   Secretario de Estado do Tesouro
   Secretario de Estado do Comercio, Industria, Turismo, Artes e ofícios
   Secretario de Estado para a Comunicação Social e Assuntos Parlamentares
   Secretario de Estado dos Combatentes pela Liberdade da Pátria

---

[302] O texto original em língua francesa e a versão em inglês pode ser consultado sob o número de documento S/1998/1178, em http://www.securitycouncilreport.org.

3. Ambas as partes estão empenhadas em formar este Governo no espaço temporal mais curto possível.

4. Reafirmam a necessidade para a implementação do Grupo de Monitorização da ECOWAS na Guiné-Bissau, e concordam em cooperar para este fim.

Feito em Lomé a 15 de Dezembro de 1998, em quatro cópias originais.

Sua Exa. João Bernardo VIEIRA, Presidente da República da Guiné-Bissau.
General Ansumane MANE, Comandante da Auto Designada Junta Militar.

Na presença de:

S. Exa. Gnassingbe EYADEMA, Presidente de da República do Togo.

Sua Exa. Vincent OKOBI, Embaixador Extraordinário e Plenipotenciário da República Federal da Nigéria no Togo, em representação do chefe de Estado, Comandante Supremo das Forças Armadas da República Federal da Nigéria.

General Lamine CISSE, Ministro do Interior da República do Senegal.

Sua Exa. Tounkara YAHAYA, Ministro da Defesa Nacional da República do Níger.

Sua Exa. Lansana KOUYATE, Secretário Executivo da Comunidade Económica dos Países da África Ocidental.

Protocolo Adicional ao Acordo de Paz de Abuja[303]

Considerando a necessidade de consolidação da PAZ, com vista ao retorno à normalidade constitucional e à retoma do processo de desenvolvimento socioeconómico do país, no interesse do povo da Guiné-Bissau;

Considerando o Acordo de Paz celebrado em Abuja a 1 de Novembro de 1998 entre o Presidente da república e o Comandante Supremo da Autodenominada Junta Militar, doravante designados por partes signatárias, sob os auspícios da Comunidade Económica dos estados da África ocidental (CEDEAO) e pondo termo ao conflito político-militar na Guiné-Bissau, tem registado dificuldades ao nível da sua execução;

Considerando que é vontade inequívoca das partes signatárias a de prosseguirem na via da consolidação da Paz e da criação de condições propícias para que o retorno à normalidade constitucional se processe em total clima de confiança e de respeito mútuos;

As partes signatárias de presente protocolo adicional ao Acordo de paz de Abuja, decidem:

ARTIGO 1.º
(Reafirmação do Acordo de Paz)

As partes signatárias reafirmam pelo presente instrumento, os termos do Acordo de PAZ celebrado em Abuja (Nigéria), a 1 de Novembro de 1998.

ARTIGO 2.º
(Eleições)

1. O calendário para a realização das eleições presidenciais e legislativas previstas no Acordo de Paz é fixado para o mês de Novembro de 1999.

---

[303] Feito em Bissau em Abril de 1999.

2. O Presidente da república, nos termos da Constituição e das leis, fixará a data das eleições, após consultas ao Governo de unidade nacional e aos partidos políticos.

ARTIGO 3.º
(**Prorrogação dos mandatos**)

1. O mandato do Presidente da República termina com a tomada de posse do Presidente eleito pelo escrutínio de Novembro de 1999.
2. O Governo de Unidade Nacional termina o seu mandato com a proclamação dos resultados eleitorais de Novembro de 1999, mantendo-se em funções para gerir os assuntos correntes da Administração Pública até à tomada de posse do novo Governo emergente das eleições legislativas.
3. A Assembleia Nacional Popular mantém as suas prerrogativas constitucionais até à proclamação dos resultados eleitorais de Novembro de 1999.

Para que faça fé, vai o presente Protocolo Adicional ao acordo de Paz de Abuja por nós assinado e referendado por testemunhas que indica, em três exemplares em língua portuguesa.

Bissau, aos dias ___ de Abril de 1999.

O Presidente da República,
General João Bernardo VIEIRA.

A Autodenominada Junta Militar,
Brigadeiro Ansumane MANÉ

CARTA DE TRANSIÇÃO POLÍTICA (2003)[304]

Face ao levantamento militar ocorrido em 14 de Setembro de 2003, consequência da desgovernação do país e das sistemáticas violações da Constituição e das leis pelo Presidente da República renunciante;
Tendo em conta o perigo de institucionalização dum poder autocrático, a degradação da situação económico-social em que vivia a generalidade das população e o risco de uma guerra civil de consequências imprevisíveis;
Conscientes da necessidade da prossecução dos esforços no sentido da consolidação o processo democrático na Guiné-Bissau, num clima de paz e de estabilidade institucionais;
Reafirmando a firme determinação em realizar eleições credíveis, livres, justas e transparentes por forma a garantir o retorno à normalidade constitucional;
Convencidos da necessidade de um período de transição que envolva de forma participativa todas as forças vivas da Nação;
Tendo em conta que o levantamento militar ocorrido em 14 de Setembro de 2003 mereceu, no interesse da nação Guineense, a compreensão da classe política e das organizações representativas da sociedade civil, com vista a encontrar soluções justas para a restituição da dignidade e promoção do bem estar do Povo Guineense;
Constatando o facto de a designação unilateral do Presidente da Republica e do Primeiro Ministro não ter obedecido ao critério de consenso, sendo da inteira responsabilidade do Comité Militar para a Restituição da Ordem Constitucional e Democrática;
Os signatários da presente Carta de Transição Política, conscientes ainda do papel que desempenham na formação da vontade popular e, em nome dos superiores interesses da nação em construção;
Com fundamento nos Princípios gerais de Direito e normas de Direito público que norteiam o Estado da Guiné-Bissau;

---

[304] Feita em Bissau em Setembro de 2003.

O Comité Militar para a Restituição da Ordem Constitucional e Democrática,

Os Partidos Políticos legalmente constituídos,

E as Organizações da Sociedade Civil,

DECIDEM

Adoptar a presente Carta de Transição Política, que constituirá o quadro jurídico e político para a condução à legalidade e à normalidade constitucionais, nos termos seguintes:

TÍTULO I
Carta de Transição Política

CAPÍTULO I
Quadro Legal da Transição Política

ARTIGO 1.º
(Princípios Gerais)

1. Pelo presente instrumento, as partes signatárias adoptam a Carta de Transição Política, que constitui o quadro legal para a condução à normalidade constitucional.

2. As partes signatárias afirmam a sua adesão à presente carta e reafirmam todos os compromissos internacionais assumidos pela Guiné-Bissau, em conformidade com os princípios gerais de Direito internacional e os interesses da república.

3. As partes signatárias acordam sobre a organização dos poderes políticos, nos termos dos artigos seguintes.

TÍTULO II
Dos órgãos do poder, atribuições e competências

CAPÍTULO II
Presidente da República de Transição, Comité Militar para Restituição da Ordem Constitucional e Democrática, Conselho Nacional de Transição e Governo de Transição

ARTIGO 2.º
(Órgãos do Poder político de Transição)

São órgãos do poder político de transição, o Presidente da República de Transição, o Comité Militar para Restituição da Ordem Constitucional e Democrática, o Conselho nacional de Transição e o Governo de Transição.

ARTIGO 3.º
(Presidente da República de Transição)

1. O Presidente da República de Transição é designado pelo Comité Militar para restituição da Ordem Constitucional e Democrática, ouvido os Partidos Políticos legalmente constituídos, as organizações representativas da Sociedade Civil, a Plataforma das Organizações Não Governamentais, as Autoridades religiosas e outras Sensibilidades da Nação.

2. O Presidente da República de transição é investido, em sessão solene, pela plenária do Conselho Nacional de Transição, prestando nesse acto o seguinte juramento:

"JURO, POR MINHA HONRA, DEFENDER A CONSTITUIÇÃO NOS TÍTULOS E CAPÍTULOS REFERENTES AOS PRINCÍPIOS FUNDAMENTAIS, AOS DIREITOS, LIBERDADES E GARANTIAS E DEVERES FUNDAMENTAIS, AO PODER JUDICIAL E À ORDEM JURÍDICA RESULTANTE DA PRESENTE CARTA DE TRANSIÇÃO POLÍTICA E ÀS LEIS, À INDEPENDÊNCIA E À UNIDADE NACIONAIS, DEDICAR A MINHA INTELIGÊNCIA E AS MINHAS ENERGIAS AO SERVIÇO DO POVO DA GUINÉ-BISSAU, CUMPRINDO COM TOTAL FIDELIDADE OS DEVERES DA ALTA FUNÇÃO PARA A QUAL FUI CHAMADO A DESEMPENHAR NESTE MOMENTO CURCIAL DA VIDA DO NOSSO POVO, COMO FORMA DE CONDUZIR O PAÍS AO RETORNO À LEGALIDADE E À NORMALIDADE CONSTITUCIONAIS, EM PAZ E ESTABILIDADE INSTITUCIONAIS."

3. O mandato do Presidente da República de Transição expira com a tomada de posse do Presidente da República eleito.

4. O exercício das funções de Presidente da República de Transição é incompatível com o de função ou cargo de Presidente de Partido Político e de Sociedades Comerciais ou de associações com fins lucrativos e, em caso nenhum, poderá ser compatível ou cumulável com quaisquer outras funções ou exercício de actividades públicas ou privadas remuneradas.

5. Em caso de ausência do país ou de impedimento temporário, do Presidente da República de Transição compete ao Conselho Nacional de Transição designar o seu substituto, nos termos da presente Carta de Transição Política.

6. Em caso de morte ou impedimento definitivo do Presidente da República de Transição, assumirá as funções o substituto que for designado pelo Conselho Nacional de Transição para terminar o mandato do seu predecessor.

ARTIGO 4.º
(Atribuições do Presidente da República de Transição)

1. São atribuições do Presidente da República de transição:
   a. Representar o Estado;
   b. Defender a Constituição da República, nos títulos e capítulos referentes aos princípios fundamentais, aos direitos, liberdades, garantias e deveres fundamentais, aos direitos, liberdades, garantias e deveres fundamentais, ao poder judicial e à presente Carta de transição Política;
   c. Dirigir mensagens à Nação;
   d. Convocar extraordinariamente o Conselho Nacional de Transição sempre que razões imperiosas de interesse público o justifiquem;
   e. Ratificar os tratados internacionais;
   f. Fixar a data das eleições do Presidente da República, dos Deputados à Assembleia Nacional Popular e dos titulares dos órgãos de Poder Local, nos termos da presente carta e da lei;
   g. Nomear e exonerar o Primeiro Ministro, ouvido o Conselho nacional de Transição e dar-lhe posse;
   h. Nomear e exonerar os restantes membros do Governo, sob proposta do Primeiro Ministro, mediante o parecer vinculativo do Conselho nacional de Transição e dar-lhes posse;
   i. Empossar os Juízes do Supremo Tribunal de Justiça;
   j. Nomear e exonerar o Procurador Geral da República, sob proposta do Governo, cujo mandato durará até ao fim do período de transição, mediante o parecer vinculativo do Conselho Nacional de Transição;

k. Nomear e exonerar, sob proposta do Governo, o chefe de Estado-Maior General das Forças Armadas, ouvido o Comité Militar para a Restituição da Ordem Constitucional e Democrática;
l. Nomear e exonerar os Embaixadores, sob proposta do Governo de Transição, ouvido o Comité Militar para a Restituição da Ordem Constitucional e Democrática;
m. Acreditar os Embaixadores estrangeiros;
n. Promulgar as leis, os decretos-leis e decretos;
o. Indultar e comutar penas;
p. Declarar a guerra e fazer a paz, mediante autorização do Conselho Nacional de Transição;
q. Conceder títulos honoríficos e condecorações do Estado;
r. Exercer as demais funções que lhe forem atribuídas pela Carta de Transição e pela lei.

2. O Procurador Geral da República só pode ser exonerado das suas funções, nos termos da lei.

ARTIGO 5.º
(Competência do Presidente da República de Transição)

1. Compete ao Presidente da República de Transição demitir o Governo em caso de grave Crise Política que ponha em causa o normal funcionamento das Instituições da República, mediante o parecer vinculativo do Conselho Nacional de Transição.
2. O Presidente da República de Transição tem a faculdade de propor a acção de Inconstitucionalidade ou a acção declarativa de incompetência relativamente ao diploma que lhe for submetido para a promulgação.
3. O Processo é de natureza cautelar e obedece às regras processuais comuns com adaptações necessárias e está isento de preparos e de custas judiciais e de todo o tipo de emolumentos ou taxas.
4. A sentença deve ser proferida no prazo de sete dias úteis, sem possibilidade de qualquer tipo de recurso.
5. No exercício das suas funções o Presidente da República de Transição profere Decretos Presidenciais, nos termos da presente Carta de Transição.

ARTIGO 6.º
(Responsabilidade do Presidente da República de Transição)

1. O Presidente da República de Transição responde perante o Supremo tribunal de Justiça pelos crimes cometidos no exercício das suas funções.

2. Pelos crimes cometidos fora do exercício das suas funções, o Presidente da República de transição responde perante os tribunais comuns, findo o seu mandato.

ARTIGO 7.º
(Conselho Nacional de Transição)

1. O Conselho Nacional de Transição é o órgão de fiscalização política da actividade dos órgãos de poder de transição que se pronuncia sobre as questões fundamentais de política interna e externa do Estado.
2. O Conselho nacional de Transição é composto por:

   a. Comité Militar para a restituição da Ordem Constitucional e Democrática;
   b. Um representante de cada partido político legalmente constituído;
   c. Um representante de cada uma das organizações representativas da sociedade civil (8 representantes).

3. O mandato dos membros do Conselho nacional de Transição termina com a tomada de posse dos deputados eleitos da Assembleia Nacional Popular.
4. No acto de posse, os membros do Conselho Nacional de Transição prestam juramento nos seguintes termos:

   "JURO, POR MINHA HONRA, DEDICAR A MINHA INTELIGÊNCIA E AS MINHAS ENERGIAS AO SERVIÇO DO POVO, EXERCENDO AS FUNÇÕES DE MEMBRO DO CONSELHO NACIONAL DE TRANSIÇÃO PARA QUE FUI DESIGNADO, COM TOTAL FIDELIDADE À CONSTITUIÇÃO NOS TÍTULOS E CAPÍTULOS REFERENTES AOS PRINCÍPIOS FUNDAMENTAIS, AOS DIREITOS, LIBERDADES E GARANTIAS E DEVERES FUNDAMENTAIS, AO PODER JUDICIAL, À ORDEM JURÍDICA RESULTANTE DA PRESENTE CARTA DE TRANSIÇÃO POLÍTICA E ÀS LEIS."

5. As competências do Conselho Nacional de Transição são as previstas no presente instrumento e no regimento interno.

ARTIGO 8.º
(Competência do Conselho Nacional de Transição)

1. No exercício das suas funções o Conselho Nacional de Transição dispõe de competências consultivas e deliberativas.
2. O Conselho Nacional de Transição exerce as competências consultivas em todas as matérias fundamentais da política interna e externa que lhe forem submeti-

das pelo Presidente da República ou pelo Governo de Transição, nomeadamente pronunciar-se sobre a data das eleições legislativas e presidenciais e sobre a nomeação e exoneração do Primeiro Ministro e dos restantes membros do Governo de Transição.

3. No exercício das suas funções deliberativas compete ao Conselho nacional de Transição:

a. Acompanhar e fiscalizar previamente a actividade do Presidente da República de Transição, do Governo de Transição e da Administração;
b. Exercer os poderes relativamente ao mandato dos membros do Conselho;
c. Fixar o mandato do Governo de Transição;
d. Emitir parecer vinculativo relativamente à nomeação e exoneração do Primeiro Ministro e dos restantes membros do Governo de Transição.

4. O Conselho Nacional de Transição elegerá, na sua primeira sessão, o seu Presidente e os demais membros da Mesa.

5. A Mesa é composta pelo Presidente, um Vice-Presidente e um Secretário cujos mandatos expiram com a tomada de posse dos deputados eleitos da Assembleia Nacional Popular.

6. As atribuições e competências da Mesa serão reguladas pela plenária do Conselho Nacional de Transição.

7. Durante o período de Transição e até à realização das eleições legislativas, o Conselho Nacional de Transição exerce a tutela sobre a Comissão Nacional de eleições, nos termos da lei.

ARTIGO 9.º
(Natureza do Governo de Transição)

1. A natureza do Governo de Transição resulta do consenso entre as formações políticas legalmente constituídas, organizações da sociedade civil e Comité Militar para a Restituição da Ordem Constitucional e Democrática.

2. O Governo de Transição é o órgão executivo e administrativo supremo da república da Guiné-Bissau e o seu mandato expira com a tomada de posse do Governo constitucional resultante das eleições legislativas.

3. O Governo de Transição conduz a política geral do país, de acordo com o mandato que lhe for fixado pelo Conselho Nacional de Transição.

4. O Governo de Transição é constituído pelo Primeiro Ministro, pelos Ministros e pelos Secretários de Estado.

5. O Governo, reunido e Conselho de Ministros, exerce a sua competência legislativa por meio de Decretos-lei e Decretos.

6. Os membros do Governo são responsáveis civil e criminalmente pelos actos cometidos no exercício das suas funções e são julgados pelo Supremo Tribunal de Justiça.

ARTIGO 10.º
(Chefe do Governo de Transição)

1. O Primeiro-Ministro é o chefe do Governo de Transição, competindo--lhe dirigir e coordenar a acção deste, nos termos do mandato que lhe for ficado pelo Conselho Nacional de Transição.
2. Ao Primeiro Ministro compete informar o Presidente da República de Transição acerca dos assuntos respeitantes à condução da política interna e externa do país.
3. O exercício do cargo de Primeiro Ministro é incompatível com o das funções de Presidente ou de Secretario Geral de um partido político.
4. Caso o Primeiro Ministro designado exerça as funções referidas no número anterior, antes da tomada de posse deve proceder à renúncia formal e pública dessas funções.
5. A declaração de renúncia deve ser remetida ao depositário da presente carta de Transição Política.
6. O chefe do Governo de Transição Política tem a faculdade de propor a acção de inconstitucionalidade ou a acção declarativa de incompetência relativamente a qualquer diploma.

ARTIGO 11.º
(Designação dos Membros do Governo de Transição)

1. O Primeiro Ministro é designado pelo Comité Militar para restituição da ordem Constitucional e Democrática, ouvido o Presidente da República, os partidos políticos e as organizações representativas da sociedade civil.
2. Os Ministros e Secretários de Estado são designados pelo Primeiro Ministro, tendo em conta as propostas das formações políticas que participam nas eleições legislativas, mediante o parecer vinculativo do Conselho Nacional de Transição.
3. A designação para os cargos de Ministros e de Secretários de Estado efectua-se com base no seguinte perfil:

a) Ser técnico de reconhecida competência e experiência;
b) Ter idoneidade moral.

4. O exercício das funções de membro do Governo é incompatível com o de cargos de dirigentes ou de lideres partidários, estando vedados de se candidatarem nas eleições legislativas e presidenciais decorrentes do período de transição, observando o disposto nos números 4 e 5 do artigo 10.º.
5. No acto da sua posse, prestam juramento nos seguintes termos:

"**JURO, POR MINHA HONRA, DEDICAR A MINHA INTELIGÊNCIA E AS MINHAS ENERGIAS AO SERVIÇO DO POVO, EXERCENDO AS**

FUNÇÕES (DE PRIMEIRO MINISTRO, MINISTRO OU SECRETÁRIO DE ESTADO) PARA QUE FUI NOMEADO, NO GOVERNO DE TRANSIÇÃO DA GUINÉ-BISSAU, COM TOTAL FIDELIDADE À CONSTITUIÇÃO NOS TÍTULOS E CAPÍTULOS REFERENTES AOS PRINCÍPIOS FUNDAMENTAIS, AOS DIREITOS, LIBERDADES E GARANTIAS E DEVERES FUNDAMENTAIS, AO PODER JUDICIAL E À ORDEM JURÍDICA RESULTANTE DA PRESENTE CARTA DE TRANSIÇÃO POLÍTICA E ÀS LEIS."

6. As competências do governo são as previstas no presente instrumento.

7. Os membros do Governo de Transição estão vinculados aos títulos e capítulos referentes aos princípios fundamentais, aos direitos, liberdades, garantias e deveres fundamentais, ao poder judicial e à Carta de Transição política e às deliberações tomadas em Conselho de Ministros.

8. Os membros do Governo estão sujeitos à solidariedade governamental, no âmbito da sua acção.

9. Os membros do governo devem, no prazo de sete dias a contar da tomada de posse, proceder à declaração por escrito de seus bens, conforme o modelo de formulário a aprovar pelo Conselho de Ministros.

10. A não obediência ao preceituado no número anterior implica a imediata exoneração do cargo de membro do Governo.

11. Findo o exercício da função governativa, os ex-membros do Governo devem igualmente proceder em conformidade com o preceituado nos números anteriores.

12. O não cumprimento do estatuído no número anterior do presente Artigo implica o pagamento de multa de dez por cento do valor total estimado dos bens declarados.

ARTIGO 12.º
(Atribuições do Governo de Transição)

1. No exercício das suas funções, o Governo de Transição dispõe das seguintes atribuições:

   a) Dirigir a Administração Pública e os demais organismos centrais da Administração e os do poder local;

   b) Organizar e dirigir a execução das actividades políticas, económicas, culturais, cientificas, sociais, de defesa e segurança, em conformidade com os termos do mandato ficado pelo Conselho Nacional de Transição, assegurando a execução dos compromissos públicos;

   c) Gerir os assuntos do Estado, em consonância com o mandato ficado pelo Conselho Nacional de Transição, ouvido o Conselho Nacional de Transição, assegurando a execução dos compromissos públicos;

d) Criar e extinguir ministérios e Secretarias de Estado, sob proposta do Primeiro Ministro;
e) Organizar eleições legislativas nos termos da presente Carta de Transição Política e da legislação em vigor;
f) Legislar por Decretos-lei e por decretos sobre as matérias respeitantes à sua organização e funcionamento;
g) Negociar e concluir protocolos, acordos, pactos e convenções internacionais visando o retorno à normalidade constitucional;
h) Nomear e propor a nomeação a cargos civis e militares;
i) O mais que lhe for cometido pela lei.

2. As atribuições estabelecidas nas alíneas a), b), d), e), f) e g) do número anterior são exercidas pelo Governo de Transição, reunidos em Conselho de Ministros.

3. O Conselho de Ministros é constituído pelo Primeiro Ministro, que o preside, e pelos Ministros e Secretários de Estado autónomos.

4. Podem ser criados Conselhos de Ministros especializados em razão da matéria.

5. Os Secretários de Estado podem ser convidados a tomar parte no Conselho de Ministros.

6. Nos termos da alínea a), do n.º 1 deste Artigo, o Governo de Transição dispõe da competência para nomear e exonerar os Governadores das Regiões e Administradores dos Sectores e da Câmara Municipal de Bissau, sob proposta do Ministro de tutela mediante o parecer vinculativo do Conselho Nacional de Transição.

ARTIGO 13.º
(Competência do Governo de Transição)

Compete ao Governo de Transição:

a) A normalização da Administração Pública, ao nível central e local;
b) A preparação das eleições legislativas;
c) A adopção de um Programa de Emergência com vista à promoção da retoma de actividades económicas e financeiras do país, bem como à revitalização do sector privado;
d) A garantia do respeito dos compromissos da Guiné-Bissau para com países e instituições internacionais;
e) A formulação e execução de medidas que visam o restabelecimento da confiança nas instituições do Governo da República da Guiné-Bissau junto dos cidadãos e de países e parceiros de desenvolvimento;
f) O exercício de outras funções inerentes à gestão dos assuntos correntes da administração Pública.

ARTIGO 14.º
(**Responsabilidade Política do Governo**)

O Governo de Transição é politicamente responsável perante o Presidente da República de Transição, sem prejuízo da fiscalização das suas actividades pelo Conselho Nacional de Transição.

ARTIGO 15.º
(**Substituição dos Membros do Governo**)

Acarreta a substituição de membro do Governo:

a) A aceitação pelo Presidente da República de Transição do pedido de demissão apresentado pelo Primeiro Ministro;
b) A aceitação pelo Primeiro Ministro do pedido de demissão apresentado por Ministro ou Secretário de Estado;
c) A morte ou a impossibilidade física prolongada de qualquer membro do Governo.

ARTIGO 16.º
(**Estrutura do Governo**)

A estrutura do Governo de Transição é a que for estabelecida pelo Conselho Nacional de Transição sob proposta do Primeiro Ministro.

TÍTULO III
Disposições Finais e Transitórias

ARTIGO 17.º
(**Depositário do presente instrumento**)

O Supremo Tribunal de Justiça é o depositário da presente carta de Transição Política.

ARTIGO 18.º
(**Período de transição**)

1. O período de transição expira com a tomada de Posse do Presidente da República eleito.

2. As eleições legislativas serão realizadas no prazo máximo de 6 (seis) meses a contar da data da assinatura da presente carta.

3. A data a propor ao Presidente da república de transição pelo Conselho Nacional de Transição carece de parecer da Comissão Nacional de Eleições.

4. As eleições Presidenciais serão realizadas no prazo máximo de 1 (um) ano a contar da tomada de posse dos deputados eleitos da Assembleia Nacional Popular.

ARTIGO 19.º
(Direitos e regalias do Presidente de Transição
no termo do mandato)

1. Ao Presidente da República de Transição será atribuída por direito, no termo do seu mandato, os direitos e as regalias inerentes ao cargo de Presidente da República.

2. Ao Presidente do Comité Militar para Restituição da Ordem Constitucional e democrática será atribuído os direitos e regalias do presidente da assembleia Nacional Popular.

3. Os direitos e regalias dos restantes membros do Comité Militar para Restituição da Ordem Constitucional e Democrática, no termo do seu mandato, são as inerentes aos membros da Comissão Permanente da Assembleia Nacional Popular.

ARTIGO 20.º
(Reposição da legalidade constitucional)

Os signatários da presente Carta de Transição comprometem-se solenemente na via de solução das questões referentes à Administração da Justiça, nomeadamente no que diz respeito à reposição da legalidade constitucional nos Tribunais e à organização de eleições, como forma de garantir a independência e a imparcialidade destas instancias jurisdicionais com vista à consolidação do processo democrático e à afirmação do Estado de Direito.

ARTIGO 21.º
(Compromisso de reformas do Estado
e de outras medidas legais)

Os signatários da presente Carta de Transição comprometem-se solenemente a adoptar uma lei de amnistia para os membros do Comité Militar que participaram no levantamento militar de 14 de Setembro de 2003.

ARTIGO 22.º
(Subsistência do mandato dos deputados)

A decisão de extinção da Assembleia Nacional Popular pelo Comité Militar para Restituição da Ordem Constitucional não impede a subsistência do mandato dos deputados até à proclamação dos resultados eleitorais decorrentes do período de transição.

ARTIGO 23.º
(Vedação de candidaturas)

1. Ao Presidente da República de Transição, ao Primeiro Ministro e aos Ministros e Secretários de Estado do Governo de Transição são vedados a possibilidade de se candidatarem á eleições legislativas decorrentes do período de transição política.

2. O Presidente da república renunciante não pode candidatar-se às eleições presidenciais no quinquénio imediatamente subsequente à declaração de renúncia.

ARTIGO 24.º
(Período de duração, composição e competência do Comité Militar
para a Restituição da Ordem Constitucional e Democrática)

1. O Comité Militar para a restituição da Ordem Constitucional e Democrática extingue-se com o fim do período de transição política.

2. A Composição do Comité Militar para a restituição da Ordem Constitucional e Democrática é a estabelecida pelo próprio órgão no seu regimento interno.

3. Durante o período de transição e após a realização das eleições legislativas o Comité Militar para a restituição da Ordem Constitucional e Democrática passará a exercer as suas funções de órgão consultivo do Presidente da República de Transição.

4. No período de transição, o Comité Militar para a restituição da Ordem Constitucional e Democrática exercerá as competências consultivas em todas as matérias fundamentais da política interna e externa que lhe forem submetidas pelo Presidente da Republica de Transição.

ARTIGO 25.º
(Atribuições do Comité Militar par a Restituição
da Ordem Constitucional e Democrática)

1. São atribuições do Comité Militar para a restituição da Ordem Constitucional e Democrática:

a) Aconselhar o Presidente da República de Transição;
b) Emitir parecer ao Presidente da República de Transição sobre a declaração de guerra e feitura da paz;
c) Pronunciar-se sobre a impossibilidade física permanente do Presidente da república de Transição e verificar os impedimentos para o exercício de funções;
d) Pronunciar-se sobre a declaração de guerra e a feitura da paz;
e) Velar pela tomada de medidas necessárias ao cumprimento da Constituição e demais leis, podendo emitir recomendações para o efeito;
f) Regular a sua organização e funcionamento.

2. O Comité Militar para a restituição da Ordem Constitucional e Democrática, no exercício das suas funções, profere decisões.

ARTIGO 26.º
(Substituição do Primeiro Ministro
em caso de impedimento definitivo)

Em caso de doença prolongada ou de impedimento definitivo o Primeiro Ministro, no decurso do seu mandato, compete ao Conselho nacional de Transição a designação do novo Primeiro Ministro para terminar o mandato do seu predecessor por voto maioritário, na falta de consenso.

ARTIGO 27.º
(Resolução de questões não consensuais)

Todas as questões não consensuais no decurso das discussões para a adopção da presente Carta de Transição Política serão objecto de apreciação e deliberação no Conselho Nacional de Transição.

ARTIGO 28.º
(Resolução de conflitos decorrentes da aplicação
da presente Carta)

Quaisquer conflitos decorrentes da aplicação ou da interpretação da presente Carta de Transição Política serão dirimidos pela plenária do Supremo Tribunal de Justiça a requerimento da parte signatária interessada.

ARTIGO 29.º
(Autenticidade do documento)

A presente Carta de Transição Política, aberta à adesão de todos os partidos políticos legalmente constituídos, é assinada em quatro originais em língua portuguesa, ambos fazendo igualmente fé.

Bissau, aos dias ___ de Setembro de 2003.

Os signatários:

O Comité Militar para a Restituição da Ordem Constitucional e Democrática,
Os Partidos Políticos,
Testemunhas,

Adenda à Carta de Transição Política[305]

PREÂMBULO

Considerando a impossibilidade técnica de se realizarem as eleições presidenciais na data prevista pela Carta de Transição política, por ausência de condições objectivas;

Considerando o consenso obtido pelos partidos quanto à realização de um novo recenseamento eleitoral para que as eleições possam ser pacificas, credíveis transparentes, livres e justas;

Tendo em conta a necessidade de se adequar, doravante, a data da expiração de período de transição com a nova data para a realização das eleições presidenciais;

E, considerando os superiores interesses do país, os signatários da Carta de Transição Política decidem adoptar a seguinte adenda:

ARTIGO 1.º
(Data de eleições presidenciais)

As eleições presidenciais realizar-se-ão em Junho de 2005.

ARTIGO 2.º
(Revogação)

É revogado o número 4, do artigo 18.º da Carta de Transição Política.

ARTIGO 3.º
(Autenticidade do documento)

A presente adenda feita pelos signatários da Carta de Transição política

---

[305] Feita em Bissau a 18 de Março de 2005.

e que desta faz parte integrante, é assinada em quatro originais em língua portuguesa.

Bissau, aos dias 18 de Março de 2005.

Os signatários:

O Comité Militar para a Restituição da Ordem Constitucional e Democrática,
Os Partidos Políticos,
Testemunhas,

MEMORANDO DE ENTENDIMENTO (2004)[306]

Na madrugada do dia 6 de Outubro de 2004, o país viu-se confrontado com um movimento reivindicativo "dos militares, constituído pelo Grosso do contingente da manutenção da PAZ RGB em Libéria" que opõe subalternos às chefias militares.

Em virtude da situação de pânico e aparente perturbação social que o referido movimento provocou e considerando a necessidade da restituição imediata da ordem pública e o restabelecimento da credibilidade interna e externa do estado, o governo decidiu empreender acções com vista a encontrar uma solução pacífica;

Nessa perspectiva, assistido pelo representante do Secretário Geral das Nações Unidas, João Bernardo Honwana, o governo entabulou contactos comas partes.

Dos referidos contactos resultou uma agenda de trabalhos a realizar com os diferentes órgãos de soberania do Estado.

A agenda de trabalho dos diferentes encontros efectuados, nomeadamente com S. Exa. o Presidente da república de Transição presenciada pela Assembleia Nacional Popular, com S. Exa. o Primeiro Ministro, consistia na análise da situação e discussão do documento de síntese de reivindicações apresentado anteriormente.

Apreciado o teor e a natureza das questões e reconhecendo a premente necessidade de salvaguardar a paz e estabilidade política e social, as partes:

Constatam:

1. Não se tratar de uma tentativa de Golpe de Estado;
2. A falta de condições de habitabilidade das casernas;
3. A deficiente alimentação nos quartéis;
4. A desproporção do sistema remuneratório proposto pela estrutura militar e adoptado pelo governo;
5. A não observância das leis da condição militar e das regras e processos de promoção;
6. As dificuldades de dialogo entre as chefias militares e as unidades;

---

[306] Feito em Bissau a 10 de Outubro de 2004.

7. O elevado grau de corrupção no seio da chefia militar;
8. A falta de regulamentação adequada do serviço militar;
9. A necessidade de promover a reunificação no seio das forças armadas;
10. A necessidade de promover a reconciliação no seio da sociedade castrense.

Assim, acordam:

I. Medidas de ordem política:

a. Retorno imediato dos militares às casernas e respeito pela ordem constitucional e democrática, legalmente constituída;
b. Respeito pela vida e garantia da integridade física das chefias militares;
c. Desenvolver acções que permitam restabelecer a confiança e um clima de entendimento nas Forças Armadas;
d. Promover a reforma das Forças Armadas;
e. Promover diligências junto do Presidente da república para que, no uso das competências que lhe são reservadas por lei, conceda indulto ou comutação de pena aos militares implicados nos casos de 22 e 23 de Novembro de 2001 e 2 de Dezembro de 2002;
f. Promover acções de sensibilização juntos dos parceiros de desenvolvimento para a melhoria das condições de habitabilidade nos quartéis, restabelecimento das cantinas e dos serviços de messes;
g. Reforçar mecanismos de controlo e gestão dos fundos postos à disposição das Forças Armadas;
h. Suscitar a consciência nacional sobre a necessidade de promover a reconciliação definitiva, a paz social e a estabilidade interna;
i. Promover junto da ANP para a concessão de uma amnistia aos implicados nos acontecimentos de 14 de Novembro de 1980, 17 de Outubro de 1985, 17 de Março de 1993, 7 de Junho de 1998, 22 e 23 de Novembro de 2001, 2 de Dezembro de 2002, 14 de Setembro de 2003 e 6 de Outubro de 2004.

II. Medidas de ordem financeira

a. Pagamento dos salários em atraso referentes aos meses de Outubro e Novembro de 2003 aos então ausentes do país em missão de manutenção de paz na Libéria;
b. Entabular contactos junto das Nações Unidas, por forma a acelerar o processo de liquidação dos salários referentes aos 5 meses em atraso, contraídos no quadro do programa da manutenção de paz na Libéria, Paro o efeito, estabelece-se a título excepcional o pagamento do valor mensal adicional de 400 dólares americanos;

c. Pagamento dos subsídios dos militares falecidos na Libéria, mediante prova da qualidade de herdeiros dos beneficiários, através dos fundos disponíveis em conta especial no BCEAO;
d. Atribuição dos subsídios de luto aos familiares dos militares falecidos na Libéria;
e. Pagamento da segunda prestação dos salários dos militares vítimas do caso 17 de Outubro de 1985, cuja primeira prestação já havia sido paga;
f. Pagamento do montante em falta referente à segunda prestação aos familiares dos executados no caso 17 de Outubro de 1985;
g. Reposição de parte do salário do mês de Março de 2003, do contingente militar enviado para a Libéria, no montante de 40.000.000 de Francos CFA;
h. Pagamento dos salários em atraso referentes aos casos de 7 de Junho de 1998 e 22/23 de Novembro de 2000, não obstante já terem sido efectuados, e encaminhar a situação de fraude ocorrida às instâncias judiciais competentes.

Feito em Bissau, aos dez dias do mês de Outubro de 2004, em quatro exemplares.
Outorgam na qualidade de:

Partes
Militares constituídos pelo grosso da manutenção de PAZ RGB na Libéria (Major Baúte Ianta)
Representante das Chefias Militares e do Estado Maior (General Batista Tagme Na Waié)

Garante
O Governo (Carlos Gomes Júnior – Primeiro Ministro)

Testemunhas
Representante da CEDEAO
Representante da CPLP

RESOLUÇÃO N.º 12/PL/ANP/2004

VII Legislatura

1.ª Sessão Ordinária do Ano Legislativo de 2004/2005
8 de Novembro a 26 de Novembro de 2004

Reunida em Bissau, a Plenária da ANP, na sua 1.ª Sessão Ordinária do Ano Legislativo 2004/2005 da VII Legislatura, adoptou em termos regimentais um debate de urgência, sobre a análise da situação político-militar do País, na sequencia dos acontecimentos de 6 de Outubro de 2004.

Depois da plenária ter ouvido com atenção a leitura da proposta apresentada pelo PRS e após um longo debate, fez-se uma radiografia da actual situação política vigente no país, com alto espírito de responsabilidade, tendo nomeadamente abordado a existência ou não do fenómeno do tribalismo, a problemática da governação e de boa gestão da coisa pública, e, sobretudo, as causas que estiveram na origem dos conflitos em que o País tem mergulhado há mais de 30 anos e que provocaram consideráveis perdas humanas, materiais e sacrifícios das nossas populações.

Assim:

Considerando que a actual situação política caracterizada pela suspeição de alguns cidadãos guineenses, quer no interior do país, quer no estrangeiro;

Tendo em atenção que o estado de espírito criado pela situação assim exposta constitui uma subjectividade cujas consequências se revelam perniciosas, face aos imperativos da estabilidade e unidade nacional, indispensáveis a captação do investimento público e privado;

Tendo ainda em conta que o memorando de entendimento assinado no dia 10 de Outubro de 2004 entre as partes do conflito de 6 de Outubro de 2004, recomenda diligências junto a esta Instituição da Soberania, no sentido de que se promover acções tendentes a concessão de amnistia nas sucessivas insurreições que têm assolado o país;

Considerando como imperativo do poder político o lançamento de um véu sobre o passado, proibindo a perseguição das pessoas, apagando o crime político e/ou militar e todas as suas consequências penais, salvo os direitos dos terceiros a título do pedido de indemnização pelos prejuízos que o acto lhes causou;

Considerando que em nome de uma total e abrangente Reconciliação Nacional e Estabilidade futura da nossa Pátria, os direitos dos cidadãos não poderão em circunstância alguma, ser diminuídos, retirados, ou de alguma forma subvertidos ou postos em causa por qualquer questão que eventualmente venha a ser suscitada e que se relacione com o período de exercício de Cargos Políticos ou de Funções Militares, período esses compreendido entre 1974 e a presente data;

Sabendo que a paz e a reconciliação, são valores fundamentais e inerentes ao Estado de Direito Democrático para o pleno exercício dos direitos de cidadania, assentes na dignidade e respeito da pessoa humana;

Convencidos que o gozo destes direitos implica, responsabilidades e deveres, tanto para com as outras pessoas individualmente consideradas, como para a comunidade humana e as gerações vindouras;

Convencidos finalmente que, o actual contexto socio-político da Nação, aconselha o uso de um atributo da soberania que fortaleça a irmandade e a confiança entre os guineenses, condições imperativas para efectiva promoção do desenvolvimento e justiça social;

A Assembleia Nacional Popular vota nos termos do ponto 2 do Artigo 91.º da CRGB, a seguinte Resolução:

- Que a presente Resolução visa a concórdia nacional como forma de consolidação do Estado de Direito Democrático, marcando uma viragem política definitiva, excluindo todas as formas de tolerância de uso da força como meio de acesso ao poder, assim como de solução de diferendos.
- Reter o princípio da concessão da amnistia e promover as diligências necessárias nos termos do Artigo 65.º, alínea n) da CRGB, no sentido da sua efectivação, numa próxima sessão extraordinária que deverá ser convocada para o efeito no mês de Janeiro de 2005.
- Que sejam restabelecidos imediatamente e definitivamente a todos os Cidadãos o pleno e total gozo de todos os seus direitos civis, políticos e garantia de segurança em liberdade constitucionalmente estabelecidos, independentemente dos Cargos Políticos ou Militares exercidos, forçados ou não ao exílio, permitindo aos mesmos circular livremente pelo país, a bem da sua participação efectiva no processo de Reconciliação Nacional, apaziguando o clima de tensão ora reinante na Guiné-Bissau.
- Criação de uma Comissão de Reconciliação Nacional.
- Que a referida Comissão tenha por Função, nomeadamente:
    a) Fiscalizar e acompanhar a implementação do memorando de entendimento;

- *b)* Efectivar a Reconciliação Nacional;
- *c)* Enraizar a Cultura da Paz;
- *d)* Promover intransigentemente a Consolidação da Unidade Nacional, da Democracia e do Estado de Direito, desencorajando práticas tendentes à divisão étnica do país.

– Reafirmar nos termos do Artigo 76.°, que a ANP é o órgão supremo legislativo e de fiscalização política, representativo de todos os cidadãos guineenses. Ela decide sobre as questões fundamentais da política interna e externa do Estado e o Artigo 85.° da CRGB, alínea h), que só a ela (ANP), cabe a competência de aprovar os tratados que envolvam a participação da Guiné-Bissau em organizações internacionais, os Tratados de Amizade, Paz, de Defesa, de Rectificação de Fronteiras e ainda quaisquer outros que o Governo entenda submeter-lhe.

– Felicitar as partes pela rápida disponibilidade em encontrarem um entendimento sobre a causa, razão desta resolução, que muito vinha abalando a credibilidade interna e externa do País, pondo em causa a paz e a estabilidade político-social, e exortá-los para o escrupuloso cumprimento do conteúdo desse memorando de entendimento.

Aprovado em Bissau, aos 26 dias do mês de Novembro do ano de 2004.

O Presidente da Assembleia Nacional Popular.

Dr. *Francisco Benante.*

PROJECTOS-LEI DE AMNISTIA (2004, 2006 E 2007)

Projecto-Lei (2004)

LEI GERAL DA AMNISTIA (2004)[307]

Considerando que a amnistia é o acto do poder político que lança um véu sobre o passado, proibindo a perseguição das pessoas, apagando o crime e todas as suas consequências penais, salvo os direitos dos terceiros a título de pedido de indemnização pelos prejuízos que o acto lhes causou.

Sabendo que a paz e a reconciliação, são valores fundamentais inerentes ao Estado de Direito Democrático para o pleno exercício dos direitos de cidadania, assentes na dignidade e respeito pela pessoa humana.

Convencidos que o gozo destes direitos implica tolerância democrática, responsabilidades e deveres, tanto para com as outras pessoas individualmente consideradas, como para a comunidade humana e as gerações vindouras.

Convencidos que, o actual contexto socio-político da nação, aconselha o uso excepcional de um atributo da soberania que fortaleça a irmandade e a confiança entre os guineenses, condições imperativas para efectiva promoção do desenvolvimento e justiça social.

A ANP, no uso das suas competências e atribuições, decreta. Nos termos da alínea n) do Artigo 85.° da CRGB, para valer como Lei Geral, o seguinte:

ARTIGO 1.°
(Definição)

Entende por amnistia, acto de perdão a todos aqueles que durante os exercícios das suas funções ou não, atropelaram a CRGB desde 1974.

---

[307] Projecto-Lei apresentando em Novembro de 2004.

ARTIGO 2.º
(Âmbito)

A amnistia que se refere o Artigo anterior abrange os anos de 1974 a presente data.

ARTIGO 3.º
(Atentado Contra a Constituição)

O cidadão guineense que desde 1974 até a presente data que no exercício das suas funções, atentou contra a CRGB, visando alterá-la ou suspendê-la por forma violenta ou por recurso a meios não democráticos nela previstos, são amnistiados pela presente Lei Geral da Amnistia.

ARTIGO 4.º
(Atentado contra o Estado de Direito)

O cidadão guineense que desde 1974 até a presente data que com flagrante desvio ou abuso das suas funções, ou com grave violação dos inerentes deveres, ainda que por meio não violento nem ameaça de violência, tentar destruir, alterar ou subverter o Estado de Direito constitucionalmente estabelecido, nomeadamente os direitos, liberdades e garantias estabelecidas na CRGB, na Declaração Universal dos Direitos do Homem e na Carta dos Direitos do Homem e dos Povos, é amnistiado pela presente Lei Geral da Amnistia.

ARTIGO 5.º
(Coacção Contra Órgãos de Soberania)

O cidadão guineense que desde 1974 até a presente data que por meio violento ou de ameaça de violência, impedir ou constranger o livre exercício das funções dos Órgãos de Soberania, são amnistiados pela presente Lei Geral da Amnistia.

ARTIGO 6.º
(Entrada em Vigor)

Este diploma entra imediatamente em vigor, após a sua publicação no Boletim Oficial.

Aprovado em ___ de Novembro de 2004.

    Publique-se.

O Presidente da Assembleia Nacional Popular.

Projecto-Lei (2005)

LEI DA AMNISTIA[308]

Preâmbulo

O lançamento do processo de reconciliação nacional tem como objectivo o estabelecimento de um clima de paz, de estabilidade e de sossego no seio dos guineenses, com intuito de lançar um véu sobre o passado.

Considerando que, ao conceder amnistia e perdão a vários crimes e infracções cometidos por delinquentes civis e por delinquentes pertencentes às forças armadas e às forças militarizadas irá certamente atingir este desiderato.

Atento que, a paz e a reconciliação, são valores fundamentais inerentes ao Estado de Direito Democrático para o pleno exercício dos direitos de cidadania, assentes na dignidade e respeito pela pessoa humana.

Tendo em conta que, o gozo destes direitos implica tolerância democrática, responsabilidades e deveres, tanto para com as outras pessoas individualmente consideradas, como para a comunidade humana e as gerações vindouras.

Tendo em vista que, o actual contexto socio-político da nação, aconselha o uso excepcional de um atributo da soberania que fortaleça a irmandade e a confiança entre os guineenses, condições imperativas para efectiva promoção do desenvolvimento e justiça social.

---

[308] Projecto-Lei apresentando em Novembro de 2006, objecto do **Despacho n.° 11//GP/ANP/2007** do Gabinete do Presidente da ANP, que em parágrafo único decidiu: "Admitir o presente Projecto-Lei sobre a amnistia, datado de 27/11/2006, sob condição de o autor (proponente): **a)** reformular o Projecto-Lei de Amnistia, com base nos factos atrás indicados; **b)** Definir em que momento "*in concreto*" os factos ocorridos devem ser Amnistiados; **c)** Eliminar os factos já condenados (Amnistia imprópria do crime) que são da competência do Presidente da República (indulto e comutação) e cingir-se apenas aos factos ainda não condenados (Amnistia própria do crime que são competência da Assembleia Nacional Popular). Feito em Bissau, aos 16 de Fevereiro de 2007."

A Assembleia Nacional Popular decreta, nos termos da alínea n) do Artigo 85.° da Constituição, o seguinte:

ARTIGO 1.°

São amnistiados os crimes e as infracções referidas nos artigos seguintes, desde que cometidas até 6 de Outubro de 2004.

ARTIGO 2.°

São amnistiados:

a) Os crimes previstos nos artigos 96.°, 98.°, 100.°, 103.°, 107.°, 108.°, 114.°, 115.°, 122.°, 139.°, 170.° e segs., do Código Penal e as infracções previstas no Código da Estrada;
b) Os crimes previstos nos artigos 215.° e segs., 238.° e segs. e 247.° do Código Penal, bem como os que, previstos em legislação especiais, aí sejam qualificados como crimes contra a segurança do Estado ou sejam mandados punir com as penas correspondentes a estes crimes.

ARTIGO 3.°

1. São perdoados, relativamente às penas correspondentes aos crimes a que se refere o artigo 2.° e esteja ainda a ser cumpridas:

a) 1 ano em todas as penas de prisão nas infracções cometidas por delinquentes primários;
b) 6 meses em todas as penas de prisão nas infracções cometidas pelos restantes delinquentes;
c) Um sexto, nunca inferior a 10 meses, das penas de prisão maior variáveis, correspondentes a infracção cometida por delinquentes primários;
d) Um oitavo, nunca inferior a 6 meses, das penas de prisão maior variáveis cometidas pelos restantes delinquentes.

2. São perdoadas às penas criminais privativas de liberdade já aplicadas, ainda que por decisão transitada, por quaisquer crimes da competência do foro civil ou militar, na sequência dos acontecimentos subversivos que tiveram lugar à data do referido artigo 1.°.

ARTIGO 4.°

Em caso de cúmulo jurídico o perdão incidirá sobre a pena unitária.

ARTIGO 5.°

O perdão referido no artigo 3.° é concedido sob a condição resolutiva de o beneficiário não praticar infracção dolosa nos 15 anos a data da entrada em vigor da presente lei ou à data em que vier a terminar o cumprimento da pena ou durante o cumprimento desta, caso em que à pena aplicada à infracção superveniente acrescerá a pena ou a parte da pena perdoada.

ARTIGO 6.°

Não beneficiam da amnistia decretada pela presente lei:

a) Os delinquentes habituais e por tendência;
b) Os transgressores ao Código da Estrada e seu regulamento quando tenha praticado a infracção em estado de embriaguez.

ARTIGO 7.°

Não beneficiam do perdão concedido pela presente lei:

a) Os delinquentes habituais e por tendência;
b) Os delinquentes que, tendo alguma vez beneficiado de perdão, perderam esse benefício nos termos da lei geral.

ARTIGO 8.°

Os benefícios previstos na presente lei não compreendem a anulação dos efeitos das penas, se já verificados, relativamente aos indivíduos integrados ou ao serviço das forças armadas.

ARTIGO 9.°

A presente amnistia não extingue a responsabilidade civil emergente dos factos delituosos praticados, podendo os ofendidos, no prazo de 90 dias, requerer o prosseguimento dos processos em que haja deduzido pedido cível de indemnização e devendo aproveitar-se a prova oferecida na acção penal.

ARTIGO 10.°

A presente Lei entra em vigor 30 dias após a sua publicação no Boletim Oficial.

Bissau, ___ de Novembro de 2006.

Projecto-Lei (2007)

PROJECTO DE LEI DA AMNISTIA

Exposição de motivos

O processo de reconciliação nacional só pode ter como objectivo criar um ambiente de estabilidade, apaziguando a tensão social existente, um verdadeiro clima de paz, o fim da violência e da ameaça, no qual seja possível construir, entre todos, a sociedade que se sonha e se quer mais justa e mais democrática.

A defesa destes valores sociais exige compromissos e colaboração entre todos os cidadãos.

Numa amnistia tenta-se encontrar o justo equilíbrio entre a vontade de generosidade e a necessidade de garantir a paz pública.

A figura da amnistia constitui ela própria uma espécie de barómetro da situação político-social de um país.

A amnistia tem de ser observada como contendo um potencial para servir os interesses da justiça, sendo simultaneamente uma medida conjectural, uma medida jurídico-política.

Considerando a al. i), do n.º I do Memorando de Entendimento de 10 de Outubro de 2004, bem como a Resolução n.º 12/PL/ANP/2004 (VII Legislatura) da Assembleia Nacional Popular de Novembro de 2004, não esquecendo a Resolução 1580 (2004) adoptada pelo Conselho de Segurança das Nações Unidas na sua reunião n.º 5107 de 22 de Dezembro de 2004 e tomando em consideração os princípios da justiça e da luta contra a impunidade, compatibilizando-os com a necessidade de consolidar a dinâmica para a estabilidade e para a paz, impedindo que se mantenha um clima de suspeição e de agitação política permanente, evitando a exploração política de alguns acontecimentos ocorridos na história recente da Guiné-Bissau.

Reconhecendo que o Estado não pode aceitar que este clima se eternize, minando irremediavelmente a base das instituições nacionais.

Sendo um instituto de carácter geral, que afasta as consequências jurídicas dos crimes, dirigido a grupos de factos ou agentes, a amnistia extingue o procedimento criminal e fazendo cessar a execução da sanção ainda não cumprida na totalidade, impede qualquer acção de perseguição relacionada com os factos abrangidos pela prescrição legal.

A Assembleia Nacional Popular decreta, nos termos do artigo 86.°, n.° 2 do seu Regimento e da alínea n) do artigo 85.° da Constituição da República da Guiné-Bissau, para valer como lei geral da República, o seguinte:

ARTIGO 1.°

São amnistiadas de pleno direito todos os crimes e infracções cometidos, tanto na Guiné-Bissau, como no estrangeiro, resultantes de motivações político-militares, quer os seus autores tenham sido já condenados por decisão transitada em julgado ou não.

ARTIGO 2.°

A presente amnistia abrange apenas os crimes e as infracções resultantes de motivações político-militares cometidas até 6 de Outubro de 2004.

ARTIGO 3.°

Consideram-se crimes com motivações político-militares, nomeadamente, os cometidos contra a segurança exterior e interior do Estado.

ARTIGO 4.°

1. Serão reintegrados nas suas funções, se o requererem, os servidores do Estado, militares e civis, que tenham sido demitidos, reformados, aposentados ou passados à reserva compulsivamente e separados do serviço por motivos de natureza política.

2. As expectativas legítimas de promoção que não se efectivaram por efeito da demissão, reforma, aposentação ou passagem à reserva compulsiva e separação do serviço devem ser consideradas no acto da reintegração.

ARTIGO 5.°

1. A amnistia prevista no Artigo 1.° não extingue a responsabilidade civil emergente de factos amnistiados.

2. A responsabilidade civil a que se refere o número anterior visa reparar os danos causados às vítimas ou aos seus familiares.

3. O Estado fica incumbido de assegurar o pagamento das indemnizações resultantes dos crimes amnistiados, através de um fundo especial que será gerido pelo Ministério das Finanças, apoiado por uma comissão multifuncional.

4. A comissão será dotada de competências para proceder ao levantamento dos acontecimentos e avaliações, e será assessorada tecnicamente pelo Ministério Público na determinação dos crimes abrangidos pela amnistia.

ARTIGO 6.º

Não beneficiam da amnistia decretada na presente lei os delinquentes habituais ou por tendência.

ARTIGO 7.º

A amnistia não é aplicável às despesas de processo.

ARTIGO 8.º

A presente lei entra em vigor no dia seguinte ao da sua publicação no Boletim Oficial.

CÓDIGO PENAL
(Artigos relevantes para a problemática em análise
– Decreto-Lei n.º 4/93 de 13 de Outubro)[309]

CÓDIGO PENAL

TÍTULO I
Da Lei Penal

CAPÍTULO I
Disposições Gerais

ARTIGO 1.º
Aplicação da lei penal

Salvo os crimes essencialmente militares, as disposições deste Código são aplicáveis a todas as demais infracções criminais, independentemente da lei que as tipifique.

ARTIGO 2.º
Princípio da legalidade

1. Só constitui crime o facto descrito e declarado como tal por lei ou que esta sancionar com uma das penas previstas no presente Código.
2. A lei criminal só se aplica aos factos praticados posteriormente à sua entrada em vigor.
3. A lei que tipifique um facto como crime ou que determinar a sanção aplicável é insusceptível de aplicação analógica mas admite interpretação extensiva.

---

[309] Decreto-lei n.º 4/93, Suplemento ao B.O. n.º 41 de 13 de Outubro de 1993, que aprovou o Código Penal.

ARTIGO 3.º
Retroactividade da lei penal

1. A lei penal posterior á prática de um crime será aplicada sempre que se revelar concretamente mais favorável ao agente.

2. O disposto no número anterior é aplicável aos casos em que a decisão já tenha transitado em julgado mas a sanção ainda não tenha sido cumprida nem declarada extinta.

3. O disposto nos números anteriores implica a aplicação global do regime resultante da lei nova mais favorável.

ARTIGO 4.º
Momento da prática do facto

O facto considera-se praticado no momento em que o agente actuou ou, no caso de omissão, deveria ter actuado, independentemente do momento em que o resultado típico se tenha produzido.

ARTIGO 5.º
Aplicação territorial da lei penal

A lei penal guineense é aplicável aos factos praticados em território da Guiné-Bissau, independentemente da nacionalidade do agente.

ARTIGO 6.º
Crimes praticados a bordo de navios ou aeronaves

Para efeitos do disposto no artigo anterior consideram-se território da Guiné--Bissau os navios e as aeronaves de matrícula ou sob pavilhão guineense.

ARTIGO 7.º
Factos praticados fora do território nacional

1. Salvo tratado ou convenção em contrario, a lei penal da Guiné-Bissau é aplicável a factos praticados fora do território nacional desde que:

   a) Constituam algum dos crimes previstos no título VII, no Capítulo III do título III ou nos artigos 203.º, 204.º e 205.º do Código Penal;
   b) Constituam algum dos crimes previstos no título I ou nos artigos 124.º, 125.º, 195.º e 196.º do Código Penal e o agente seja encontrado na Guiné-Bissau não sendo possível a sua extradição;
   c) Se trate de factos praticados por guineenses ou por estrangeiros contra guineenses, sendo os agentes encontrados na Guiné-Bissau.

2. No caso previsto na alínea anterior, se o agente não viver habitualmente na Guiné-Bissau ao tempo da prática dos factos, a lei penal guineense só se aplicará desde que:

a) Tais factos sejam criminalmente puníveis pela legislação do lugar em que foram praticados:
b) Constituam crime que admita extradição e esta não possa ser concedida.

ARTIGO 8.º
Restrições à aplicação da Lei Guineense

1. A lei penal guineense só é aplicável a factos praticados fora do território nacional quando o agente não lenha sido julgado no lugar da prática do facto ou tendo-o sido, se subtrair ao cumprimento total ou parcial da sanção.

2. Sendo aplicável a lei penal guineense o facto será julgado segundo a lei do lugar da sua prática se esta for concretamente mais favorável ao agente. A sanção aplicável será convertida na que lhe corresponder no sistema penal ou inexistindo correspondência, na que a lei guineense prever para o facto.

3. No caso de o agente ser julgado na Guiné-Bissau tendo-o sido anteriormente no lugar da prática do facto atender-se-á á pena que já tenha cumprido no estrangeiro.

ARTIGO 9.º
Lugar da prática do facto

O facto considera-se praticado tanto no lugar em que, total ou parcialmente, e sob qualquer forma de comparticipação, o agente actuou ou, no caso de omissão, deveria ler actuado, como naquele em que o resultado típico se tenha produzido.

(...)

CAPÍTULO II
Da Determinação da Pena

Secção I
Moldura Abstracta da Pena

(...)

ARTIGO 67.º
Reincidência

1. Todo o agente que, em consequência da prática de um crime doloso, tiver cumprido pena de prisão e, posteriormente, praticar, sob qualquer forma, um novo crime a que corresponda pena de prisão, será declarado reincidente se as circunstâncias do caso mostrarem que a condenação anterior não constituiu suficiente prevenção contra o crime.

2. Se entre as práticas dos crimes referidos no número anterior mediarem mais de quatro anos não se verifica a reincidência; para o prazo referido não conta o tempo em que o agente tiver cumprido pena privativa de liberdade.

3. Em caso de reincidência o limite mínimo da pena aplicável ao crime é elevado de um quarto da diferença entre os limites mínimo e máximo da referida pena.

ARTIGO 68.º
Especial tendência criminosa

1. Todo o agente que praticar um crime doloso a que devesse aplicar-se, concretamente, pena de prisão efectiva superior a um ano será declarado delinquente com especial tendência para o crime se, cumulativamente, se verificarem os seguintes pressupostos:

a) Ter praticado anteriormente três ou mais crimes dolosos a que tenha sido aplicada prisão;
b) Ter decorrido menos de quatro anos entre cada um dos crimes referidos e o seguinte;
c) A avaliação conjunta dos factos e da personalidade do agente revelar acentuada tendência para o crime;
d) Esta tendência subsistir no momento do julgamento.

2. A pena aplicável ao agente é a do crime cometido elevando-se o limite máximo de um terço da diferença entre os limites mínimo e máximo da pena prevista no tipo legal violado.

3. O disposto neste ARTIGO prevalece sobre as regras próprias da punição da reincidência.

(...)

CAPÍTULO IV
Outras Causas de Extinção

ARTIGO 94.º
Outras causas

Para além dos casos especialmente previstos na lei, a responsabilidade criminal extingue-se ainda pela morte, pela amnistia, pelo perdão genérico e pelo indulto.

ARTIGO 95.º
Morte do agente

A morte do agente extingue o procedimento criminal como sanção criminal que lhe tenha sido aplicada.

ARTIGO 96.º
Amnistia

1. A amnistia extingue o procedimento criminal e faz cessar a execução da sanção ainda não cumprida na totalidade, bem como os seus efeitos e as penas acessórias na medida em que for possível.
2. A amnistia não prejudica a indemnização de perdas e danos que for devida.
3. A amnistia pode ser aplicável sob condição.
4. Regra geral, a amnistia não aproveita aos reincidentes ou delinquentes com especial tendência criminosa.

ARTIGO 97.º
Amnistia e concurso de crimes

Salvo disposição em contrário, a amnistia é aplicada a cada um dos crimes a que foi concedida.

ARTIGO 98.º
Perdão genérico

1. O perdão genérico extingue, total ou parcialmente a pena.
2. O perdão genérico, em caso de cúmulo jurídico, incide sobre a pena única, salvo disposição em contrário.

ARTIGO 99.º
Indulto

1. O indulto extingue a pena, no todo ou em parte, ou substitui-a por outra prevista na lei e mais favorável ao condenado.
2. É correspondentemente aplicável o que dispõe o art. 96.º, n.º 2 e n.º 4.

PARTE ESPECIAL

TÍTULO I
Dos Crimes Contra a Paz, a Humanidade e a Liberdade

ARTIGO 100.º
Incitamento a guerra

1. Quem, por qualquer meio, pública e repetidamente, incitar ao ódio contra uma raça, um povo ou uma nação, com intenção de provocar uma guerra ou de impedir a convivência pacifica entre as diversas raças, povos ou nações, é punido com pena de prisão de um a cinco anos.
2. Na mesma pena incorre quem aliciar ou recrutar cidadãos guineenses para, ao serviço de grupo ou potência estrangeira, efectuar uma guerra contra um Estado ou para derrubar o Governo legitimo doutro Estado por meios violentos.

(...)

ARTIGO 103.º
Actos contra a liberdade humana

1. Quem, tendo por função a prevenção, a investigação, a decisão, relativamente a qualquer tipo de infracção, a execução das respectivas sanções ou a protecção, guarda ou vigilância de pessoas detidas ou presas:

a) A torturar ou tratar de forma cruel, degradante ou desumana;
b) A castigar por acto cometido ou supostamente cometido por ela ou por outra pessoa;
c) A intimidar ou para intimidar outra pessoa, ou
d) Obter dela ou de outra pessoa confissão, depoimento, declaração ou informação:

é punido com pena de prisão de um a oito anos.

2. Na mesma pena incorre quem, por sua iniciativa, por ordem de superior ou de acordo com a entidade competente para exercer a função referida no número anterior, assumir o desempenho dessa função praticando qualquer dos actos aí descritos.

3. Considera-se tortura, tratamento cruel, degradante ou desumano o acto que consista em infringir sofrimento físico ou psicológico agudo, cansaço físico ou psicológico grave ou no emprego de produtos químicos, drogas ou outros meios, naturais ou artificiais, com intenção de perturbar a capacidade de determinação ou a livre manifestação de vontade da vítima.

4. O disposto no número anterior não abrange as consequências limitativas da liberdade de determinação decorrentes da normal execução das sanções ou medidas previstas no n.º 1.

(...)

TÍTULO II
Dos Crimes Contra as Pessoas

CAPÍTULO I
Contra a Vida

ARTIGO 107.º
Homicídio

Quem tirar a vida a outra pessoa é punido com pena de prisão de oito a dezoito anos.

ARTIGO 108.º
Homicídio agravado

Se no caso concreto, a morte for:

a) Relativa a alguém cuja função social ou o tipo de relação existente entre a vitima e o agente acentuam de forma especial e altamente significativa o desvalor da acção;
b) Resultante de um modo de preparação ou de execução do acto ou de meios utilizados que revelam um especial e elevado grau de ilicitude;
c) Determinada por motivos ou por finalidade que patenteiam um especial aumento da culpa do agente;

este é punido com pena de prisão de doze a vinte e cinco anos.

(...)

CAPITULO II
Contra a Integridade Física

ARTIGO 114.º
Ofensas corporais simples

1. Quem ofender o corpo ou a saúde de outra pessoa é punido com pena de prisão até três anos ou com pena de multa.
2. O procedimento criminal depende de queixa.

ARTIGO 115.º
Ofensas corporais graves

1. Quem ofender o corpo ou a saúde de outra pessoa com a intenção de:

a) A privar de importante órgão ou membro;
b) A desfigurar grave e permanentemente;
c) Lhe afectar a capacidade de trabalho, as capacidades intelectuais, ou de procriação de maneira grave e duradoira ou definitivamente;
d) Lhe provocar doença permanente ou anomalia psíquica incurável, ou
e) Lhe criar perigo para a vida:

é punido com pena de prisão de dois a oito anos.

2. As Intervenções e outros tratamentos médicos feitos por quem se encontra profissionalmente habilitado não se consideram ofensas corporais: porém, da violação das «legis artis» resultar um perigo para o corpo, a saúde ou a vida do paciente, o agente será punido com prisão de seis meses a três anos.

(...)

CAPÍTULO III
Contra a Liberdade Pessoal

ARTIGO 122.º
Ameaças

1. Quem ameaçar outra pessoa com a prática de um crime de forma a que lhe provoque medo ou inquietação ou a prejudicar a sua liberdade de determinação é punido com pena de prisão até um ano ou com pena de multa.
2. O procedimento criminal depende de queixa.

(...)

CAPÍTULO VI
Contra a Vida Privada

ARTIGO 139.º
Violação de domicílio

1. Quem, sem consentimento, se introduzir na habitação de outra pessoa ou, autorizado a entrar, nela permanecer depois de intimado a retirar-se é punido com pena de prisão até um ano ou com pena de multa.
2. Se o agente, para mais facilmente cometer crime, se aproveitar da noite, do facto de a habitação se situar em lugar ermo, de serem três ou mais pessoas a praticar o facto, utilizar arma, usar de violência ou ameaça de violência ou actuar por meio de escalamento, arrombamento ou chave falsa, é punido com pena de prisão até três anos ou com pena de multa.
3. Se existirem pessoas no interior da habitação quando o agente cometer o crime é aplicável a mesma pena do número anterior que será agravada de um terço do limite máximo se ocorrer, simultaneamente, alguma das circunstâncias referidas.
4. A tentativa é punível.

(...)

ARTIGO 170.º
Administração danosa

1. Quem estiver encarregado de dispor ou de administrar interesses, serviços ou bens patrimoniais alheios, mesmo sendo sócio da sociedade ou pessoa

colectiva a que pertençam esses bens, interesses ou serviços, e por ter infringido intencionalmente as regras de controle e de gestão ou por ter actuado com grave violação e deveres inerentes à função causar dano patrimonial economicamente significativo, é punido com prisão até cinco anos.

2. Se os bens, interesses ou serviços pertencerem ao Estado a pessoa colectiva de utilidade pública, a uma cooperativa ou associação popular a pena aplicável é de seis meses a seis anos de prisão.

3. As mesmas penas são aplicáveis a quem se apropriar ou permitir que se apropriem ilegitimamente de coisas de que apenas podiam dispor no âmbito e com as finalidades próprias de quem administra património alheio.

ARTIGO 171.º
Administração abusiva

1. Quem, estando nas condições descritas no n.º 1 do ARTIGO anterior, causa grave dano patrimonial por não agir com diligencia a que secundo as circunstancias estava obrigado e de que era capaz, é punido com pena de prisão até um ano ou com pena de multa.

2. Se a situação for relativa a bens ou coisas pertencentes ao Estado, pessoa colectiva de utilidade Pública, cooperativa ou associação popular a pena aplicável é agravada de metade no seu limite máximo.

3. O procedimento criminal depende de queixa.

ARTIGO 172.º
Falência ou insolvência intencional

1. Quem, por qualquer meio, conduzir uma sociedade à situação de falência ou se colocar na situação de insolvente, com intenção de prejudicar os credores, se a falência ou insolvência for declarada, é punido com pena de prisão de um a oito anos.

2. Se os factos descritos no número anterior, respeitarem a empresas públicas ou cooperativas a pena é agravada de um terço nos seus limites.

ARTIGO 173.º
Falência ou insolvência negligente

Quem provocar falência ou insolvência por grave incúria ou imprudência, prodigalidade ou despesas manifestamente exageradas, ou grave negligência no exercício da sua actividade, é punido com pena de prisão até um ano ou com pena de multa, se a falência ou insolvência forem declaradas.

CAPÍTULO III
Contra a Economia Nacional

ARTIGO 174.º
Fraude fiscal

1. Quem, para não pagar ou permitir a terceiro que não pague, total ou parcialmente, qualquer imposto, taxa ou outra obrigação pecuniária fiscal devida ao Estado:
   a) Não declarando os factos sujeitos a tributação ou os necessários à sua liquidação;
   b) Declarar incorrectamente os factos em que se funda a tributação; ou
   c) Impedir por qualquer meio ou sonegar os elementos necessários a uma correcta fiscalização da actividade ou factos sujeitos à tributação:

é punido com pena de prisão de um a cinco anos.

2. Se a quantia devida e não paga por o agente ter actuado nos termos descritos no n.º anterior for superior a dez vezes o valor do salário correspondente à letra «Z» da Função Pública, o agente e punido com pena de prisão de um a oito anos.

ARTIGO 175.º
Perturbação de acto público

Quem, com intenção de impedir ou prejudicar os resultados de arrematação judicial ou contra a arrematação ou concurso públicos, conseguir, por meio de dádiva, promessa, violência ou ameaça, que alguém não lance ou não concorra ou que, embora lançando e arrematando, o faça em condições de falta de liberdade na prática daqueles actos, é punido com prisão até três anos ou com pena de multa.

ARTIGO 176.º[310]
Contrafacção de moeda

1. Quem praticar contrafacção de moeda ou depreciar moeda metálica legítima, com intenção de a pôr em circulação como verdadeira é punido com prisão de três a doze anos.

2. Se o agente além de praticar os factos descritos no número anterior, colocar efectivamente a moeda em circulação, a pena é agravada de um terço no seu valor máximo.

---

[310] Esta disposição foi revogada pelo art. 13.º da Lei n.º 7/97 de 2 de Dezembro, suplemento ao B.O. n.º 48 de 2 de Dezembro de 1997.

3. Quem, por acordo com o fiscalizador, expuser á venda, puser em circulação ou por qualquer outro meio difundir a moeda referida no n.º 1, é punido com pena de prisão de três a doze anos.

ARTIGO 177.º[311]
Passagem de moeda falsa

Quem, fora dos casos previstos no n.º 3 do art. anterior, adquirir para pôr em circulação ou puser efectivamente em circulação, vender ou por qualquer meio difundir a moeda contrafeita ou depreciada, como se de verdadeira se tratasse, é punido com pena de prisão de um a seis anos.

ARTIGO 178.º
Contrafacção de valores selados

1. Quem, para os vender, utilizar ou por qualquer outro modo os puser em circulação como legítimos, praticar contrafacção ou falsificação de valores selados ou timbrados cujo fabrico e fornecimento pertença exclusivamente ao Estado Guineense, é punido com prisão de dois a oito anos.

2. Quem praticar os factos descritos no número anterior relativamente a estampilhas postais em uso pelos Correios da Guiné-Bissau é punido com pena de prisão até três anos ou com pena de multa.

3. Quem utilizar os valores selados ou timbrados ou as estampilhas fiscais com as características referidas nos números anteriores é punido com pena de prisão até três anos ou com pena de multa.

4. A tentativa é punível.

ARTIGO 179.º
Contrafacção de selos, cunhos, marcas
ou chancelas

1. Quem, com intenção de os empregar como autênticos ou intactos, adquirir, contrafizer ou falsificar selos, cunhos, marcas ou chancelas de qualquer autoridade ou repartição pública é punido com pena de prisão de um a seis anos.

2. Quem utilizar os objectos referidos no numero anterior sabendo-os falsificados ou sem autorização de quem de direito, para causar prejuízo a outra pessoa ou ao Estado, é punido com prisão até três anos ou pena de multa.

---

[311] Esta disposição foi revogada pelo art. 13.º da Lei n.º 7/97 de 2 de Dezembro, suplemento ao B.O. n.º 48 de 2 de Dezembro de 1997.

3. Se quem utilizar os referidos objectos for o próprio falsificador a pena do n.º 1 será agravada de um terço no limite máximo.

4. No caso do n.º 2 a tentativa é punível.

ARTIGO 180.º
Pesos e medidas

1. Quem, com intenção de prejudicar outra pessoa ou Estado falsificar ou por qualquer outro meio alterar ou utilizar depois de praticados tais actos, pesos, medidas, balanças ou outros instrumentos de medida, é punido com prisão até três anos ou com pena de multa.

2. A tentativa é punível.

ARTIGO 181.º
Apreensão e perda

Serão apreendidas e postas fora de uso ou destruídas as moedas contrafeitas, falsificadas ou diferenciadas, e objectos equiparados, assim como os pesos, medidas ou todo e qualquer instrumento destinado à prática dos crimes previstos neste capítulo.

TÍTULO IV
Dos Crimes Relativos ao Processo Eleitoral

ARTIGO 182.º
Fraude no recenseamento

1. Quem impedir outra pessoa que sabe ter direito a inscrever-se, fizer constar factos que sabe não verdadeiros, omitir factos que devia inscrever ou por qualquer outro meio falsificar o recenseamento eleitoral é punido com pena de prisão até três anos ou com pena de multa.

2. Se a pessoa for impedida de se inscrever ou convencida a inscrever-se por meio de violência ou engano astuciosamente provocado a pena aplicável é a de prisão até cinco anos.

3. A tentativa é punível.

ARTIGO 183.º
Candidato inelegível

1. Quem, sabendo que não tem capacidade eleitoral para ser eleito, apresentar a sua candidatura, é punido com pena de prisão até três anos ou com pena de multa.
2. A tentativa é punível.

ARTIGO 184.º
Falta de cadernos eleitorais

Quem, para impedir a realização de acto eleitoral, estando encarregue da elaboração ou correcção dos cadernos eleitorais, não proceder à sua execução ou impedir que o substituto legal o faça, é punido com pena de prisão até três anos ou com pena de multa.

ARTIGO 185.º
Propaganda eleitoral ilícita

1. Quem usar meio de propaganda legalmente proibido ou continuar a propaganda eleitoral para além do prazo legalmente estabelecido ou em local proibido é punido com prisão até seis meses ou com pena de multa.
2. Quem impedir o exercício do direito de propaganda eleitoral ou proceder à sua destruição ilegítima é punido com pena de prisão até dois anos ou com pena de multa.

ARTIGO 186.º
Obstrução à liberdade de escolha

1. Quem por meio de violência, ameaça de violência ou mediante engano fraudulento constranger outra pessoa a não votar ou a votar num determinado sentido é punido com prisão até três anos ou com pena de multa.
2. É aplicável a mesma pena a quem solicitado a auxiliar na votação pessoa invisual ou quem legalmente a tal tiver direito, desrespeitar o sentido de voto que lhe for comunicado.
3. A tentativa é punível.

ARTIGO 187.º
Perturbação do acto eleitoral

1. Quem, por qualquer meio, perturbar o funcionamento da assembleia de voto é punido com prisão até seis meses ou com pena de multa.

2. Se a perturbação resultar de:
a) Violência ou ameaça de violência;
b) Tumulto ou ajuntamento populacional junto da assembleia;
c) Corte intencional de energia eléctrica;
d) Falta de alguém indispensável ao acto, e a realização do acto deva considerar-se gravemente afectada se se iniciar ou continuar;

o agente é punido com pena de prisão de um a seis anos.

3. É correspondentemente aplicável o disposto nos números anteriores ao apuramento dos resultados após o acto eleitoral.

ARTIGO 188.º
Obstrução à fiscalização do acto eleitoral

1. Quem, por qualquer modo, impedir o representante de qualquer força política, legalmente constituída e concorrente ao acto eleitoral, de exercer as suas competências fiscalizadoras é punido com prisão até três anos ou com pena de multa.

2. A tentativa é punível.

ARTIGO 189.º
Fraude na votação

1. Quem votar sem ter direito de voto ou o fizer mais de uma vez relativamente ao mesmo acto eleitoral é punido com pena de prisão até três anos ou com pena de multa.

2. Na mesma pena incorre quem permitir, dolosamente, a pratica dos factos descritos no número anterior.

3. A tentativa é punível.

ARTIGO 190.º
Fraude no escrutínio

Quem, por qualquer modo, viciar a contagem dos votos no acto de apuramento ou publicação, dos resultados eleitorais é punido com pena de prisão de um a cinco anos.

ARTIGO 191.º
Recusa de cargo eleitoral

Quem for nomeado para fazer parte das mesas das assembleias de votos e, injustificadamente, recusar assumir ou abandonar essas funções é punido com pena de prisão até seis meses ou com pena de multa.

ARTIGO 192.º
Violação do segredo do escrutínio

Quem em acto eleitoral realizado por escrutínio secreto, violar tal segredo, tomando ou dando conhecimento do sentido de voto doutra pessoa é punido com pena de prisão até um ano ou com pena de multa.

ARTIGO 193.º
Agravação

Se quem praticar algum dos crimes previstos no presente titulo desempenhar funções públicas, nomeadamente no Governo, na Assembleia Nacional Popular, no Conselho de Estado, nas Forças Armadas, como Magistrado Judicial ou do Ministério Publico nas diversas forças policiais ou nos órgãos administrativos regionais é punido com as sanções previstas no tipo preenchido elevados os respectivos limites para o dobro.

TÍTULO V
Dos Crimes Contra a Vida em Sociedade

CAPÍTULO I
A Família, a Religião e o Respeito pelos Mortos

ARTIGO 194.º
Falsificação do estado civil

1. Quem fizer ou omitir declarações em que se baseie o registo de actos civis com a intenção de alterar, privar ou encobrir o estado civil ou a posição jurídica familiar doutra pessoa é punido com pena de prisão até dois anos ou com pena de multa.

2. Na mesma pena incorre o funcionário que efectuar o registo de tais factos, sabendo-os não verdadeiros.

ARTIGO 195.º
Não cumprimento de obrigação alimentar

1. Quem estiver obrigado a prestar alimentos, tenha condições de o fazer e deixar de cumprir a obrigação de maneira a colocar em perigo a satisfação das necessidades fundamentais do alimentando, é punido com pena de prisão até três anos ou com pena de multa, mesmo que o auxílio prestado por outrem afaste o referido perigo.

2. O procedimento criminal depende de queixa.

ARTIGO 196.º
Subtracção de menor

1. Quem subtrair ou se recusar a entregar menor á pessoa a quem estiver confiada a sua guarda ou determinar o menor a fugir, é punido com prisão até três anos ou com pena de multa.

2. Se os factos descritos no número anterior forem praticados com violência ou qualquer outra ameaça significativa, o limite máximo da pena é aumentada de um terço.

3. O procedimento criminal depende de queixa.

ARTIGO 197.º
Perturbação de exercício religioso

1. Quem, por meio de violência ou de ameaça grave perturbar ou impedir a realização de actos de culto religioso é punido com prisão até seis meses ou com pena de multa.

2. Na mesma pena incorre quem profanar lugar ou objecto de culto ou veneração religiosa de forma a causar perturbação da tranquilidade pública.

3. O procedimento criminal depende de queixa.

ARTIGO 198.º
Perturbação de cerimónia fúnebre

1. Quem, por meio de violência ou ameaça grave, perturbar ou impedir a realização de cerimónia fúnebre é punido com prisão até seis meses ou com pena de multa.

2. Na mesma pena incorre quem profanar lugar ou objectos destinados ao cerimonial fúnebre ou profanar o cadáver.

3. O procedimento criminal depende de queixa.

CAPÍTULO II
Falsificações

ARTIGO 199.º
Falsificação de documentos ou notação técnica

1. Quem, com intenção de causar prejuízo a outra pessoa ou ao Estado, ou de obter para si ou para outra pessoa benefício ilegítimo:

a) Fabricar documentos, ou notação técnica falsos, falsificar ou alterar documento ou abusar da assinatura de outra pessoa para elaborar documento falso;
b) Fizer constar falsamente de documento ou notação técnica facto juridicamente relevante;
c) Atestar falsamente, com base em conhecimentos profissionais, técnicos ou científicos, sobre o estado ou qualidade física ou psíquica de pessoa, animais ou coisas; ou
d) Usar qualquer dos documentos ou notações técnicas referidos nas alíneas anteriores, fabricado ou falsificado ou emitido por outrem,

é punido com pena de prisão até três anos ou com pena de multa.

2. É equiparada á falsificação de notação técnica a acção perturbadora sobre aparelhos técnicos ou automáticos por meio da qual se influenciem os resultados da notação.

3. A tentativa é punível.

ARTIGO 200.º
Falsificação qualificada

1. Se os factos referidos no n.º 1 do ARTIGO anterior respeitarem a documento autêntico ou com igual força, a testamento cerrado, a vale de correio, a letra de câmbio, a cheque, outros documentos comerciais transmissíveis por endosso ou a notação técnica relativa à identificação, em parte ou todo, de veículos automóveis, aeronaves ou barcos, o agente é punido com prisão de dois a oito anos.

2. Se os factos descritos no número anterior ou no n.º 1 do art. 193.º, forem praticados por funcionário, no exercício das suas funções, o agente é punido com prisão de dois a oito anos.

ARTIGO 201.º
Uso de documento de identificação alheia

Quem, com intenção de causar prejuízo a outra pessoa ou ao Estado, utilizar documento de identificação de que é titular outra pessoa é punido com pena de prisão até seis meses ou com pena de multa.

ARTIGO 202.º
Falsificação por funcionário

O funcionário que, no exercício das suas funções:

a) Omitir facto que o documento a que a lei atribuir fé pública se destina a certificar ou autenticar; ou

b) Intercalar acto ou documento em protocolo, registo ou livro oficial sem cumprir as formalidades legais, com intenção de causar prejuízo a outra pessoa ou ao Estado, ou de obter para si ou para outra pessoa benefício ilegítimo,

é punido com pena de prisão até quatro anos.

TÍTULO VI
Dos Crimes Contra a Paz e a Ordem Pública

ARTIGO 203.º
Organização terrorista

1. Quem promover, fundar, financiar, chefiar ou dirigir grupo, organização ou associação terrorista é punido com pena de prisão de cinco a vinte anos.

2. Considera-se grupo, organização ou associação terrorista todo o agrupamento de duas ou mais pessoas que, actuando concertadamente, visam prejudicar a integridade ou a independência nacionais, impedir, alterar ou subverter o funcionamento das instituições do Estado previstas na Constituição, forçar a autoridade pública a praticar um acto, a abster-se de o praticar ou a tolerar que se pratique, ou a intimidar certas pessoas, grupo de pessoas ou a população em geral mediante a prática de crime.

3. Quem aderir ao grupo, organização ou associação terrorista ou de qualquer outra forma ajudar a executar ou executar os actos referidos no número anterior é punido com prisão de três a quinze anos.

4. Quem praticar actos preparatórios da constituição de grupo, organização ou associação terrorista é punido com pena de prisão de um a dez anos.

ARTIGO 204.º
Tomada de refém

1. Quem para realizar qualquer das finalidades descritas no artigo anterior, pela violência ou ameaça de violência, privar outra pessoa da liberdade a man-

tiver, contra vontade, em determinados locais ou a impedir de livremente a abandonar ou contactar com outra pessoa é punido com pena de prisão de dez anos a vinte e cinco anos.
2. Os actos preparatórios são punidos com prisão de um a dez anos.
3. Se o sujeito passivo da conduta descrita no n.° 1 for titular de algum órgão de soberania a pena de prisão é de cinco a vinte anos.

ARTIGO 205.°
Desvio ou tomada de navio ou aeronave

1. Quem se apoderar ou desviar da sua rota normal navio ou aeronave é punido com pena de prisão de dois a doze anos.
2. Se o navio ou aeronave transportar pessoas na altura em que forem praticados os factos descritos no número anterior a pena de prisão é de cinco a quinze anos.
3. Se da conduta referida nos números anteriores resultar perigo grave para a vida das pessoas a pena de prisão é de cinco a vinte anos.

ARTIGO 206.°
Armas proibidas

1. Quem, fora das prescrições legais, fabricar, importar, transportar, vender ou ceder a outrem armas de fogo, armas químicas, munições para aquelas armas ou qualquer tipo de explosivo, e punido com prisão até três anos ou com pena de multa.
2. Quem praticar os factos descritos no número anterior relativamente a armas de guerra é punido com prisão de dois a oito anos.
3. A simples detenção porte ou uso de arma de fogo em que o agente não esteja legalmente autorizado é punível com pena de prisão até um ano ou com pena de multa.

ARTIGO 207.°
Associação criminosa

1. Quem promover ou fundar grupo, organização ou associação cuja finalidade ou actividade seja dirigida a prática de crimes é punido com pena de prisão de três a dez anos.
2. Quem aderir, apoiar ou participar em qualquer das actividades de tais grupos é punido com a pena de um a seis anos especialmente atenuada se as circunstâncias justificarem.
3. Quem chefiar ou dirigir os grupos referidos nos números anteriores é punido com pena de prisão de dois a oito anos.

ARTIGO 208.º
Instigação à pratica de crime

1. Quem, publicamente e por qualquer meio. Incitar à prática de um crime é punido com pena de prisão até dois anos ou com pena de multa.

2. Quem, também publicamente, elogiar ou recompensar quem tiver praticado algum crime de modo a que, com tal conduta, incite à prática de idênticos crimes é punido com prisão até dois anos ou com pena de multa.

3. Se no caso dos números anteriores vier a ser praticado o crime cuja prática o agente tinha instigado, a pena aplicável, se outra mais grave lhe não corresponder por força de disposição legal, é de um a cinco anos de prisão.

ARTIGO 209.º
Atentado contra a saúde pública

1. Quem colocar á venda, administrar ou ceder por qualquer forma a outra pessoa produtos alimentares ou farmacêuticos deteriorados e susceptíveis de pôr em perigo a vida é punido com prisão de um a dez anos.

2. Se sobrevier a morte por causa do consumo de tais produtos a pena de prisão é agravada de um terço nos seus limites.

ARTIGO 210.º
Proibição de comercialização

1. Quem, sem estar habilitado, vender, administrar ou ceder por qualquer forma, habitualmente, a outras pessoas, produtos farmacêuticos ou outros cujos comércio e prescrição sejam reservados a profissionais da saúde é punido com pena de prisão até três anos ou com multa.

2. Na mesma pena incorre quem, sem estar habilitado ao exercício profissional de actos médicos os praticar de forma habitual.

3. Se em consequência da prática dos factos descritos no número anterior resultar perigo para vida doutra pessoa a pena é de um a cinco anos de prisão.

ARTIGO 211.º
Atentado contra a segurança dos transportes

1. Quem praticar qualquer facto adequado a provocar a falta ou a diminuição da segurança em meio de transporte e, deste modo, vier a criar um perigo para a vida ou para a integridade física de outra pessoa é punido com pena de prisão de um a dez anos.

2. A negligência relativamente à conduta ou ao perigo referidos no número anterior é punida com pena de prisão até três anos ou com pena de multa.

ARTIGO 212.º
Condução perigosa

1. Quem conduzir qualquer veículo em via pública e, por não estar em condições de o fazer em segurança ou por violar grosseiramente as regras de circulação rodoviária, criar perigo para a vida ou para a integridade física de outrem é punido com prisão de um a cinco anos.

2. É correspondentemente aplicável o disposto no n.º 2 do artigo anterior sendo a pena aplicável de prisão até um ano ou multa.

ARTIGO 213.º
Participação em motim

1. Quem tomar parte em motim público, durante o qual forem cometidas colectivamente violências contra pessoas ou propriedades, será punido com prisão de seis meses até um ano, se outra pena mais grave lhe não couber pela participação no crime cometido.

2. A pena de prisão será de um a três anos, se o agente provocou ou dirigiu o motim.

3. Os limites mínimos e máximos de pena elevar-se-ão no caso dos números anteriores ao dobro se o motim foi armado.

ARTIGO 214.º
Exercício de direitos políticos

Quem impedir, por violência ou ameaça, a outrem de exercer os seus direitos políticos é punido com pena de prisão de três meses até um ano.

TÍTULO VII
Dos Crimes Contra a Segurança do Estado

ARTIGO 215.º
Traição à Pátria

Quem, por meio de violência, ameaça de violência, usurpação ou abuso de funções de soberania, impedir ou tentar impedir o exercício da soberania nacional no território ou em parte do território da Guiné-Bissau ou puser em perigo a integridade do território nacional, como forma de submissão ou entrega à soberania estrangeira é punido com pena de prisão de dez a vinte anos.

ARTIGO 216.º
Serviço ou colaboração com forças armadas inimigas

1. O cidadão guineense que colaborar com país ou grupos estrangeiro ou com os seus representantes, ou que servir debaixo da bandeira do país estrangeiro durante guerra ou acção armada contra a Guiné-Bissau é punido com pena de prisão de cinco a vinte anos.

2. Os actos preparatórios relativos aos factos descritos no número anterior são punidos com pena de prisão de dois a doze anos.

3. Quem, sendo guineense ou residente no território nacional, praticar actos adequados a ajudar ou facilitar qualquer acção armada ou guerra contra a Guiné--Bissau por país ou grupo estrangeiro é punido com pena de prisão de cinco a quinze anos.

ARTIGO 217.º
Sabotagem contra a defesa nacional

Quem destruir, danificar ou tornar não utilizável, total ou parcialmente:

a) Obras ou materiais próprios ou afectos às forças armadas:
b) Vias ou meios de comunicação ou de transporte;
c) Quaisquer outras instalações relacionadas com comunicações ou transportes:
d) Fabricas ou depósitos, com intenção de prejudicar ou colocar em perigo a defesa nacional,

é punido com pena de prisão de cinco a quinze anos.

ARTIGO 218.º
Campanha contra esforço pela paz

Quem, sendo guineense ou residente no território nacional, em tempo de preparação ou de guerra, difundir por qualquer meio, de modo a tornar público, rumores ou afirmações, próprias ou alheias, que saiba serem, total ou parcialmente, falsas, para prejudicar o esforço pela paz da Guiné-Bissau ou para auxiliar o inimigo estrangeiro é punido com prisão de dois a oito anos.

ARTIGO 219.º
Violação de segredo do Estado

1. Quem, pondo em perigo o interesse do Estado guineense relativo à sua segurança exterior ou à condução da sua política externa, transmitir, tornar acessível a pessoa não autorizada ou tornar público facto, documento, plano, objecto,

conhecimento ou qualquer outra informação que devessem, por causa daquele interesse, permanecer secretos em relação a país estrangeiro, é punido com pena de prisão de um mês a dez anos.

2. Quem colaborar com governo ou grupo estrangeiro com intenção de praticar os factos referidos no número anterior ou recrutar ou auxiliar outra pessoa encarregada de os praticar é punido com a mesma pena do número anterior.

3. Se o agente que praticar os factos descritos nos números anteriores exercer qualquer função politica, pública ou militar que, pela sua natureza, devesse inibi-lo de praticar tais factos mais fortemente do que ao cidadão comum, é punido com pena de prisão de um a quinze anos.

ARTIGO 220.º
Infidelidade diplomática

Quem, representando oficiosamente o Estado guineense, com intenção de prejudicar direitos ou interesses nacionais:

a) Conduzir negócio de Estado com governo estrangeiro ou organização internacional; ou

b) Assumir compromissos em nome da Guiné-Bissau sem para isso estar devidamente autorizado,

é punido com pena de prisão de dois a doze anos.

ARTIGO 221.º
Alteração do Estado de Direito

1. Quem, por meio de violência ou ameaça de violência, tentar destruir, alterar ou submeter o Estado de Direito constitucionalmente estabelecido é punido com prisão de cinco a quinze anos.

2. Se o facto anterior for praticado por meio de violência armada, o agente é punido com prisão de cinco a quinze anos.

3. O incitamento público ou a distribuição de armas para a prática dos factos referidos nos números anteriores é, respectivamente, punido com pena de correspondência à tentativa.

ARTIGO 222.º
Atentado contra o chefe de Estado

1. Quem atentar contra a vida, a integridade física ou a liberdade do chefe de Estado, de quem constitucionalmente o substituir ou de quem tenha sido eleito para o cargo, mesmo antes de tomar posse, é punido com pena de prisão de cinco

a quinze anos, se ao facto não corresponder pena mais grave por força de outra disposição legal.

2. Em caso de consumação de crime contra a vida, a integridade física ou a liberdade, o agente é punido com a pena correspondente ao crime praticado agravado de um terço nos seus limites, sem prejuízo do disposto nos artigos 41.º e 44.º.

ARTIGO 223.º
Crime contra pessoa que goze de protecção internacional

1. Quem praticar qualquer crime contra pessoa que goze de protecção internacional quando esta se encontrar no desempenho de funções oficiais na Guiné-Bissau, é punido com a pena correspondente ao crime agravada de um terço nos seus limites, sem prejuízo do disposto nos artigos 41.º e 44.º, e desde que haja reciprocidade no tratamento penal de tais factos quando as vítimas representarem outros Estados.

2. Gozam de protecção internacional para o efeito do disposto no presente artigo:

   a) Chefe de Estado, chefe do Governo ou Ministro dos Negócios Estrangeiros e membros de família que os acompanhem;
   b) Representante ou funcionário de Estado estrangeiro ou agente de organização internacional que, no momento do crime, gozam de protecção especial segundo o direito Internacional e família que os acompanhem.

ARTIGO 224.º
Ultraje de símbolos nacionais

Quem, publicamente, por palavras, gestos ou divulgações de escrito, ou por outro meio de comunicação com o público, ultrajar a República, a bandeira ou hino nacional, as armas ou emblemas da soberania guineense ou faltar ao respeito que lhe é devido, é punido com prisão até três anos.

TÍTULO VIII
Dos Crimes Contra a Realização da Justiça

ARTIGO 225.º
Falsidade por parte de interveniente em acto processual

1. Quem, num processo judicial perante tribunal ou funcionário competente como meio de prova, declaração, informações, relatórios ou quaisquer outros

documentos, prestar depoimento de parte, intervier como assistente, testemunha, perito técnico, tradutor ou interprete ou prestar declarações à identidade, antecedente criminais, na qualidade de suspeito, prestando declarações e informações falsas ou elaborando relatório ou quaisquer outros documentos falsos, é punido com prisão até quatro anos.

2. Na mesma pena incorre quem, sem justa causa, se recusar a prestar declarações e informações ou a elaborar relatórios ou quaisquer outros documentos.

3. Se o agente praticar os factos referidos nos números anteriores depois de advertido das consequências penais a que se expõe, a pena é de um a cinco anos de prisão.

4. Se, em consequência das condutas anteriormente descritas alguém for privado da liberdade o agente é punido com prisão de dois a oito anos.

ARTIGO 226.º
Arrependimento

O arrependimento e a retracção do agente que tiver praticado algum dos factos descritos no artigo anterior antes da falsidade ter sido tomada em conta na decisão ou ter causado prejuízo a outra pessoa, equivale à desistência.

ARTIGO 227.º
Suborno

Quem convencer ou tentar convencer outra pessoa, através de dádiva ou promessa de vantagem patrimonial ou não patrimonial, praticar qualquer dos factos referidos no art. 204.º, sem que este venha a ser praticado, é punido com pena de prisão até três anos ou com multa.

ARTIGO 228.º
Coacção sobre magistrado

1. Quem, aproveitando-se do facto de estar investido em cargo de natureza política, púbica, militar ou policial ameaçar algum magistrado de qualquer mal ou por qualquer outro meio actuar de forma a impedi-lo de exercer livremente as suas funções é punido com prisão de dois a dez anos.

2. Se, em consequência da conduta descrita no número anterior, o magistrado omitir ou praticar acto em violação de lei expressa e de que resulte prejuízo para terceiros a pena é de três a doze anos de prisão.

ARTIGO 229.º
Obstrução à actividade jurisdicional

1. Quem, por qualquer meio, se opuser, dificultar ou impedir o cumprimento ou execução de alguma decisão judicial transitada em Julgado é punido com pena de prisão de um a cinco anos.

2. Se o agente que praticar os factos descritos no número anterior for algum dos referidos no artigo 219.º, n.º 3, a pena é de dois a dez anos de prisão.

ARTIGO 230.º
Denúncia caluniosa

1. Quem, por qualquer meio, perante autoridade ou publicamente, com a consciência da falsidade da imputação, denunciar ou lançar sobre determinada pessoa a suspeita da prática de um crime, com a intenção de que contra ele se instaure procedimento criminal, é punido com pena de prisão até três anos ou com multa.

2. Se a falsa imputação se referir a ilícito contra-ordenacional, ou disciplinar a pena será especialmente atenuada.

3. Se os factos referidos nos números anteriores forem dolosamente promovidos por algum funcionário encarregado de instaurar o respectivo procedimento as penas aplicáveis são agravadas de um terço nos seus limites.

ARTIGO 231.º
Não promoção

1. Quem tendo conhecimento da prática de um crime público por determinada pessoa e, estando obrigado a participá-lo, não o fizer, é punido com a pena correspondente ao crime que encobriu, especialmente atenuada.

2. Não e de aplicar a atenuação especial referida no número anterior se o crime encoberto for algum dos regulados.

ARTIGO 232.º
Prevaricação

1. O funcionário que em qualquer fase dum processo jurisdicional, com intenção de beneficiar ou prejudicar outra pessoa, praticar qualquer acto no âmbito dos poderes funcionais de que é titular, conscientemente e contra direito, é punido com pena de prisão de um a seis anos.

2. Se do facto descrito no número anterior resultar a privação da liberdade de uma pessoa ou se o acto se traduzir numa situação de prisão ou detenção ilegal, a pena é de dois a dez anos de prisão.

ARTIGO 233.º
Prevaricação do advogado ou solicitador

1. O advogado ou solicitador que intencionalmente prejudicar causa entregue ao seu patrocínio é punido com pena de prisão até cinco anos.
2. O advogado ou solicitador que, na mesma causa, advogar ou exercer solicitadoria relativamente a pessoas cujos interesses estejam em conflito, com intenção de actuar em benefício ou prejuízo de algum deles é punido com prisão de um a cinco anos.

ARTIGO 234.º
Simulação do crime

1. Quem, sem o imputar a pessoa determinada, denunciar crime ou fizer criar suspeita da sua prática á autoridade competente, sabendo que se não verificou, é punido com pena de prisão até dois anos ou com multa.
2. Se o facto respeitar a contravenção, contra-ordenação ou ilícito disciplinar, o agente é punido com pena de prisão até seis meses ou com multa.
3. Se os factos descritos nos números anteriores forem praticados por funcionários encarregues de instaurar o respectivo procedimento, as penas aplicáveis são agravadas de um terço nos seus limites.

ARTIGO 235.º
Favorecimento pessoal

1. Quem, total ou parcialmente, impedir prestar ou iludir actividade probatória ou preventiva de autoridade competente, com intenção ou com consciência de tentar que outra pessoa, que praticou um crime seja submetida a pena ou medida de segurança, é punido com pena de prisão até três anos ou com multa.
2. A tentativa é punível.
3. Se o favorecimento for praticado por funcionário que intervenha ou tenha competência para intervir no processo ou que seja encarregue de executar pena ou medida de segurança ou para ordenar a má execução, a pena é de um a cinco anos de prisão.

ARTIGO 236.º
Não punibilidade do favorecimento

O agente que procurar com a prática do facto evitar que contra si seja aplicada ou executada pena ou medida de segurança ou que agir para benefício do cônjuge, ascendente, descendente, parente até ao 2.º grau, não é punível.

ARTIGO 237.°
Violação do segredo de justiça

Quem, sem justa causa, tornar público o teor de acto processual penal abrangido pelo segredo de justiça ou em que tenha sido decidido excluir a publicidade, é punido com pena de prisão de seis meses e três anos ou com pena de multa.

TÍTULO IX
Dos Crimes Contra a Autoridade Pública

ARTIGO 238.°
Obstrução à autoridade pública

1. Quem, por meio de violência ou ameaça grave contra funcionário ou agente de forças militares, militarizados ou policiais, se opuser á prática de acto relativo ao exercício das suas funções ou constranger á prática de acto contrário aos seus deveres é punido com pena de prisão de um a seis anos.

2. Se o acto referido no número anterior for efectivamente praticado ou impedido de ser praticado a pena é de um a dezoito anos de prisão.

ARTIGO 239.°
Desobediência

1. Quem, depois de advertido de que a sua conduta é susceptível de gerar responsabilidade criminal, faltar ou persistir na falta á obediência devida a ordem ou mandado legítimos, regularmente comunicados e provenientes de entidade competente, é punido com pena de prisão até cinco anos ou com multa.

2. Nos casos em que a disposição legal qualificar o facto como desobediência qualificada a pena e de três anos de prisão ou multa.

3. Desobediência a concretas proibições ou interdições cominadas em sentença criminal como pena acessória ou medidas de segurança não privativa de liberdade é punível com a pena referida no n.° 1.

ARTIGO 240.°
Tirada de presos

1. Quem, por meios ilegais, libertar ou, por qualquer meio, auxiliar a evasão de pessoa legalmente privada da liberdade, é punido com prisão de um a seis anos.

2. Se os factos descritos forem praticados com uso de violência, utilizando armas ou com a colaboração de mais de duas pessoas, a pena é de prisão de um a oito anos.

ARTIGO 241.º
Evasão

1. Quem encontrando-se legalmente privado da liberdade, se evadir é punido com pena de prisão até três anos.
2. Se a evasão for conseguida por algum dos meios descritos no n.º 2 do artigo anterior a pena é de um a cinco anos de prisão.

ARTIGO 242.º
Auxílio de funcionário à evasão

1. O funcionário que auxilie na prática de algum dos factos descritos nos artigos 233.º e 234.º é punido com as penas aí indicadas agravadas de um terço nos seus limites.
2. Se o funcionário devesse exercer a guarda ou vigilância sobre o evadido e, mesmo assim, tiver auxiliado naqueles factos, a pena é agravada de um quarto nos seus limites.
3. No caso do número anterior, se a evasão for devida a negligência grosseira por parte do funcionário encarregue da guarda ou da vigilância do evadido, a pena é de prisão até três anos ou multa.

ARTIGO 243.º
Motim de presos

1. Quem, encontrando-se legalmente privado da liberdade, concertada e em comunhão de esforços com outra pessoa nas mesmas circunstâncias, atacarem ou ameaçarem com violência, quem estiver encarregado da sua vigilância ou guarda, para conseguirem a sua evasão ou a de terceiro, ou para obrigarem a prática de acto ou à abstenção da sua prática, é punido com prisão de um a oito anos.
2. Se forem conseguidos os intentos de evasão própria ou alheia a pena é de dois a dez anos de prisão.

ARTIGO 244.º
Usurpação de funções públicas

Quem:

a) Para tal não estiver autorizado, exercer funções ou praticar actos próprios de funcionários, de comando militar ou de força policial, arrogando-se, expressa ou tacitamente, essa qualidade;
b) Continuar no exercício de funções públicas, depois de lhe ter sido oficialmente notificada demissão ou suspensão de funções;

é punido com pena de prisão até quatro anos.

ARTIGO 245.º
Desencaminho ou destruição de objectos sob poder público

Quem destruir, danificai ou inutilizar, total ou parcialmente, ou por qualquer forma, subtrair ao poder público, a que está sujeito, documento ou outro objecto móvel, bem como coisa que tiver sido arrestada, apreendida ou objecto de providência cautelar, é punido com pena de prisão de um a seis anos, se pena mais grave lhe não couber por força de outra disposição legal.

ARTIGO 246.º
Quebra de marcos e selos

Quem abrir, romper ou inutilizar, total ou parcialmente, marcas ou selos, apostos legitimamente por funcionário competente, para identificar ou manter inviolável qualquer coisa, ou para certificar que sobre esta recaiu arresto apreensão ou providência cautelar, é punido com pena de prisão de três anos ou com pena de multa.

TÍTULO X
Dos Crimes Cometidos no Exercício das Funções Públicas

ARTIGO 247.º
Corrupção passiva

1. O funcionário que por si, por interposta pessoa com o seu consentimento ou autorização, solicitar ou aceitar, para si ou para terceiro, sem que lhe seja devida, vantagem patrimonial ou não patrimonial, ou a sua promessa, como contrapartida de acto ou omissão contrários aos deveres do cargo, é punido com pena de prisão de dois a dez anos.

2. Se o facto não executado, o agente é punido com pena até três anos ou com pena de multa.

3. Se os factos descritos no n.º 1 do presente artigo o forem como contrapartida de acto ou de omissão não contrárias aos deveres do cargo, o funcionário é punido com pena de prisão até três anos ou com multa.

4. Se o agente, antes da prática do facto, voluntariamente repudiar o oferecimento ou promessa que aceitar, ou restituir a vantagem, ou tratando-se de coisa fungível, o seu valor, não será punido.

ARTIGO 248.º
Corrupção activa

1. Quem por si, por interposta pessoa, com o seu consentimento ou ratificação, der ou prometer a funcionário, ou a terceiro com conhecimento daquele, vantagem patrimonial ou não patrimonial que ao funcionário não seja devida, é punido com pena de prisão de um mês a cinco anos.

2. Se o fim for o indicado no art. 242.º, n.º 3, o agente é punido com pena de prisão até dois anos ou com pena de multa.

ARTIGO 249.º
Peculato

1. O funcionário que ilegitimamente se apropriar, em proveito próprio ou de outra pessoa, de dinheiro ou qualquer coisa móvel, pública ou particular, que lhe tenha sido entregue, esteja na sua posse ou lhe seja acessível em razão das suas funções, é punido com pena de prisão de dois a doze anos, se pena mais grave lhe não couber por força de outra disposição legal.

2. Se o funcionário der de empréstimo, empenhar ou, de qualquer forma, onerar valores ou objectos referidos no n.º 1, é punido com pena de prisão até três anos ou com pena de multa, se pena mais grave lhe não couber por força de outra disposição legal.

ARTIGO 250.º
Peculato de uso

O funcionário que fizer uso ou permitir que outra pessoa faça uso para fins alheios àqueles a que se destinem, de veículos ou de outras coisas obter, para si ou para terceiro, benefício ilegítimo ou causar prejuízo a outra pessoa, é punido com prisão até três anos ou com multa, se pena mais grave, lhe não couber por força de outra disposição legal.

LEI N.º 1997-016 DE 7 DE MARÇO DE 1997 MALI (TRADUÇÃO)

Lei número 1997-016 de 07 de Março de 1997 que suporta a amnistia[312]

A Assembleia Nacional delibera e adopta na sua reunião de 20 de Fevereiro de 1997 e
O Presidente da República promulga a lei com o seguinte conteúdo:

ARTIGO 1.º

As infracções em seguida citadas, assim como a sua tentativa ou cumplicidade, previstas e punidas pelo Código Penal, o Código do Trabalho e a lei n.º 60--4/AL-RS de 7 de Junho de 1960 que fixa o regime da armas e munições, alterada pela lei n.º 85-52/NA/RM de 21 de Junho de 1985, cometidas em território nacional no período de 29 de Junho de 1990 a 27 de Março de 1996 em conexão com a rebelião são amnistiadas: atendendo à segurança interna do Estado; destruição de edifícios; oposição à autoridade legítima; violência e vias de facto contra agente da força pública; obstrução da via pública; associação de malfeitores; encobrimento de malfeitores; crimes e delitos de carácter racial ou regionalista; homicídio voluntário; homicídio involuntário; golpes e ofensas voluntárias; violências e vias de facto; rapto de pessoas; prisão ilegal e sequestro de pessoas; violação; denúncia caluniosa; incêndio voluntário; danos voluntários à propriedade imobiliária ou mobiliária de outrem; pilhagem; extorsão e esbulho fraudulento; roubo qualificado; roubo simples; revelação de segredo; ameaças; usurpação de títulos ou funções; atentado à liberdade de trabalho; detenção e porte ilegal de armas ou munições.

---

[312] Tradução não oficial.

ARTIGO 2.º

A Amnistia abrange entre outros aos factos passíveis de sanções disciplinares ou profissionais que estas infracções possam igualmente constituir.

ARTIGO 3.º

São excluídos do campo de aplicação da presente lei, os crimes e delitos cometidos contra pessoas presentes no território nacional a título de cooperação ao desenvolvimento e cobertas pela imunidade diplomática.

ARTIGO 4.º

Em ausência de condenação definitiva, as contestações relativas aos factos amnistiados serão submetidas à jurisdição competente para decidir sobre a sua propositura.

Bamako, 7 de Março de 1997

O Presidente da República,
Alpha Oumar Konare

LEI N.º 91-40 DE 10 JULHO DE 1991
SENEGAL (TRADUÇÃO)

Lei n.º 91-40 de 10 de Julho de 1991 que suporta a amnistia[313]

ARTIGO 1.º

São amnistiados de pleno direito todas as infracções criminais ou correccionais cometidas entre o dia 1 de Agosto de 1987 e o 1 de Julho de 1991, tanto no Senegal, como no estrangeiro, relacionadas com os acontecimentos, ditos, de Casamança.

São amnistiados de pleno direito, os crimes de atentado e complô contra a segurança do Estado senegalês e a integridade do território nacional, previstos e punidos pelos artigos 72.º e 73.º do Código Penal, cometidos anteriormente a 31 de Julho de 1987 em relação com os acontecimentos, ditos, de Casamança, e naqueles em que os autores tenham sido objecto de uma condenação a uma pena igual ou superior a 15 anos de detenção criminal.

ARTIGO 2.º

São amnistiados de pleno direito todas as infracções criminais ou correccionais cometidas entre 19 de Maio de 1988 e 8 de Abril de 1991, previstas e punidas pelos artigos 80.º, 96.º, 97.º, 198.º, 248.º, 251.º, 258.º, 261.º, 262.º, 406.º, 407.º do Código Penal e pela lei 64-52 de 10 de Julho de 1964 que reprime a importação, a fabricação, a detenção e o transporte de explosivos, bem como todos os engenhos mortais ou incendiários, quer os seus autores tenham já sido julgados definitivamente ou não.

---

[313] Tradução não oficial.

ARTIGO 3.º

A amnistia de infracções cometidas acarreta, sem que possa jamais dar lugar à restituição, a reposição total de todas as penas, principais ou acessórias e complementares, bem como a eliminação de todas as perdas, exclusões, incapacidades e privações de direitos relacionados com a pena.

ARTIGO 4.º

A amnistia não leva de pleno direito à reintegração nas funções ou nos empregos públicos.

O beneficiário da amnistia pode, no entanto, ser reintegrado nas suas funções ou emprego por decreto.

Esta reintegração não dá lugar, em caso algum, à reconstituição da carreira, indemnização ou ao pagamento dos vencimentos.

ARTIGO 5.º

A amnistia não leva de pleno direito à reintegração nas ordens nacionais. Esta não pode ser decidida a não ser por decreto presidencial.

ARTIGO 6.º

Os efeitos das condenações no que concerne aos direitos à reforma cessarão de contar a partir da data de entrada em vigor da presente lei.

ARTIGO 7.º

A amnistia não prejudica o direito de terceiros.

Em caso de acção relacionada com interesses civis, o processo penal será tornado público e posto à disposição das partes.

A amnistia não é aplicável às despesas de processo avançadas pelo Estado, que não possam ser recuperadas pelo Tesouro a não ser pela via de ordem civil. A ordem de prisão não pode ser exercida contra os condenados que tenham beneficiado da amnistia, desde que não haja um requerimento por parte das vítimas de infracção ou dos seus beneficiários.

ARTIGO 8.º

As contestações relativas à aplicação da presente lei de amnistia são julgadas pelo Tribunal de Acusação, nas condições previstas nos artigos 727.º, alínea 2 e artigo 735.º do Código de Processo Penal.

ARTIGO 9.º

É interdito a todo o magistrado ou funcionário revocar ou deixar subsistir sob qualquer forma que seja, num dossier judicial ou de polícia ou em qualquer documento oficial, as condenações eliminadas, exclusões, incapacidades, privações de direitos, relacionadas com a pena abrangida pela amnistia, salvo disposição prevista no artigo 7.º da presente lei.

Todavia, as minutas dos julgamentos ou detenções, assim como os decretos, sentenças e decisões tomadas no quadro da função pública ou das ordens nacionais não são abrangidos por esta interdição, quando tenham sido depositados no arquivo público ou no arquivo nacional.

ARTIGO 10.º

A amnistia não pode colocar obstáculos ao exercício da acção em revisão perante qualquer jurisdição competente, tendo em vista o estabelecimento da inocência do condenado.

PROJECTO DE LEI N.º 33.2004
LOI EZAN – SENEGAL (TRADUÇÃO)

Projecto de Lei n.º 33/2004[314]

Projecto de Lei da Amnistia

Exposição de motivos

O Senegal vive desde há alguns anos uma democracia calma, um Estado de Direito que se reforça a cada dia, num ambiente político caracterizado por um pluralismo fervilhante. É necessário consolidar esta dinâmica, impedindo que se mantenha uma agitação política permanente, sustentada em argumentos como a invocação de momentos eleitorais com todo o seu conjunto de incidentes.

Na sequência também de actos criminais que resultaram na morte do Senhor Babacar Seye, Magistrado, Vice-Presidente do Conselho Constitucional, o tratamento judicial consecutivo conduziu à condenação das pessoas implicadas reconhecidas como culpadas.

Desde então, regularmente, são lançadas considerações cuja finalidade é mesmo pôr em causa o princípio essencial de qualquer Estado de Direito, o respeito pela autoridade do caso julgado. Essas agitações não têm, em definitivo, outra consequência senão a de manchar a memória de um ilustre desaparecido que serviu o seu país no limite das suas capacidades e competências.

A exploração política destes actos crápulas mais não faz que despertar memórias dolorosas na família e nos mais próximos do defunto, bem como na maioria da população que têm, uns, o direito ao respeito pelo seu bom nome, intimidade e dignidade, todos, à preservação da paz social.

O Estado não pode ficar insensível a esta campanha orquestrada para, na verdade, minar a base das suas instituições. É por isso que seria indicado, através

---

[314] Tradução não oficial.

da proposta da presente lei de amnistia, colocar estes eventos trágicos fora do turbilhão da actividade politica.

Isto visto que, no plano estritamente jurídico, as regras da legislação penal na matéria impedem qualquer acção de perseguição com respeito aos factos abrangidos pela prescrição legal.

O artigo primeiro amnistia de pleno direito os factos relativos aos actos ligados a eleições gerais e locais passadas.

O artigo segundo amnistia de pleno direito os factos ocorridos depois de proferida a decisão pronunciada pelo Tribunal de Assis a 7 de Outubro de 1993.

Os artigos seguintes precisam os efeitos gerais ligados à amnistia.

Estas são as razões do presente projecto de lei.

Lei que suporta a amnistia

ARTIGO PRIMEIRO

São amnistiadas de pleno direito todas as infracções criminais ou correccionais cometidas, tanto no Senegal, como no estrangeiro, relacionadas com as eleições gerais ou locais ou resultantes de motivações políticas, quer os seus autores tenham já sido julgados definitivamente ou não.

ARTIGO 2.°

São amnistiadas de pleno direito todas as infracções criminais ou correccionais cometidas, tanto no Senegal, como no estrangeiro, relacionadas com a morte do Sr. Babacar Seye, Magistrado do Conselho Constitucional, quer os seus autores tenham já sido julgados definitivamente ou não.

ARTIGO 3.°

A amnistia de infracções cometidas acarreta, sem que possa jamais dar lugar à restituição, a reposição total de todas as penas, principais ou acessórias e complementares, bem como a eliminação de todas as perdas, exclusões, incapacidades e privações de direitos relacionados com a pena.

ARTIGO 4.°

A amnistia não leva de pleno direito à reintegração nas funções ou nos empregos públicos.

O beneficiário da amnistia pode, no entanto, ser reintegrado nas suas funções ou emprego por decreto.

Esta reintegração não dá lugar, em caso algum, à reconstituição da carreira, indemnização ou ao pagamento dos vencimentos.

ARTIGO 5.º

A amnistia não leva de pleno direito à reintegração nas ordens nacionais. Esta não pode ser decidida a não ser por decreto presidencial.

ARTIGO 6.º

Os efeitos das condenações no que concerne aos direitos à reforma cessarão de contar a partir da data de entrada em vigor da presente lei.

ARTIGO 7.º

A amnistia não prejudica o direito de terceiros.

Em caso de acção relacionada com interesses civis, o processo penal será tornado público e posto à disposição das partes.

A amnistia não é aplicável às despesas de processo avançadas pelo Estado, que não possam ser recuperadas pelo Tesouro a não ser pela via de ordem civil. A ordem de prisão não pode ser exercida contra os condenados que tenham beneficiado da amnistia, desde que não haja um requerimento por parte das vítimas de infracção ou dos seus beneficiários.

ARTIGO 8.º

As contestações relativas à aplicação da presente lei de amnistia são julgadas pelo Tribunal de Acusação, nas condições previstas nos artigos 727.º, alínea 2 e artigo 735.º do Código de Processo Penal.

ARTIGO 9.º

É interdito a todo o magistrado ou funcionário revocar ou deixar subsistir sob qualquer forma que seja, num dossier judicial ou de polícia ou em qualquer documento oficial, as condenações eliminadas, exclusões, incapacidades, privações de direitos, relacionadas com a pena abrangida pela amnistia, salvo disposição prevista no artigo 6.º da presente lei.

Todavia, as minutas dos julgamentos ou detenções, assim como os decretos, sentenças e decisões tomadas no quadro da função pública ou das ordens nacionais não são abrangidos por esta interdição, quando tenham sido depositados no arquivo público ou no arquivo nacional.

ARTIGO 10.º

A amnistia não pode colocar obstáculos ao exercício da acção em revisão perante qualquer jurisdição competente, tendo em vista o estabelecimento da inocência do condenado.

RESOLUÇÕES DO CONSELHO DE SEGURANÇA DAS NAÇÕES UNIDAS

Resolução 1216 (1998) – S/RES/1216 (1998), adoptada pelo Conselho de Segurança na sua reunião n.º 3958 a 21 de Dezembro de 1998

Conselho de Segurança das Nações Unidas
Resolução 1216 (1998)[315-316]

Adoptada pelo Conselho de Segurança na sua 3958.ª reunião, a 21 de Dezembro de 1998

O Conselho de Segurança,

Reafirmando as declarações do seu Presidente de 6 de Novembro de 1998 (S/PRST/1998/31) e de 30 de Novembro de 1998 (S/PRST/1998/35),

Profundamente preocupado com a crise que a Guiné-Bissau enfrenta e a grave situação humanitária que afecta a população civil na Guiné-Bissau,

Expressando o seu firme empenho na preservação da unidade, soberania, independência política e integridade territorial da Guiné-Bissau,

1. Congratula-se com os acordos entre o Governo da Guiné-Bissau e a Auto-proclamada Junta Militar assinados na Praia a 26 de Agosto de 1998 (S/1998/825) e em Abuja a 1 de Novembro de 1998 (S/1998/1028, anexo) e o Protocolo Adicional assinado em Lomé a 15 de Dezembro de 1998 (S/1998/1178, anexo);
2. Exorta o Governo e a Auto-proclamada Junta Militar a aplicarem integralmente todas as disposições dos acordos, incluindo as concernentes ao respeito do cessar-fogo, a nomeação urgente de um governo de Unidade Nacional, a realização de eleições legislativas e presidenciais até

---

[315] Documento: S/RES/1216 (1998). Original disponível em: http://www.securitycouncilreport.org.
[316] Tradução não oficial.

fins de Março de 1999, e a reabertura imediata do aeroporto e do porto marítimo de Bissau e, em colaboração com todas as partes envolvidas, a retirada de todas as tropas estrangeiras da Guiné-Bissau e a simultânea instalação da força de interposição do Grupo de Observadores Militares (ECOMOG) da Comunidade Económica dos Países da África Ocidental (CEDEAO);

3. Felicita os Estados Membros da Comunidade dos Países de Língua Oficial Portuguesa e da CEDEAO pelo papel essencial que estão a desempenhar para o restabelecimento da paz e da segurança em toda a Guiné-Bissau e pela sua intenção de participar com outros na observação das próximas eleições legislativas e presidenciais, e congratula--se com o papel da ECOMOG na aplicação do Acordo de Abuja, destinado a garantir a segurança na fronteira entre a Guiné-Bissau e o Senegal, manter afastadas as partes em conflito e assegurar o livre acesso das agências e organizações humanitárias às populações civis afectadas, a ser realizado em conformidade, entre outros, com o parágrafo 6 abaixo;

4. Aprova a implementação pela força de interposição da ECOMOG do seu mandato, referido no parágrafo 3, de uma forma neutra e imparcial e em conformidade com as normas de manutenção da paz das Nações Unidas, para atingir o seu objectivo de facilitar o restabelecimento da paz e da segurança através da supervisão da aplicação do Acordo de Abuja;

5. Exorta todas as partes envolvidas, incluindo o Governo da Guiné-Bissau e a Auto-proclamada Junta Militar, a respeitarem estritamente as disposições pertinentes do direito internacional, incluindo o direito humanitário e os direitos humanos, e a garantirem um acesso seguro e pleno das organizações humanitárias internacionais às pessoas necessitadas de assistência em consequência do conflito;

6. Afirma que a força de interposição da ECOMOG pode ser chamada a agir para garantir a segurança e a liberdade de movimentos do seu pessoal no quadro do seu mandato;

7. Solicita à ECOMOG relatórios periódicos, pelo menos uma vez ao mês, através do Secretário Geral, devendo o primeiro relatório ser elaborado um mês após a instalação das suas tropas;

8. Solicita também ao Secretário Geral que faça recomendações ao Conselho sobre um possível papel das Nações Unidas no processo de paz e de reconciliação na Guiné-Bissau, incluindo o rápido estabelecimento de ligações entre as Nações Unidas e a ECOMOG;

9. Reitera o seu apelo aos Estados e organizações interessados para fornecerem ajuda humanitária urgente às pessoas deslocadas e aos refugiados;

10. Reitera igualmente o seu apelo aos Estados para fornecerem voluntariamente apoio financeiro, técnico e logístico para assistir a ECOMOG na realização da sua missão de manutenção da paz na Guiné-Bissau;
11. Solicita ao Secretário Geral que adopte as medidas necessárias para criar um Fundo Fiduciário para a Guiné-Bissau, o qual ajudaria a apoiar a força de interposição de paz da ECOMOG em termos de logística, e encoraja os Estados Membros a contribuírem para o Fundo;
12. Solicita ademais ao Secretário Geral que mantenha o Conselho de Segurança informado regularmente sobre a situação na Guiné-Bissau e que lhe apresente um relatório até 17 de Março de 1999 sobre a aplicação do Acordo de Abuja, incluindo a implementação do mandato da força de interposição da ECOMOG;
13. Decide rever a situação, incluindo a implementação da presente resolução, antes do final de Março de 1999, com base no relatório do Secretário Geral referido no parágrafo 12;
14. Decide seguir atentamente a situação.

Resolução 1233 (1999) – S/RES/1233 (1999), adoptada pelo Conselho de Segurança na sua reunião n.° 3991 a 06 de Abril de 1999

Conselho de Segurança das Nações Unidas
Resolução 1233 (1999)[317-318]

Adoptada pelo Conselho de Segurança na sua 3991.ª reunião, de 6 de Abril de 1999

O Conselho de Segurança,

Reafirmando a sua resolução de 21 de Dezembro de 1998 (S/RES/1216 (1998) e as declarações do seu Presidente de 6 de Novembro de 1998 (S/PRST/1998/31), 30 de Novembro de 1998 (S/PRST/1998/35) e 29 de Dezembro de 1998 (S/PRST/1998/38),

Profundamente preocupado com a situação humanitária e de segurança na Guiné-Bissau,

Expressando o seu firme empenho em preservar a unidade, soberania, independência política e integridade territorial da Guiné-Bissau,

Acolhendo com agrado o relatório do Secretário Geral de 17 de Março de 1999 (S/1999/294) e as observações nele contidas,

Anotando com satisfação o engajamento formal entre o Presidente da Guiné-Bissau e o líder da Auto-proclamada Junta Militar em 17 de Fevereiro de 1999 de não voltarem a recorrer às armas (S/1999/173),

Congratulando-se com a nomeação e tomada de posse a 20 de Fevereiro de 1999 do novo Governo de Unidade Nacional na Guiné-Bissau, o que constitui um importante progresso no processo de paz,

Observando com preocupação que sérios obstáculos continuam a impedir o eficaz funcionamento do novo Governo, em particular a impossibilidade de fun-

---

[317] Documento: S/RES/1233 (1999). Original disponível em: http://www.security-councilreport.org.
[318] Tradução não oficial.

cionários públicos e outros quadros profissionais, que procuraram refúgio em outros países, regressarem,

Congratulando-se com a instalação das tropas que integram a Força de Interposição do Grupo de Observadores Militares da Comunidade Económica dos Estados da África Ocidental (CEDEAO) pelos Estados da região a fim de cumprir o seu mandato de manutenção de paz e a retirada de todas as forças estrangeiras da Guiné-Bissau, em conformidade com o Acordo de Abuja de 1 de Novembro de 1998 (S/1998/1028),

Reiterando a necessidade de realizar o mais cedo possível eleições legislativas e presidenciais, em cumprimento do Acordo de Abuja e de acordo com as disposições constitucionais nacionais, e observando o firme interesse demonstrado pelas partes na realização de eleições o mais cedo possível,

1. Reitera que a responsabilidade fundamental para alcançar uma paz duradoura na Guiné-Bissau incumbe às partes e exorta-as firmemente a aplicar plenamente as disposições do Acordo de Abuja e os protocolos adicionais;

2. Elogia as partes pelos passos dados até agora na aplicação do Acordo de Abuja, em particular a nomeação do novo Governo de Unidade nacional, e exorta-as firmemente a adoptarem e aplicarem todas as medidas necessárias para garantir o bom funcionamento do novo Governo e de todas as outras instituições, incluindo medidas de recuperação da confiança e medidas que encorajem o rápido regresso dos refugiados e dos deslocados internos;

3. Elogia também a Comunidade dos Países de Língua Oficial Portuguesa (CPLP), os Estados membros da Comunidade Económica dos Estados da África Ocidental (CEDEAO) e os dirigentes de dentro e fora da região, em particular o Presidente da República do Togo, na sua qualidade de Presidente da CEDEAO, pelo papel fundamental que estão a desempenhar em prol da reconciliação nacional e da consolidação da paz e da segurança em toda a Guiné-Bissau;

4. Expressa o seu reconhecimento aos Estados que já forneceram assistência para a instalação da ECOMOG na Guiné-Bissau;

5. Reitera o seu apelo urgente a todos os Estados e organizações regionais a fazerem contribuições financeiras à ECOMOG, incluindo via o fundo das Nações Unidas criado para apoiar a manutenção da paz na Guiné-Bissau, para apoio técnico e logístico à ECOMOG na realização do seu mandato de manutenção da paz e para ajudar a facilitar o cumprimento integral de todas as disposições do Acordo de Abuja, e com esse intuito, convida o Secretário-Geral a considerar a possibilidade de convocar uma reunião em Nova Iorque, com a participação da CEDEAO, para avaliar

as necessidades da ECOMOG e examinar as formas através das quais as contribuições poderiam mobilizadas e canalizadas;
6. Exorta as partes envolvidas a acordarem rapidamente uma data para a realização o mais cedo possível de eleições abrangentes, livres e justas, e convida as Nações Unidas e outras organizações a considerarem a possibilidade de fornecer toda a assistência necessária às eleições;
7. Apoia a decisão do Secretário Geral de criar um Gabinete de Apoio à Consolidação da Paz Pós-Conflito na Guiné-Bissau (UNOGBIS) sob a direcção de um representante do Secretário Geral (S/1999/233) que fornecerá o quadro e a liderança política para a harmonização e a integração das actividades do sistema das Nações Unidas na Guiné-Bissau durante o período de transição que conduzirá à realização de eleições legislativas e presidenciais e irá facilitar, em estreita colaboração com as partes envolvidas, a CEDEAO, a ECOMOG, assim como outros parceiros nacionais e internacionais, a aplicação do Acordo de Abuja;
8. Encoraja todas as agências, programas, escritórios e fundos do sistema das Nações Unidas, incluindo as instituições de Bretton Woods, assim como outros parceiros internacionais, a prestarem apoio a UNOGBIS e ao representante do Secretário Geral, a fim de estabelecer conjuntamente com o Governo da Guiné-Bissau, uma abordagem global, concertada e coordenada da consolidação da paz na Guiné-Bissau;
9. Reitera a necessidade do desarmamento e acantonamento simultâneos das tropas ex-beligerantes, congratula-se com os progressos feitos pela ECOMOG a esse respeito e exorta firmemente as partes a continuarem a colaborar através da Comissão Especial criada para esse fim, com vista à conclusão rápida destas tarefas e à criação de condições para a reunificação das forças armadas e de segurança nacionais;
10. Enfatiza a necessidade de desminagem urgente das áreas afectadas para permitir o regresso dos refugiados e dos deslocados e a retoma das actividades agrícolas, e encoraja a ECOMOG a continuar as suas actividades de desminagem apelando os Estados a fornecer a assistência necessária para a desminagem;
11. Exorta todas as partes envolvidas a respeitarem estritamente as disposições pertinentes do direito internacional, incluindo o direito internacional humanitário e os direitos humanos, a fim de assegurar um acesso seguro e pleno das organizações humanitárias aos necessitados e garantir a protecção e a liberdade de movimentos das Nações Unidas e do pessoal humanitário internacional;
12. Reitera o seu apelo aos Estados e organizações envolvidos a fornecerem assistência humanitária urgente aos deslocados internos e aos refugiados;

13. Congratula-se com a mesa-redonda de doadores da Guiné-Bissau a ter lugar em Genebra nos dias 4 e 5 de Maio de 1999, sob o patrocínio do PNUD, destinada a mobilizar ajuda, *inter alia*, para necessidades humanitárias, consolidação da paz e a recuperação socioeconómica da Guiné-Bissau;
14. Solicita ao Secretário Geral que mantenha o Conselho de Segurança informado regularmente e que lhe apresente um relatório até 30 de Junho de 1999 e depois cada 90 dias sobre a evolução da situação na Guiné-Bissau, as actividades de UNOGBIS e a aplicação do Acordo de Abuja, incluindo o cumprimento pela ECOMOG do seu mandato;
15. Decide continuar a acompanhar de perto a situação.

Resolução 1580 (2004) – S/RES/1580 (2004), adoptada pelo Conselho de Segurança na sua reunião n.º 5107 a 22 de Dezembro de 2004

Conselho de Segurança das Nações Unidas
Resolução 1580 (2004)[319-320]

Adoptada pelo Conselho de Segurança na sua 5107.ª reunião, de 22 de Dezembro de 2004.

O Conselho de Segurança,

Reafirmando as suas resoluções anteriores 1216 (1998) de 21 de Dezembro de 1998 e 1233 (1999) de 6 de Abril de 1999, e a declaração do seu Presidente de 2 de Novembro de 2004 (S/PRST/2004/41),

Expressando a sua profunda preocupação pelos recentes acontecimentos na Guiné-Bissau, particularmente o levantamento militar de 6 de Outubro de 2004 que resultou no assassinato do chefe de Estado-Maior das forças armadas, general Veríssimo Correia Seabra, e do porta-voz das forças armadas, coronel Domingos de Barros, e que pôs em perigo os progressos realizados desde a instalação do novo Governo após as eleições legislativas de Março de 2004,

Realçando o facto de que tais acontecimentos demonstram a fragilidade do processo de transição em curso e das instituições políticas nacionais, e reconhecendo os riscos que eles representam para a conclusão do processo de transição,

Observando, com preocupação, que os reiterados actos de instabilidade e agitação ameaçam os esforços em prol de um desenvolvimento social e económico sustentável, e podem erosionar a confiança dos parceiros bilaterais e da comunidade internacional,

Sublinhando que o Governo da Guiné-Bissau e as autoridades nacionais devem continuar engajados na promoção do Estado de Direito e no combate à impunidade,

---

[319] Documento: S/RES/1580 (2004). Original disponível em: http://www.security-councilreport.org.
[320] Tradução não oficial.

Acolhendo com satisfação o relatório do Secretário-Geral sobre a Guiné--Bissau e as actividades do Gabinete de Apoio das Nações Unidas para a Consolidação da Paz nesse país (UNOGBIS) de 15 de Dezembro de 2004 (S/2004/969), e as recomendações nele contidas,

Reafirmando o seu pleno compromisso com a promoção da paz e da estabilidade na Guiné-Bissau,

1. Decide prorrogar o mandato da UNOGBIS, como missão política especial, por um ano a partir da data da adopção desta resolução;
2. Decide também rever o mandato da UNOGBIS como se segue:
   (a) Apoiar todos os esforços destinados a melhorar o diálogo político, promover a reconciliação nacional e o respeito pelo Estado de Direito e os direitos humanos;
   (b) Apoiar os esforços de todos os parceiros nacionais para assegurar o pleno restabelecimento da normalidade constitucional de acordo com as disposições da Carta de Transição Política de 28 de Setembro de 2003, inclusive através da realização de eleições presidenciais livres e transparentes;
   (c) Apoiar estas eleições em estreita colaboração com a equipa das Nações Unidas do país e outros parceiros internacionais;
   (d) Ajudar a reforçar os mecanismos nacionais de prevenção de conflitos durante o que resta do período de transição e para além dele;
   (e) Encorajar e apoiar os esforços nacionais destinados à reforma do sector da defesa e segurança, incluindo o desenvolvimento de relações político-militares estáveis, e atrair apoio internacional para estes esforços;
   (f) Encorajar o Governo a implementar plenamente o Programa de Acção das Nações Unidas para Prevenir, Combater e Erradicar o Comércio Ilícito de Armas Pequenas e Ligeiras em todos os seus aspectos;
   (g) Trabalhar estreitamente com o Coordenador Residente e a equipa das Nações Unidas do país para mobilizar a ajuda financeira internacional a fim de permitir ao Governo fazer face às suas necessidades financeiras e logísticas imediatas, e implementar a sua estratégia de reconstrução nacional e de desenvolvimento social e económico;
   (h) No quadro de uma estratégia global de consolidação da paz, apoiar activamente os esforços do sistema das Nações Unidas e dos outros parceiros da Guiné-Bissau destinados ao reforço das instituições e estruturas do Estado a fim de lhes permitir manter o Estado de Direito, o respeito dos direitos humanos e o funcionamento livre e independente dos poderes executivo, legislativo e judicial;

3. Encoraja as autoridades da Guiné-Bissau a melhorar o diálogo político e a promover relações construtivas entre civis e militares, a fim de atingir a conclusão pacífica da transição política, incluindo a realização de eleições presidenciais prevista na Carta de Transição Política;
4. Faz um apelo à Assembleia Nacional da Guiné-Bissau a que, ao abordar a questão de conceder uma amnistia a todos aqueles envolvidos em intervenções militares desde 1980, tenha em conta os princípios de justiça e de combate à impunidade;
5. Insta vigorosamente o Governo, bem como as autoridades militares e as outras partes interessadas, a chegarem a um acordo, o mais cedo possível, sobre um plano nacional de reforma do sector da defesa e segurança, em particular a reforma das forças armadas;
6. Convida o Secretário Geral a criar um Fundo de Emergência, a ser administrado pelo Programa de Desenvolvimento das Nações Unidas, destinado a apoiar os esforços ligados à planificação e implementação da reforma das forças armadas;
7. Faz um apelo à comunidade internacional para que continue a fornecer assistência para ajudar a Guiné-Bissau a fazer face às suas necessidades imediatas bem como aos seus desafios estruturais, particularmente através de contribuições adicionais ao Fundo de Gestão Económica de Emergência (FGEE) e ao novo Fundo acima mencionado;
8. Encoraja a criação de um mecanismo de coordenação conjunta entre as Nações Unidas, a Comunidade Económica dos Estados da África Ocidental e a Comunidade de Países de Língua Oficial Portuguesa para assegurar a sinergia e a complementaridade;
9. Elogia as instituições de Bretton Woods pelo seu permanente engajamento na Guiné-Bissau e as encoraja a continuar a sua ajuda;
10. Solicita ao Secretário Geral realizar uma análise da UNOGBIS com vista a adaptar as suas capacidades ao cumprimento das exigências do seu mandato revisto;
11. Solicita ainda ao Secretário Geral manter o Conselho de Segurança informado de perto e regularmente sobre os acontecimentos no terreno e sobre a implementação da presente resolução, em particular dos parágrafos 2 e 5, e a este respeito, solicita ao Secretário Geral apresentar um relatório cada três meses a partir da data da presente resolução;
12. Decide continuar a ocupar-se activamente da questão.

DECLARAÇÕES DO PRESIDENTE DO CONSELHO DE SEGURANÇA DAS NAÇÕES UNIDAS

(S/PRST/1998/31)

Conselho de Segurança das Nações Unidas

Declaração do Presidente do Conselho de Segurança, de 6 de Novembro de 1998[321-322]

Na 3940.ª reunião do Conselho de Segurança, realizada em 6 Novembro 1998, em relação à consideração pelo Conselho do item intitulado "A situação na Guiné-Bissau", o Presidente do Conselho de Segurança fez a seguinte declaração em nome do Conselho:

"O Conselho de Segurança congratula-se com o acordo alcançado em 1 de Novembro de 1998, em Abuja, entre o Governo de Guiné-Bissau e a Auto-proclamada Junta Militar, durante a 21.ª Cimeira dos chefes de Estado da Comunidade Económica dos Estados da África Ocidental (CEDEAO). Neste contexto, o Conselho elogia os esforços de mediação da CEDEAO e da Comunidade dos Países de Língua Oficial Portuguesa (CPLP), e os seus respectivos presidentes, e reconhece o papel de outros dirigentes, em particular o papel preponderante do presidente do Gâmbia, nas negociações que conduziram àquele acordo.

"O Conselho de Segurança declara o seu firme compromisso na preservação da unidade, a soberania, a ordem constitucional e a integridade territorial da Guiné-Bissau.

"O Conselho de Segurança considera o acordo um passo positivo para a reconciliação nacional e para a uma paz duradoura na Guiné-Bissau. O Conselho

---

[321] Documento: (S/PRST/1998/31). Original em árabe, chinês, inglês, francês, russo e castelhano disponível em: http://www.securitycouncilreport.org.
[322] Tradução não oficial.

exorta o Governo e a Auto-proclamada Junta Militar a respeitarem plenamente as suas obrigações assumidas no âmbito do Acordo de Abuja e do Acordo da Praia de 26 de Agosto de 1998 (S/1998/825). O Conselho congratula-se, particularmente, com a decisão de se constituir imediatamente um Governo de Unidade Nacional e de serem realizadas eleições legislativas e presidenciais até ao fim de Março de 1999.

"O Conselho de Segurança toma em devida conta o acordo referente à retirada de todas as tropas estrangeiras na Guiné-Bissau e a instalação simultânea da força de interposição do Grupo de Observadores Militares da CEDEAO (ECO-MOG), que assume a responsabilidade logo após a retirada das forças estrangeiras. O Conselho apela todos os Estados a fornecerem voluntariamente apoio técnico, financeiro e logístico para ajudar a ECOMOG a cumprir a sua missão.

"O Conselho de Segurança apela os Estados e organizações envolvidos a fornecerem assistência humanitária urgente aos deslocados e refugiados.

"Exorta o Governo e a Auto-proclamada Junta Militar a continuarem a respeitar as disposições pertinentes do direito internacional, incluindo o direito humanitário, e a garantir o acesso livre e seguro das organizações humanitárias internacionais às pessoas que necessitam assistência em consequência do conflito. A este respeito, congratula-se com a decisão de abrir o aeroporto internacional e o porto de Bissau.

"O Conselho de Segurança continuará activamente interessado na matéria."

Na reunião n.º 3940 do Conselho de Segurança, realizada em 6 Novembro 1998, em relação à consideração do Conselho com o título "A situação na Guiné-Bissau", o Presidente do Conselho de Segurança fez a seguinte declaração em nome do Conselho:

"O Conselho de Segurança congratula-se com o acordo alcançado em 1 Novembro 1998, em Abuja, entre o Governo de Guiné-Bissau e a Autodenominada Junta Militar, durante o 21.º Encontro dos chefes de Estado da Comunidade Económica dos Estados da África Ocidental (ECOWAS). Neste contexto, o Conselho elogia os esforços de mediação da ECOWAS e da Comunidade dos Países de Língua Oficial Portuguesa (CPLP), e os seus presidentes respectivos, e reconhece o papel de outros líderes, em particular o papel preponderante do presidente do Gâmbia, nas negociações que conduziram àquele acordo.

"O Conselho de Segurança afirma seu compromisso no objectivo de preservar a unidade, a soberania, a ordem constitucional e a integridade territorial da Guiné-Bissau.

"O Conselho de Segurança considera o acordo uma etapa positiva para a reconciliação nacional e para a uma paz duradoura na Guiné-Bissau. O Conselho convida o Governo e a Autodenominada Junta Militar para respeitarem inteiramente as suas obrigações impostas pelo Acordo de Abuja e o Acordo da Praia de

26 de Agosto de 1998. O Conselho congratula-se, particularmente, com a decisão de imediatamente se constituir um Governo de Unidade Nacional e de serem realizadas eleições legislativas e presidências até ao fim de Março de 1999.

"O Conselho de Segurança toma em devida conta o acordo a respeito da retirada da Guiné-Bissau de todas as tropas estrangeiras e da distribuição simultânea da força de manutenção do grupo militar de observação da ECOWAS (ECOMOG), que será responsável desde a retiradas das forças. O Conselho convida todos os estados para fornecer ajuda técnica, financeira e de apoio logístico à ECOMOG para a realização da sua missão.

"As solicitações do Conselho de Segurança aos Estados e organizações dizem respeito directamente à necessidade de se fornecer assistência humanitária urgente aos deslocados e aos refugiados.

Apela-se ao Governo e a Autodenominada Junta Militar para continuar a respeitar as provisões relevantes da lei internacional, incluindo a lei humanitária, de forma a assegurar o acesso seguro e desimpedido por organizações humanitárias internacionais às pessoas carentes de auxílio em consequência do conflito. Assim, congratula-se com a decisão de abrir o aeroporto internacional e o porto de Bissau.

"O Conselho de Segurança permanecerá constantemente interessado nesta matéria.

(S/PRST/1998/35)

Conselho de Segurança das Nações Unidas

Declaração do Presidente do Conselho de Segurança, de 30 de Novembro de 1998[323-324]

Na 3950.ª reunião do Conselho de Segurança, realizada em 30 de Novembro de 1998, em relação à consideração pelo Conselho do item intitulado "A situação em África", o Presidente do Conselho de Segurança fez a seguinte declaração em nome do Conselho:

"O Conselho de Segurança relembra o relatório do Secretário Geral de 13 de Abril de 1998 sobre "As causas dos conflitos e a promoção da paz duradoura e do desenvolvimento sustentável em África" (S/1998/318). Enquanto reafirma a sua responsabilidade primordial decorrente da Carta das Nações Unidas para a manutenção da paz e da segurança internacionais, sublinha o papel cada vez mais importante dos acordos e organizações regionais, e das coligações de Estados membros na realização de actividades neste domínio. O Conselho reafirma que todas as actividades realizadas com base em acordos regionais ou por organizações regionais, incluindo acções coercivas, devem obedecer ao estatuído nos artigos 52, 53 e 54 do Capítulo VIII da Carta das Nações Unidas. Sublinha igualmente a importância de todas essas actividades serem pautadas pelos princípios de soberania, independência política e integridade territorial de todos os Estados, e pelos princípios operacionais para as missões de manutenção da paz das Nações Unidas estabelecidos na declaração do seu Presidente de 28 de Maio de 1993 (S/25859).

O Conselho de Segurança congratula-se com as opiniões expressas pelo Secretário Geral nos parágrafos 42 a 44 de seu relatório, particularmente no referente a África. Reconhece que a autorização pelo Conselho de acções, via organi-

---

[323] Documento: (S/PRST/1998/35). Original em árabe, chinês, inglês, francês, russo e castelhano disponível em: http://www.securitycouncilreport.org.

[324] Tradução não oficial.

zações regionais ou sub-regionais, ou Estados membros ou coligações de Estados, pode constituir uma resposta eficaz às situações de conflito, e elogia os Estados membros e as organizações regionais e sub-regionais que empreenderam esforços e iniciativas para a manutenção da paz e da segurança. A fim de melhorar a sua capacidade de supervisionar quaisquer actividades por ele autorizadas, o Conselho expressa a sua disponibilidade para analisar medidas apropriadas sempre que essa autorização for considerada.

A este respeito, o Conselho de Segurança observa que existe uma grande variedade de acordos e relações que se desenvolveram em diferentes instâncias de cooperação entre as Nações Unidas, os Estados membros e as organizações regionais e sub-regionais na manutenção da paz e da segurança, e que as exigências de supervisão variarão e devem ajustar-se à especificidade das operações em causa, inclusive em relação aos esforços de paz em curso. Mas em geral as operações devem ter um mandato claro, incluindo uma declaração de objectivos, normas de acção, um plano de acção bem desenvolvido, um calendário de retirada e disposições para apresentar regularmente relatórios ao Conselho. O Conselho afirma que para o sucesso das operações é essencial um padrão de conduta elevado, e recorda o papel das Nações Unidas no estabelecimento de padrões gerais de manutenção da paz. O Conselho salienta que as missões e operações devem assegurar que o seu pessoal respeite e observe o direito internacional, incluindo o direito humanitário, os direitos humanos e o direito dos refugiados.

O Conselho de Segurança é também da opinião que, quando necessário ou desejável, a supervisão de tais actividades pode também ser melhorada através da inclusão de determinados elementos civis, que tratem por exemplo de questões políticas e de direitos humanos, nas missões e operações. Neste contexto, o Conselho de Segurança reconhece também que a inclusão de um oficial ou de uma equipa de ligação das Nações Unidas poderia melhorar o fluxo de informação entre o Conselho e os que conduzem uma operação autorizada por ele mas levada a cabo por um coligação de Estados membros ou uma organização regional ou sub-regional. Expressa a sua disponibilidade para considerar, em consulta com os Estados membros ou a organização regional ou sub-regional, a inclusão de oficiais de ligação em tais operações, na base das recomendações do Secretário Geral e como proposto no parágrafo 8 da sua resolução 1197 (1998) de 18 de Setembro de 1998. No caso de operações conduzidas por organizações regionais ou sub-regionais, o Conselho expressa igualmente a sua disponibilidade para considerar, em consulta com a organização regional ou sub-regional envolvida, se a inclusão de oficiais de ligação na sede da organização seria útil.

O Conselho de Segurança sublinha ainda que a supervisão de tais operações poderia ser reforçada por um melhor fluxo e troca de informação, *inter alia*, através da apresentação regular de relatórios, como no caso da Missão Inter-Africana de Supervisão da Aplicação dos Acordos de Bangui na República Centro-Africana, e através da realização de reuniões regulares de informação entre os seus membros e as organizações regionais e sub-regionais e os Estados membros que realizam essas operações, e os que contribuem com tropas e outros Estados membros participantes.

O Conselho de Segurança partilha da opinião do Secretário Geral que um dos meios possíveis de supervisionar as actividades das forças por ele autorizadas, embora contribua também para os aspectos mais vastos de um processo de paz, é a colocação de observadores das Nações Unidas e de outro pessoal juntamente com uma operação realizada por uma organização regional ou sub-regional ou por uma coligação de Estados membros. O Conselho concorda com o Secretário Geral que, embora essa colaboração não seja aplicável em todos os casos, a colocação conjunta pode contribuir de forma importante para os esforços de manutenção da paz, como nos casos da Libéria e da Serra Leoa, onde missões de observação das Nações Unidas foram colocadas lado a lado com o Grupo de Supervisão da Comunidade Económica dos Estados da África Ocidental.

O Conselho de Segurança sublinha a importância, sempre que as Nações Unidas possuam forças conjuntamente com forças de organizações regionais ou sub-regionais ou de Estados Membros, de estabelecer uma estrutura clara para a cooperação e coordenação entre as Nações Unidas e a respectiva organização regional ou sub-regional ou coligação de Estados membros. Essa estrutura deve incluir objectivos específicos, uma cuidadosa delimitação dos respectivos papéis e responsabilidades das Nações Unidas e da organização regional ou sub-regional ou coligação, e das áreas de interacção das forças, bem como disposições claras quanto à segurança do pessoal. O Conselho salienta ainda a importância de assegurar que as Missões das Nações Unidas mantenham a sua identidade e autonomia em relação ao comando operacional e ao controle e logística.

O Conselho de Segurança insta os Estados membros e as organizações regionais e sub-regionais a assegurarem que o Conselho é mantido plenamente informado das suas actividades de manutenção da paz e da segurança. O Conselho realizará consultas regulares com os Estados membros e as organizações regionais e sub-regionais envolvidas nessas actividades a fim de facilitar isso."

"O Conselho de Segurança relembra o relatório do Secretário Geral de 13 de Abril de 1998 sobre "As causas dos conflitos e a promoção de uma paz duradoura e desenvolvimento sustentável em África" o debate tido na sua reunião n.º 3954 a 16 de Dezembro de 1998 e a 23 de Dezembro de 1998 sobre "A manutenção da paz e da segurança e Construção da Paz em situações de Pós-Conflito". Relembra também o relatório do Secretário Geral de 13 de Abril de 1998 sobre "As causas dos conflitos e a promoção de uma paz duradoura e desenvolvimento sustentável em África", que foi submetida ao Conselho de Segurança (S/1998/318) e à Assembleia Geral (A/52/871), assim como o relatório do Secretário Geral de 27 de Agosto de 1998 sobre o trabalho da organização submetido à 53.ª Assembleia

Geral (A/53/1). Neste contexto, congratula-se com as recomendações do Secretário Geral a respeito do papel do Conselho de Segurança no fim de um conflito, em particular em assegurar uma transição tranquila da manutenção da paz para a construção da paz no pós conflito. O Conselho recorda ainda a declaração do seu Presidente (S/25696) de 30 de Abril de 1993 no relatório do Secretário Geral intitulada "Uma Agenda para a Paz", que incluía a matéria respeitante à construção da paz no pós conflito.

"O Conselho de Segurança reafirma sua responsabilidade primária decorrente da Carta das Nações Unidas de manutenção da paz e segurança internacionais. Reafirma a necessidade de impedir o ressurgimento ou a escalada do conflito. O Conselho reconhece a importância dos esforços na construção da paz em situações de pós-conflito das Nações Unidas em todas as regiões do mundo e com a participação devida de todos os corpos das Nações Unidas. Em particular, congratula-se com o papel desempenhado pelo seu Secretário Geral neste campo. Reconhece a necessidade de se explorarem todas as formas para prevenir e solucionar conflitos, com base na Carta das Nações Unidas e reconhece em Geral os princípios da manutenção da paz, que incorporaram a construção da paz em situações de pós-conflito como uma componente importante.

"O Conselho de Segurança recorda a indicação de seu presidente (S/PRST/ /1998/29) de 24 de Setembro de 1998, que afirmou que a questão da paz em África requer uma aproximação detalhada, concertada e determinada, abrangendo a erradicação da pobreza, a promoção da democracia, o desenvolvimento sustentável e o respeito pelos direitos humanos, assim como a prevenção e resolução de conflitos, incluindo a manutenção da paz, e a assistência humanitária. O Conselho sublinha que os esforços para assegurar soluções duráveis para os conflitos requerem uma vontade política sustentada e uma direcção tomada a longo prazo pelas Nações Unidas, incluindo pelo próprio Conselho. Afirma seu compromisso aos princípios da independência política, da soberania e da integridade territorial de todos os Estados na condução de actividades de construção da paz e a necessidade de os Estados cumprirem com suas obrigações, decorrentes da carta das Nações Unidas e os princípios do direito internacional.

"O Conselho de Segurança sublinha que a reabilitação e a reconstrução económica constituem frequentemente as tarefas principais que enfrentam as sociedades que emergem de conflitos e que o auxílio internacional torna-se indispensável para promover, em alguns casos, um desenvolvimento sustentável. Nesse contexto, recorda que o artigo 65.º da Carta das Nações Unidas refere que o Conselho Económico e Social pode fornecer informação ao Conselho de Segurança e deverá ajudar o Conselho de Segurança, a seu pedido.

"O Conselho de Segurança, consciente da ênfase colocada pelo Secretário Geral na matéria da construção da paz em cenários pós-conflito, em particular no contexto da reforma das Nações Unidas, encoraja-o a explorar a possibilidade de se estabelecerem estruturas de construção da paz em cenários pós-conflito como parte do esforço do Sistema da Nações Unidas para alcançar uma solução de paz duradoura para os conflitos, incluindo de forma a assegurar uma transição tranquila da manutenção da paz para a construção de uma paz duradoura.

"O Conselho de Segurança reconhece o valor de incluir, quando apropriado, elementos de construção da paz nos mandatos das operações de manutenção da paz. Concorda com o Secretário Geral no sentido de que relevantes elementos de construção da paz em cenários de pós conflito devam ser explicitamente e claramente identificados e possam ser integrados em mandatos de operações de manutenção da paz. Sublinha-se que operações de manutenção da paz possam incluir militares, policias, pessoal de ajuda humanitária e outros membros civis. Requer-se ao Secretário Geral para que faça recomendações ao Conselho neste sentido, sempre que apropriado.

"O Conselho de Segurança requer também ao Secretário Geral para que faça recomendações aos corpos competentes das Nações Unidas relacionadas com o período de transição em processos de construção da paz em cenários pós conflito, quando recomendem a retirada final de operações de manutenção da paz.

"O Conselho de Segurança reconhece a necessidade de cooperação e diálogo próximos entre os corpos do sistema das Nações Unidas, particularmente aqueles directamente relacionados com a área dos processos de construção da paz em cenários pós conflito, de acordo com as suas respectivas responsabilidades e expressa a sua determinação em considerar formas de melhorar essa cooperação. Enfatiza também a necessidade de melhorar a troca de informação entre todos os actores relevantes no campo dos processos de construção da paz em cenários pós conflito, incluindo as agências e organismos das Nações Unidas, instituições financeiras internacionais, organizações regionais e sub-regionais, contribuintes conjuntos e os comunidade dadora. Neste contexto, anota com apreciação os planos do Secretário Geral para que as estruturas estratégicas assegurem uma maior coerência e eficácia em todas as actividades das Nações Unidas em Estados em crise e a recuperar de uma crise.

"O Conselho de Segurança permanecerá constantemente interessado nesta matéria.

(S/PRST/1998/38)

Conselho de Segurança das Nações Unidas

Declaração do Presidente do Conselho de Segurança, de 29 de Dezembro de 1998[325-326]

Na 3961.ª reunião do Conselho de Segurança, realizada em 29 de Dezembro de 1998, em relação à consideração pelo Conselho do item intitulado "Manutenção da paz e segurança e consolidação da paz pós-conflito", o Presidente do Conselho de Segurança fez a seguinte declaração em nome do Conselho:

"O Conselho de Segurança relembra o debate aberto realizado na sua 3954.ª reunião a 16 de Dezembro de 1998 e a 23 de Dezembro de 1998 sobre "A manutenção da paz e da segurança e consolidação da paz pós-conflito". Relembra também o relatório do Secretário Geral de 13 de Abril de 1998 sobre "As causas dos conflitos e a promoção de uma paz duradoura e do desenvolvimento sustentável em África", que foi apresentado ao Conselho de Segurança (S/1998/318) e à Assembleia Geral (A/52/871), assim como o relatório do Secretário Geral de 27 de Agosto de 1998 sobre o trabalho da organização apresentado à quinquagésima terceira Assembleia Geral (A/53/1). Neste contexto, congratula-se com as recomendações do Secretário Geral sobre o papel do Conselho de Segurança na etapa pós-conflito, em particular o de assegurar uma transição sem dificuldades da manutenção da paz para a consolidação da paz pós-conflito. O Conselho recorda ainda a declaração do seu Presidente (S/25696) de 30 de Abril de 1993 sobre o relatório do Secretário Geral intitulado "Uma agenda para a paz", que inclui o tema da consolidação da paz pós-conflito.

"O Conselho de Segurança reafirma a sua responsabilidade fundamental decorrente da Carta das Nações Unidas de manutenção da paz e segurança internacionais. Enfatiza a necessidade de evitar o ressurgimento ou escalada do con-

---

[325] Documento: (S/PRST/1998/38). Original em árabe, chinês, inglês, francês, russo e castelhano disponível em: http://www.securitycouncilreport.org.

[326] Tradução não oficial.

flito. O Conselho reconhece a importância dos esforços das Nações Unidas de consolidação da paz pós-conflito em todas as regiões do mundo e com a devida participação de todos os organismos das Nações Unidas. Em particular, congratula-se com o papel desempenhado pelo seu Secretário Geral neste domínio. Reconhece a necessidade de se explorarem meios adicionais de prevenção e resolução de conflitos com base na Carta das Nações Unidas e nos princípios geralmente reconhecidos de manutenção da paz, e que incorporariam a consolidação da paz pós-conflito como uma componente importante.

"O Conselho de Segurança recorda a declaração do seu Presidente (S/PRST/ /1998/29) de 24 de Setembro de 1998, que afirma que a procura da paz em África exige uma abordagem global, concertada e determinada, abrangendo a erradicação da pobreza, a promoção da democracia, o desenvolvimento sustentável e o respeito pelos direitos humanos, bem como a prevenção e resolução de conflitos, incluindo a manutenção da paz e a assistência humanitária. O Conselho sublinha que os esforços para assegurar soluções duráveis para os conflitos requerem uma vontade política permanente e uma abordagem a longo prazo na adopção de decisões pelas Nações Unidas e pelo próprio Conselho. Afirma o seu compromisso com os princípios de independência política, soberania e integridade territorial de todos os Estados na realização de actividades de consolidação da paz, e a necessidade de os Estados cumprirem com suas obrigações decorrentes da Carta das Nações Unidas e dos princípios do direito internacional.

"O Conselho de Segurança sublinha que a reconstrução e a recuperação económica constituem frequentemente as tarefas principais que enfrentam as sociedades que emergem de conflitos e que nesses casos uma significativa assistência internacional torna-se indispensável para promover o desenvolvimento sustentável. Nesse contexto, recorda que o artigo 65 da Carta das Nações Unidas estabelece que o Conselho Económico e Social pode fornecer informação ao Conselho de Segurança e deve assistir o Conselho de Segurança a seu pedido.

"O Conselho de Segurança, consciente da ênfase colocada pelo Secretário Geral em matéria da consolidação da paz pós-conflito, em particular no contexto da reforma das Nações Unidas, encoraja-o a explorar a possibilidade de criar estruturas de consolidação da paz pós-conflito como parte dos esforços do sistema das Nações Unidas para alcançar uma solução de paz duradoura para os conflitos, inclusive para assegurar uma transição sem obstáculos da manutenção da paz para a consolidação da paz e a paz duradoura.

"O Conselho de Segurança reconhece o valor de incluir, quando adequado, elementos de consolidação da paz nos mandatos das operações de manutenção da paz. Concorda com o Secretário Geral em que elementos pertinentes de consolidação da paz pós-conflito devem ser explícita e claramente identificados e podem ser integrados nos mandatos de operações de manutenção da paz. Observa que as operações de manutenção da paz podem incluir militares, polícias, pessoal de ajuda humanitária e outros membros civis. Solicita ao Secretário Geral que faça recomendações ao Conselho neste sentido, sempre que achar oportuno.

"O Conselho de Segurança solicita também ao Secretário Geral que faça recomendações aos organismos competentes das Nações Unidas relativas ao período de transição para a fase de consolidação da paz pós-conflito quando recomendar a retirada final de uma operação de manutenção da paz.

"O Conselho de Segurança reconhece a necessidade de estreita cooperação e diálogo entre os organismos do sistema das Nações Unidas, particularmente aqueles directamente envolvidos na área da consolidação da paz pós-conflito, de acordo com as suas respectivas responsabilidades, e manifesta a sua inteira disponibilidade em analisar formas de melhorar essa cooperação. Enfatiza também a necessidade de melhorar a troca de informação entre todos os actores relevantes na área da consolidação da paz pós-conflito, incluindo as agências e organismos das Nações Unidas, instituições financeiras internacionais, organizações regionais e sub-regionais, os países que contribuem com soldados e a comunidade de doadores. Neste contexto, regista com apreço os planos do Secretário Geral para que as estruturas estratégicas assegurem uma maior coerência e eficácia em todas as actividades das Nações Unidas em Estados em crise e a recuperar de uma crise.

"O Conselho de Segurança continuará vivamente interessado nesta matéria."

(S/PRST/2004/41)

Conselho de Segurança das Nações Unidas

Declaração do Presidente do Conselho de Segurança, de 2 de Novembro de 2004[327-328]

Na 5069.ª reunião do Concelho de Segurança, em 2 de Novembro de 2004, em relação à consideração pelo Conselho do item intitulado "A situação na Guiné--Bissau", o Presidente do Conselho de Segurança fez a seguinte declaração em nome do Conselho:

"O Conselho de Segurança expressa a sua profunda preocupação pelos acontecimentos ocorridos na Guiné-Bissau que conduziram ao assassinato, em 6 de Outubro de 2004, do chefe de Estado-Maior General das Forças Armadas, General Veríssimo Correia Seabra, e do chefe dos Recursos Humanos, Coronel Domingos de Barros. O Conselho condena veementemente tal uso da força para resolver diferendos ou reivindicações e, tendo presente a posição da União Africana sobre as mudanças de governo contrárias à Constituição, como ficou expresso na Declaração de Argel de 1999 e na Declaração de Lomé de 2000, apela as partes guineenses a se absterem de qualquer tentativa de tomar o poder pela força na Guiné-Bissau."

"O Conselho de Segurança toma nota da assinatura de um Memorando de Entendimento, em Bissau, em 10 de Outubro de 2004, e da criação de uma comissão para supervisionar a sua aplicação, e sublinha que o Governo da Guiné--Bissau e as autoridades nacionais devem continuar empenhadas na promoção do Estado de Direito e no combate contra a impunidade, mesmo ao considerar os meios de implementação do acordo acima mencionado.

"O Conselho de Segurança insta todos os partidos políticos a continuarem a trabalhar, de boa fé, com as autoridades nacionais para completar a execução

---

[327] Documento: (S/PRST/2004/41). Original em árabe, chinês, inglês, francês, russo e castelhano disponível em: http://www.securitycouncilreport.org.
[328] Tradução não oficial.

da Carta de Transição Política antes da realização de eleições presidenciais em Abril de 2005.

"O Conselho de Segurança reafirma que a paz e a estabilidade na Guiné--Bissau são cruciais para a paz e a segurança na sub-região oeste-africana. Quando o Governo da Guiné-Bissau tentar resolver os problemas militares, políticos, institucionais e económicos que são responsáveis pelos recorrentes distúrbios políticos e pela instabilidade na Guiné-Bissau, o Conselho sublinha a importância de visar as causas profundas de tais problemas, assim como de encontrar soluções imediatas para a melhoria da situação a curto prazo.

"O Conselho de Segurança enfatiza a necessidade de a comunidade internacional adoptar medidas urgentes para ajudar o Governo de Guiné-Bissau a ultrapassar a actual crise, em particular para reforçar a capacidade das autoridades legítimas de manter a estabilidade política e determinar soluções viáveis para os desafios mais urgentes e fundamentais do país, particularmente a reestruturação das Forças Armadas, o reforço do Estado e das suas instituições e a promoção do desenvolvimento social e económico.

"O Conselho de Segurança congratula-se com o apoio financeiro oportunamente fornecido pela Comunidade Económica dos Estados da África Ocidental (CEDEAO) e os seus membros ao Governo da Guiné-Bissau para o pagamento dos salários em atraso ao pessoal militar. O Conselho apela os doadores internacionais a contribuírem urgentemente para o Orçamento do Governo da Guiné--Bissau relativo aos salários da função pública e dos militares e também encoraja--os a contribuir para o Fundo de Gestão Económica de Emergência para a Guiné--Bissau, gerido pelo PNUD.

"O Conselho de Segurança regista igualmente, com satisfação, a recente visita de uma missão de informação da Comunidade dos Países de Língua Oficial Portuguesa (CPLP) à Guiné-Bissau.

"O Conselho de Segurança reitera o seu apelo à comunidade internacional para manter a sua confiança no processo de consolidação democrática na Guiné-Bissau e observar os seus compromissos com o desenvolvimento nesse país, particularmente através da sua preparação e participação activas na Mesa Redonda agendada para Dezembro próximo, em Bruxelas.

"O Conselho de Segurança reafirma o seu pleno apoio ao Representante do Secretário Geral na Guiné-Bissau e assinala a sua intenção de considerar formas apropriadas de melhorar o papel do Gabinete das Nações Unidas de Apoio à Consolidação da Paz na Guiné-Bissau (UNOGBIS) na promoção da paz e segurança, assim como na coordenação dos esforços que visem o desenvolvimento social e económico do país.

"O Conselho de Segurança solicita ao Secretário Geral que apresente às Nações Unidas, no seu próximo relatório sobre UNOGBIS e a situação na Guiné--Bissau, sugestões sobre como podem as Nações Unidas contribuir para um esforço internacional activo e coordenado de assistência à Guiné-Bissau."

RESOLUÇÃO DO PARLAMENTO EUROPEU (P6_TA(2006)0101) SOBRE A IMPUNIDADE EM ÁFRICA, EM PARTICULAR O CASO DE HISSÈNE HABRÉ[329]

O Parlamento Europeu,

- Tendo em conta o Tratado que estabelece o Tribunal Penal Internacional,
- Tendo em conta a Resolução 1638 do Conselho de Segurança das Nações Unidas, que requer que a missão das Nações Unidas na Libéria capture e detenha o antigo Presidente Taylor se o mesmo regressar à Libéria e o transfira ou facilite a sua transferência para a Serra Leoa para aí ser julgado pelo Tribunal Especial para a Serra Leoa,
- Tendo em conta as suas anteriores resoluções sobre o Chade e a Libéria, em particular, a de 24 de Fevereiro de 2005 sobre a extradição de Charles Taylor1,
- Tendo em conta a 38.ª sessão ordinária da Comissão Africana dos Direitos do Homem e dos Povos, reunida em Banjul, Gâmbia, de 21 de Novembro a 5 de Dezembro de 2005,
- Tendo em conta n.º 5 do artigo 115.º do seu Regimento,

A. Relembrando o Estatuto de Roma do Tribunal Penal Internacional e salientando que passaram já 50 anos desde que as Nações Unidas reconheceram, pela primeira vez, a necessidade de estabelecer um Tribunal Penal Internacional para perseguir os suspeitos de crimes como o genocídio,

B. Considerando que Kofi Annan, o Secretário-Geral das Nações Unidas, declarou que as amnistias para violações graves dos direitos do Homem continuam a ser inaceitáveis e não podem ser reconhecidas pelas Nações Unidas, a menos que excluam o genocídio, os crimes contra a Humanidade e os crimes de guerra,

---

[329] Resolução do Parlamento Europeu sobre a impunidade em África, em particular o caso de Hissène Habré, aprovado a 16 de Março de 2006 – Estrasburgo (P6-TA(2006)0101). (http://www.europarl.europa.eu)

C. Observando com preocupação os numerosos casos de violação dos direitos do Homem em partes do continente africano e o facto de os autores de tais crimes raramente serem levados a tribunal, enquanto se nega às vítimas uma verdadeira reparação,

D. Considerando que o direito internacional prevê claramente que os criminosos de guerra devem ser sempre julgados e que os Estados têm a obrigação de extraditar pessoas suspeitas de crimes de guerra,

E. Observando que o Acto Constitutivo da União Africana, na alínea o) do artigo 4.º, condena e rejeita expressamente a impunidade,

F. Congratulando-se com as declarações da União Africana contra a impunidade e considerando que a mesma ganhará em credibilidade se mostrar determinação na adopção de medidas práticas contra a impunidade em matéria de violação dos direitos do Homem,

G. Considerando que os numerosos crimes, incluindo crimes contra a Humanidade, cometidos por ditadores africanos e seus cúmplices, permanecem impunes, representando assim um agravo suplementar para os familiares e amigos das vítimas e encorajando a perpetração de novos crimes,

H. Observando ainda que 27 Estados africanos ratificaram o Estatuto de Roma e que alguns deles têm despendido esforços para dar efeito legal à aplicação do Estatuto de Roma a nível nacional,

I. Considerando que vários dos ex-ditadores africanos, nomeadamente Charles Taylor, Mengistu Haile Mariam e Hissène Habré e os seus cúmplices, que cometeram crimes graves, vivem hoje tranquilamente na mais completa impunidade,

J. Considerando que foi emitido um mandado internacional de captura, no qual o antigo Presidente do Chade, Hissène Habré, é acusado de ter cometido violações dos direitos do Homem durante a sua governação (1982-1990),

K. Considerando que as vítimas têm utilizado o caso de Habré para procurar justiça a mais larga escala e abrir novas vias para a justiça no Chade e noutros locais,

L. Considerando que a União Africana decidiu, em 24 de Janeiro de 2006, criar um grupo de peritos jurídicos encarregado de recomendar o local e a forma como Hissène Habré deve ser julgado, dando preferência a "um mecanismo africano",

M. Considerando que o Presidente nigeriano, Obasanjo, anunciará, previsivelmente, num futuro próximo, que entregará Charles Taylor para ser julgado pelos crimes de que é acusado, o que lhe dá uma oportunidade de demonstrar o empenho da Nigéria no Estado de Direito na África Ocidental,

N. Considerando que o Tribunal Especial para a Serra Leoa foi instituído em 2002 para julgar os principais responsáveis pelos crimes de guerra cometidos no conflito armado da Serra Leoa; que Charles Taylor foi acusado da prática de 17 crimes de guerra e crimes contra a Humanidade pelo Tribunal Especial,

O. Considerando que o brutal ex-ditador da Etiópia, coronel Mengistu, ainda goza do direito de asilo no Zimbabué,

1. Relembra que, sem um Tribunal Penal Internacional que estabeleça a responsabilidade individual como mecanismo de aplicação da lei, os actos de genocídio e as violações flagrantes dos direitos do Homem ficariam muitas vezes impunes;
2. Salienta que se tornou direito internacional consuetudinário o facto de os autores, independentemente do seu estatuto, não gozarem de amnistia ou imunidade em caso de violação dos direitos do Homem e defende com veemência que os responsáveis por crimes e atrocidades sejam levados a julgamento;
3. Reitera que a luta contra a impunidade é um dos pilares da política da União no domínio dos direitos do Homem e insta a Comissão, o Conselho e os Estados-Membros da União Africana a continuarem a dar a devida atenção a esta questão;
4. Considera que não poderá ser alcançada uma paz sustentável através de acordos destinados a proteger os responsáveis por violações sistemáticas dos direitos do Homem;
5. Insta os Estados-Membros da União Africana que ainda o não tenham feito, a ratificarem o Estatuto de Roma e a adoptar um plano de acção nacional para a implementação efectiva do Estatuto de Roma a nível nacional;
6. Encoraja a Assembleia de chefes de Estado e de Governo da União Africana a exortar os seus Estados-Membros a condenarem e a rejeitarem a impunidade;
7. Convida a União Africana a tomar medidas práticas que contribuam para os esforços regionais na luta conta a impunidade;

8. Encoraja a União Africana a desenvolver as suas instituições penais e a organizar uma melhor cooperação judiciária em matéria penal entre os seus membros e com as autoridades de outros continentes, para reduzir a impunidade dos crimes contra a Humanidade cometidos por autoridades africanas e por cidadãos de outros continentes ou com a cumplicidade destes;
9. Relembra que a comunidade internacional instituiu um mecanismo de responsabilização pelo recurso a tribunais *ad hoc* para os autores de crimes e atrocidades no Ruanda e na Serra Leoa, por exemplo, e salienta que a comunidade internacional deve falar de uma só voz para ajudar a promover uma responsabilização efectiva;
10. Relembra os trabalhos do Tribunal Penal Internacional para o Ruanda, Arusha, e as grandes dificuldades encontradas por investigadores externos para levar a tribunal os responsáveis pelo genocídio no Ruanda em 1994;
11. Considera particularmente chocante que os responsáveis por violações dos direitos do Homem durante o massacre de civis na República Democrática do Congo – onde, durante os seis anos de conflito, morreram pelo menos três milhões de pessoas – e na região dos Grandes Lagos continuem a gozar de impunidade;
12. Insta o Senegal a garantir um julgamento justo a Hissène Habré, procedendo à sua extradição para a Bélgica no caso de não haver uma alternativa africana, de acordo com a Convenção das Nações Unidas contra a Tortura e Outras Penas ou Tratamentos Cruéis, Desumanos ou Degradantes;
13. Insta a União Africana, no âmbito do processo contra Hissène Habré, a assegurar que o Senegal respeite os seus compromissos internacionais como Parte na Convenção contra a Tortura;
14. Considera que a acção de certos chefes de Estado africanos relativamente à questão Habré constitui um avanço significativo, uma vez que líderes africanos afirmaram claramente ser necessário combater a impunidade;
15. Solicita ao Governo da Nigéria que aja no constante interesse do processo de paz neste país e apoie o Estado de Direito, entregando imediatamente Charles Ghankay Taylor à jurisdição do Tribunal Especial para a Serra Leoa;
16. Congratula-se com o facto de a recentemente eleita Presidente liberiana, Johnson-Sirleaf, ter, há pouco tempo, solicitado à Nigéria que entregue Charles Taylor, felicitando-a por cumprir a promessa de que a sua presidência defenderá a responsabilização e o Estado de Direito;

17. Solicita aos Estados-Membros que tudo façam para assegurar que os cidadãos de países europeus que tenham cometido ou tenham sido cúmplices da prática de crimes em África e noutros países em desenvolvimento também sejam perseguidos judicialmente e que seja atribuída compensação às vítimas desses crimes;
18. Encarrega o seu Presidente de transmitir a presente resolução ao Conselho, à Comissão, ao Conselho de Ministros ACP-UE, aos Governos do Chade, da Libéria, da Nigéria e do Senegal, à União Africana e ao Secretário-Geral das Nações Unidas.

LEGISLAÇÃO AMNISTIANTE EM PORTUGAL
(DE 1974 A 1994)

1. **Lei n.º 15/94. DR 109/94 SÉRIE I-A 1.º SUPLEMENTO de 1994-05-11 – Assembleia da República** – Amnistia diversas infracções e outras medidas de clemência
2. **Lei n.º 23/91. DR 151/91 SÉRIE I-A 1.º SUPLEMENTO de 1991-07-04 – Assembleia da República** – Amnistia de diversas infracções e outras medidas de clemência
3. **Lei n.º 5/90. DR 43/90 SÉRIE I de 1990-02-20 – Assembleia da República** – Amnistia de infracções de natureza disciplinar imputadas a funcionários ou agentes da Polícia de Segurança Pública
4. **Lei n.º 16/86. DR 132/86 SÉRIE I de 1986-06-11 – Assembleia da República** – Amnistia diversas infracções e concede perdões de penas
5. **Lei n.º 17/85. DR 162/85 SÉRIE I de 1985-07-17 – Assembleia da República** – Amnistia as infracções disciplinares nos órgãos de comunicação social
6. **Lei n.º 17/82. DR 150/82 SÉRIE I de 1982-07-02 – Assembleia da República** – Amnistia várias infracções e concede o perdão a várias penas por ocasião da visita a Portugal do Sumo Pontífice
7. **Lei n.º 31/81. DR 194/81 SÉRIE I de 1981-08-25 – Assembleia da República** – Amnistia diversos crimes referentes a veículos automóveis
8. **Lei n.º 3/81. DR 60/81 SÉRIE I de 1981-03-13 – Assembleia da República** – Amnistia de infracções e perdão de penas
9. **Lei n.º 74/79. DR 271/79 SÉRIE I de 1979-11-23 – Assembleia da República** – Amnistia de infracções de natureza política
10. **Lei n.º 40/77. DR 138/77 SÉRIE I de 1977-06-17 – Assembleia da República** – Altera algumas disposições dos Códigos do Imposto de Capitais, do Imposto Complementar e da Sisa e do Imposto sobre as Sucessões e Doações e amnistia infracções relativas à ilegal aquisição e importado de acções
11. **Decreto-Lei n.º 78/77. DR 51/77 SÉRIE I de 1977-03-02 – Conselho da Revolução** – Amnistia as infracções previstas nos artigos 27.º, 59.º, 63.º e 64.º da Lei do Serviço Militar, aprovada pela Lei n.º 2135, cometidas até ao dia 16 de Novembro de 1976

12. **Decreto-Lei n.º 825/76. DR 268/76 SÉRIE I de 1976-11-16 – Conselho da Revolução** – Amnistia vários crimes e infracções disciplinares militares
13. **Decreto-Lei n.º 758/76. DR 248/76 SÉRIE I de 1976-10-22 – Presidência do Conselho de Ministros** – Amnistia os crimes políticos e as infracções disciplinares da mesma natureza cometidos desde 25 de Abril de1974
14. **Decreto-Lei n.º 409/76. DR 124/76 SÉRIE I de 1976-05-27 – Ministérios da Justiça e do Comércio Interno** – Amnistia o crime de especulação previsto e punido nos artigos 24.º e 25.º do Decreto-Lei n.º 41204 quando cometido por dirigentes ou gestores de cooperativas agro-pecuárias, suas uniões e federações ou outras pessoas que, pela sua autoridade nas referidas instituições, tenham tido intervenção nesses actos, quando praticados ao abrigo de autorizações administrativas do Governo ou seus agentes
15. **Decreto-Lei n.º 428/75. DR 185/75 SÉRIE I de 1975-08-12 – Ministério dos Transportes e Comunicações** – Amnistia infracções puníveis ao abrigo do Código Penal e Disciplinar da Marinha Mercante e regulamentos marítimos
16. **Decreto-Lei n.º 388/75. DR 167/75 SÉRIE I de 1975-07-22 – Ministério da Justiça** – Amnistia crimes de falsas declarações prestadas a entidades do registo civil a propósito de quaisquer actos de registo em especial
17. **Decreto-Lei n.º 230/76. DR 79/76 SÉRIE I de 1976-04-02 – Ministério da Administração Interna** – Torna extensivo ao pessoal da Polícia de Segurança Pública, desde a data da sua entrada em vigor, o disposto no artigo 5.º do Decreto-Lei n.º 729/75, de 22 de Dezembro, que concede perdão e amnistia para diversas infracções de natureza militar
18. **Decreto-Lei n.º 89/75. DR 50/75 SÉRIE I de 1975-02-28 – Conselho dos Chefes dos Estados-Maiores das Forças Armadas** – Amnistia todas as infracções às normas disciplinares militares, praticadas até ao dia 9 de Outubro de 1974
19. **Decreto-Lei n.º 560/74. DR 254/74 SÉRIE I de 1974-10-31 – Ministério da Justiça** – Amnistia diversas infracções resultantes do exercício da caça
20. **Decreto-Lei n.º 532/74. DR 235/74 SÉRIE I 1.º SUPLEMENTO de 1974-10-09 – Conselho dos Chefes dos Estados-Maiores das Forças Armadas** – Concede a amnistia a várias infracções da competência do foro militar cometidas por elementos das forças armadas, da Guarda Nacional Republicana, da Guarda Fiscal, da Polícia de Segurança Pública, da extinta Polícia de Viação e Trânsito e funcionários civis em serviço nas forças armadas, com excepção das praticadas no exercício de cargos políticos ou ainda por civis sujeitos ao foro militar quanto a delitos por estes cometidos depois de 26 de Abril de 1974
21. **Decreto-Lei n.º 259/74. DR 138/74 SÉRIE I 1.º SUPLEMENTO de 1974-06-15 – Ministério da Justiça** – Concede perdão e amnistia a diversos delitos de carácter comum

22. **Decreto-Lei n.º 180/74. DR 102/74 SÉRIE I de 1974-05-02 – Junta de Salvação Nacional –** Amnistia o crime de deserção previsto nos artigos 163.º a 176. º do Código de Justiça Militar e as infracções previstas em vários artigos da Lei n.º 2135 (Lei do Serviço Militar)
23. **Decreto-Lei n.º 173/74. DR 98/74 SÉRIE I de 1974-04-26 – Junta de Salvação Nacional –** Amnistia os crimes políticos e as infracções disciplinares da mesma natureza.